基于多阶数据张量感知的道路交通动态特征挖掘方法及应用

邢 雪 著

吉林大学出版社

·长春·

图书在版编目(CIP)数据

基于多阶数据张量感知的道路交通动态特征挖掘方法及应用 / 邢雪著. —长春：吉林大学出版社，2021.10
ISBN 978-7-5692-8776-9

Ⅰ. ①基… Ⅱ. ①邢… Ⅲ. ①公路运输－交通信息系统－研究 Ⅳ. ①U491.2

中国版本图书馆 CIP 数据核字(2021)第 180486 号

书　　名：基于多阶数据张量感知的道路交通动态特征挖掘方法及应用
JIYU DUOJIE SHUJU ZHANGLIANG GANZHI DE DAOLU JIAOTONG
DONGTAI TEZHENG WAJUE FANGFA JI YINGYONG

作　　者：邢　雪　著
策划编辑：黄国彬
责任编辑：田茂生
责任校对：甄志忠
装帧设计：姜　文
出版发行：吉林大学出版社
社　　址：长春市人民大街4059号
邮政编码：130021
发行电话：0431-89580028/29/21
网　　址：http://www.jlup.com.cn
电子邮箱：jdcbs@jlu.edu.cn
印　　刷：天津和萱印刷有限公司
开　　本：787mm×1092mm　1/16
印　　张：12.25
字　　数：200千字
版　　次：2022年02月　第1版
印　　次：2022年02月　第1次
书　　号：ISBN 978-7-5692-8776-9
定　　价：68.00元

版权所有　翻印必究

前　言

随着智慧城市的建设发展，大量交通相关的数据不断产生，从数据维度的角度描述着城市交通的变化规律。结合先进的分析技术剖析这些交通数据，可以从中获取交通状态趋势和规律模式。由现阶段的发展来看，交通数据的分析技术可有效地提高智能交通系统的服务水平。因此，如何透过交通数据认知和分析城市交通网络动态特征，已经成为现代智能交通领域的重要课题。

实际的城市道路交通网络数据由每个路段及交叉口产生的交通检测数据组成，从整体上看，数据信息的变化体现着整个路网各个组成元素间交通状态的相互牵制；从局部上看，数据信息的变化体现着路网组成元素上交通状态的时变规律。每个交通数据都是交通网络信息的基本元素，均具有时间和空间的属性。因此，本书以交通数据模型为出发点，从数据模型中提取不同数据对象进行交通特征层面的技术分析，应用集成学习、复杂网络和深度学习理论解决道路交通动态特征分析的关键问题。主要研究内容如下：

（1）道路交通动态特征分析技术框架

本研究的核心是道路交通动态特征，根据检测数据的时空属性构建交通数据张量，提出基于网络结构和时序关系的交通数据张量描述。根据数据模型中提取的不同对象(包括数据元素、纤维、切片和张量，分别对应交通数据零阶张量、一阶张量、二阶张量和三阶张量)进行交通特征层面的技术分层，包括离散交通数据预处理层、时序交通数据特征分析层、空间交通数据特征分析层和时空交通数据预测层，从而确定了道路交通动态特征分析的技术框架。

(2) 面向零阶数据张量的交通数据预处理

离散交通数据预处理层主要针对交通数据张量的元素数据，为实现固定检测器采集数据的预处理，提出了基于优化随机森林和AdaBoost决策强化的多源检测数据校验方法和基于滤波估计的多源检测数据融合方法。为识别交通检测数据中的离群数据，优化两种不同集成学习方法，实现针对多源检测数据的校验。选取多组实际示范区检测数据进行模型验证，并与同类方法进行对比分析。结合实际交通数据的多源性，利用多源检测数据联合估计的方法获取融合交通数据。采用校验筛查后的实例数据验证融合模型，验证表明预处理方法可为后续时序分析提供可靠的交通数据。

(3) 面向一阶数据张量的路段交通数据特征分析

时序交通数据特征分析层主要针对交通数据张量提取的纤维数据，为实现交通时序数据的状态特征分析，应用相空间重构方法和可视图方法解析交通流动力学特性的信息空间。通过构建相空间重构的交通流时间序列网络，获取对应网络结构的模块化、平均聚类系数和度分布等结构特征。分析不同参量的实例交通流时间序列网络，表明网络的度分布具有高斯分布特征，平均聚类系数具有衰减特征，且结构模块化较高。考虑交通流时间序列具有交通状态差异性，提出分解不同状态下的交通流时间序列构建复杂网络的方法。利用CLARA算法对交通状态进行划分，并采用多参量矩阵叠加的方式获取交通流时间序列的网络邻接矩阵。分析实例交通流时间序列的网络结构在不同状态下的模式，挖掘交通状态变化与时间序列网络结构的可视化关系。另外，针对高速公路行程时间的特点，研究提出基于预测强度的交通流时间序列预测方法。

(4) 面向二阶数据张量的交通路网节点评估

空间交通数据特征分析层主要针对交通数据张量提取的切片数据，为实现交通空间数据的关联特征分析，应用网络解析交通网络的对偶拓扑各节点之间的动态关联关系。之后辅以网络节点相似度、网络节点的交通波动性、交通强度和网络节点的凝聚度等评价指标，综合考虑与时变流量相关、与经济环境相关和与网络结构相关的交通特征，利用特征聚类的方式评价城市交通网络节点的动态影响程度的异质性,为提高交通运作效率和车流疏导提供可靠依据。

(5)面向三阶数据张量的路网时空交通拥堵态势预测

时空交通数据预测层主要针对时空交通数据张量,为实现交通网络时空拥堵态势预测,提出基于GRU-CNN的时空交通拥堵状态预测方法。考虑到交通数据的时间属性和空间属性,对交通数据三阶张量从时间域角度提取管纤维,利用GRU对其进行交通网络的交通流参量预测;然后,从空间结构角度将多源时空交通数据三阶张量压缩为交通数据图像,利用CNN的图像特征提取技术对其进行拥堵特征提取和识别。选取实际城市交通网络数据进行模型验证,采用实际已分类数据集训练交通流多步预测模型和交通拥堵状态识别模型,验证结果表明模型可有效保证预测的精度,并可利用预测值对网络态势进行有效识别。

邢 雪

2021年7月

目 录

第1章 绪论 (1)
1.1 研究背景及意义 (1)
1.2 国内外研究现状 (3)
1.2.1 交通检测数据的预处理方法研究现状 (4)
1.2.2 交通数据的信息挖掘及网络化方法研究现状 (8)
1.2.3 道路交通网络的运行特征方法研究现状 (12)
1.3 内容的组织结构 (15)
1.3.1 研究思路 (15)
1.3.2 内容组织 (17)

第2章 基于交通数据张量的道路交通动态特征分析框架 (19)
2.1 概述 (19)
2.2 交通数据张量 (19)
2.2.1 数学意义下的张量定义 (19)
2.2.2 交通数据分析中张量引入 (22)
2.2.3 道路交通网络拓扑 (23)
2.2.4 基于交通拓扑的多阶交通数据张量描述 (24)

2.3 道路交通动态特征分析框架 ……………………………………… (26)

2.4 本章小结 ………………………………………………………… (27)

第3章 面向零阶数据张量的交通数据预处理 ……………… (29)

3.1 概述 ……………………………………………………………… (29)

3.2 交通检测数据的多源特征 ……………………………………… (29)

3.3 基于集成学习的多源交通检测数据校验 ……………………… (31)

 3.3.1 城市交通检测数据中的离群数据 ………………………… (31)

 3.3.2 集成学习算法 ……………………………………………… (33)

 3.3.3 多源交通检测数据集描述 ………………………………… (36)

 3.3.4 基于随机森林优化的多源交通检测数据校验方法 ……… (38)

 3.3.5 基于AdaBoost决策强化的多源交通检测数据校验方法 …… (51)

3.4 基于滤波估计的多源交通检测数据融合 ……………………… (56)

 3.4.1 城市多源交通检测器采样特征 …………………………… (57)

 3.4.2 联邦卡尔曼滤波估计理论 ………………………………… (60)

 3.4.3 多尺度交通检测数据融合方法 …………………………… (63)

 3.4.4 联邦卡尔曼滤波融合估计的实证应用分析 ……………… (70)

3.5 本章小结 ………………………………………………………… (76)

第4章 面向一阶数据张量的路段交通数据特征分析 ……… (77)

4.1 概述 ……………………………………………………………… (77)

4.2 时序数据网络化概述 …………………………………………… (78)

4.3 基于相空间重构的时序交通流网络特征分析 ………………… (80)

 4.3.1 时间序列相空间重构理论 ………………………………… (80)

 4.3.2 相空间重构的参数估计方法 ……………………………… (81)

 4.3.3 基于相空间重构的交通流时间序列网络模型 …………… (83)

 4.3.4 相空间重构交通流时间序列的实例应用分析 …………… (84)

4.4 基于可视图的多状态下时序交通流网络特征分析 …………… (97)

 4.4.1 基于聚类分析的交通状态识别 …………………………… (98)

目　录

4.4.2　基于可视图的多状态划分交通流时间序列网络模型┈┈(100)
4.4.3　可视图重构交通流时间序列的实例应用分析┈┈┈┈(102)
4.5　基于预测强度聚类的行程时间预测┈┈┈┈┈┈┈┈┈┈┈(114)
4.5.1　面向数据的高速公路行程时间提取┈┈┈┈┈┈┈┈┈(114)
4.5.2　基于预测强度聚类的行程时间预测┈┈┈┈┈┈┈┈┈(115)
4.5.3　预测强度聚类的的实例应用分析┈┈┈┈┈┈┈┈┈┈(118)
4.6　本章小结┈┈┈┈┈┈┈┈┈┈┈┈┈┈┈┈┈┈┈┈┈┈┈(121)

第5章　面向二阶数据张量的交通路网节点评估┈┈┈┈┈┈┈(123)

5.1　概述┈┈┈┈┈┈┈┈┈┈┈┈┈┈┈┈┈┈┈┈┈┈┈┈┈(123)
5.2　考虑交通数据空间关联的二阶交通数据张量┈┈┈┈┈┈┈(124)
5.2.1　考虑检测器布设的二阶交通数据张量构建┈┈┈┈┈┈(124)
5.2.2　考虑路段特征的二阶交通数据张量构建┈┈┈┈┈┈┈(126)
5.3　基于二分 k-means 的路网节点评估┈┈┈┈┈┈┈┈┈┈┈(127)
5.3.1　k-means 聚类思想┈┈┈┈┈┈┈┈┈┈┈┈┈┈┈┈(127)
5.3.2　基于二分 k-means 的节点交通特征评估算方法┈┈┈(128)
5.3.3　节点异质性评估┈┈┈┈┈┈┈┈┈┈┈┈┈┈┈┈┈(131)
5.3.4　聚类节点评估的实例应用分析┈┈┈┈┈┈┈┈┈┈┈(131)
5.4　本章小结┈┈┈┈┈┈┈┈┈┈┈┈┈┈┈┈┈┈┈┈┈┈┈(136)

第6章　面向三阶数据张量的路网时空交通拥堵态势预测┈┈(137)

6.1　概述┈┈┈┈┈┈┈┈┈┈┈┈┈┈┈┈┈┈┈┈┈┈┈┈┈(137)
6.2　深度学习基本思想┈┈┈┈┈┈┈┈┈┈┈┈┈┈┈┈┈┈┈(138)
6.3　城市道路网的交通拥堵评价┈┈┈┈┈┈┈┈┈┈┈┈┈┈┈(139)
6.4　基于 GRU-CNN 的交通网络时空拥堵态势预测┈┈┈┈┈┈(140)
6.4.1　基于 GRU 的交通网络的时间特征提取┈┈┈┈┈┈┈(140)
6.4.2　基于 CNN 的交通网络拥堵的空间状态特征提取┈┈┈(145)
6.4.3　基于 GRU-CNN 的时空拥堵状态预测模型┈┈┈┈┈(149)
6.5　时空拥堵预测方法的实例应用分析┈┈┈┈┈┈┈┈┈┈┈┈(152)

· 3 ·

- 6.5.1 实例数据集 ………………………………………………… (152)
- 6.5.2 实验方案设计 ……………………………………………… (155)
- 6.5.3 模型的参量 ………………………………………………… (156)
- 6.5.4 实验结果分析 ……………………………………………… (157)
- 6.6 本章小结 ………………………………………………………… (163)

第7章 总结与展望 ……………………………………………… (164)

- 7.1 总结 ……………………………………………………………… (164)
  - 7.1.1 本书的研究工作 ……………………………………………… (164)
  - 7.1.2 本书的创新点 ………………………………………………… (166)
- 7.2 研究展望 ………………………………………………………… (167)

参考文献 …………………………………………………………… (168)

第 1 章　绪　论

1.1　研究背景及意义

城市化进程的加剧伴随着汽车保有量的快速增长，截至 2018 年，根据国家公安部交通管理局公布的最新数据，我国汽车保有量达 2.4 亿辆，与 2017 年相比增长 10.51%，在公安交通管理部门新注册登记的机动车和新注册登记汽车均创历史新高[1]。持续增长的机动车保有量为城市交通不断增压，根据高德发布的《2017 中国主要城市交通分析报告》显示，高峰时段处于交通拥堵状态和缓行状态的城市占全国的 26% 和 55%[2]。与此同时，多地政府 2018 年大力推进绿色出行和交通优化措施，2018 年第二季度相比 2017 年同期，全国拥堵状况有所缓解。其中全国 100 城市中拥堵下降的城市占比约为 60%[3]。城市交通拥堵的缓解得益于政府确立的行之有效的交通优化方案，而这些合理化方案的制定，则需要在前期充分分析和掌握城市交通系统运行的动态特征。

实际的城市交通运行伴随着时间延展，一刻不停地发生着变化，而人们感知整体的城市交通变化则是通过不断产生的交通数据。互联网公司如高德、滴滴和阿里等最早认识到了数据在交通领域的应用价值，借助自身的数据资源开展了交通领域大数据应用的探索，也极大推动了云计算、大数据等新一代信息技术在交通领域的应用[4]。例如滴滴利用交通出行大数据记录刻画城市交通流动，实质上这些"流动"的信息体现是交通数据的"变化"，如滴滴出行数据刻画的城市"星云图"和"热力图"[5]。图 1.1 所示的是厦门市某天 24 h 的交通"热力图",体现了城市交通参与者的时间和空间的变化。

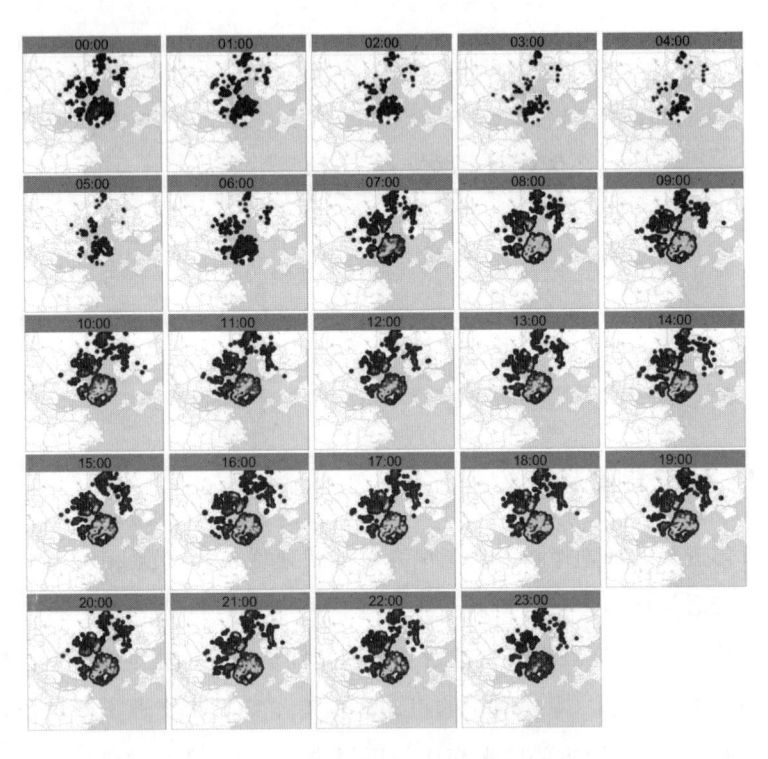

图 1.1　厦门市 24 小时"热力图"

(图片来源:滴滴媒体研究院 http://research.xiaojukeji.com/index.html)

交通科学自诞生之时起,为描述、监管和控制交通运行态势,就与各种数据息息相关。随着智慧城市的火热建设,更多的交通相关数据不间断地产生出来,从数据的维度描述着城市交通的变化。城市交通大数据主要包括城市交通检测系统获取的检测数据、为城市居民提供即时通信和导航服务的互联网公司实时获取居民的位置数据、公交公司和客运企业通过 IC 卡及第三方支付中汇聚的客流数据、出租车公司运营获取的出租车定位数据。上述列举的数据,都可以为城市交通规划、政策制定、设计以及管理提供数据支持。在这些类型的交通数据中,最主要的交通决策数据是城市交通控制系统中大量交通传感设备提供的检测数据。

第 1 章 绪 论

随着检测技术的快速推进，地磁车辆检测器、感应线圈、车流量雷达等多种道路传感器共同实时搜集交通大数据的模式逐渐普及起来。重庆市区每日约产生 50 万条出租车行车数据，中国香港的港岛、九龙区及新界前往九龙的各条主要干道每天产生约 45 万条实时行车速度数据，厦门市城区仅湖滨南路上每日约产生 17 万条地磁车辆检测数据和 6 万条感应线圈数据，合肥市仅黄山路天智路口每日约产生 7 000 条微波检测数据和 3 000 条视频检测数据。根据上述各城市采集交通数据量值，一个中等城市每日产生交通检测数据量级可达到亿级。如何从如此大量的交通数据中获取其中蕴含的交通信息，已成为现代城市交通数据分析的关键问题[6,7]。有效地分析交通数据是缓解众多交通问题的核心问题之一，也是智能交通信息处理的核心内容之一。

大量的交通数据在不断地产生，交通数据又在城市交通分析和决策中占据如此重要的作用，那么交通数据分析的关键技术就成为推动城市交通网络分析的关键力量。传统交通信息管理中也存在粗略的信息发布及简单的交通流量预测，但这些远不能满足现代智能交通的需求。从现阶段的交通分析趋势来看，交通数据的分析技术水平决定了智能交通系统的服务水平。

进入数据时代的今天，人们对事物的认识也随之进入了数据化理解现实问题的阶段。交通管理及控制方面尤其如此，面对大量交通数据我们可以从中获取交通现状、状态趋势等规律模式，对交通问题的认识也迅速迈入大数据分析时代。实际城市道路交通网络的数据由每个路段及交叉口产生的交通检测数据组成，无论怎样描述都脱离不了时间和空间两个维度的交错。从交通网络数据整体上看，单位时刻整个路网的各个组成部分交通状态相互牵制，不断演化；从交通网络数据局部上看，路网每个组成部分的交通信息就是随时间变化的交通检测数据时间序列，它的特征变化体现着路段的交通态势；从交通网络数据组成上看，每个交通数据是交通网络大数据的基本元素，每一个数据都是交通网络态势变化的判定依据。因此，从交通数据的角度认知分析城市道路交通网络的动态特征是现代智能交通发展的重要趋势。

1.2 国内外研究现状

交通网络的数据对象包括交通数据散点，交通数据时间序列和交通网络时空数据。城市道路交通网络动态特征的相关研究可以按照特征分析的数据对象不同进行分类。本节主要分析城市道路交通网络特征挖掘的研究现状，从交通流数据的预处理、交通时序数据的挖掘和道路交通网络运行特征的提取三方面的研究分别进行论述，总结各类研究的发展现状，概述本书相关研究的技术基础和发展趋势。

1.2.1 交通检测数据的预处理方法研究现状

近十几年的交通管理和控制发展中，交通流数据的预处理一直处于基础地位。只有保证了交通流数据的准确性，利用这些数据所进行的交通管理及控制才有价值可言[8,9]。因而，交通流数据预处理方面的研究始终为交通领域的基础研究，并在不断推进研究中，其中典型应用是美国高速公路性能测量系统，该项目由加利福尼亚交通部赞助，主要收集来自传感器的实时交通数据，利用交通数据的处理分析并生成交通驾驶相关的性能指标[10]。

随着固定检测技术的不断发展，多种固定检测技术在交通领域广泛应用，为交通管理和运行态势分析提供最基础的和最实际的交通流数据。如何从多种交通检测设备获取的数据中，提取可以真实可靠地反映交通流状态的数据是交通流预处理的主要研究内容[11]。针对交通流数据预处理的研究，大致可分为交通数据的异常校验与修复方法和交通数据融合方法。

1.2.1.1 交通流数据的异常校验及修复方法

交通流数据的异常校验与识别前期主要采用阈值分析方法。阈值分析方法利用历史数据或者规定范围分析不同参数域的阈值，根据阈值判定交通数据是否异常。裴玉龙等[12](2003)对不同种类单独交通参数以合理固定的数据确定阈值区间，在阈值区间的限定下判定交通数据的异常情况。高宏岩[13](2011)将手机定位技术应用于交通参数采集平台，应用采集车载手机定位的瞬时速度阈值法来识别交通异常数据的情况。徐程等[14](2016)对实时交通数据进行初步筛选、阈值筛选和交通流理论筛选，三个步骤逐层递进，完成对实时交通数据的校验识别。上述方法主要应用单个交通检测设备获取的数据对交通流参量进行异常数据识别，此类方法在设计中的阈值区间若出现偏差或不精准，可能误判数据信息。

为保证交通数据校验和识别的正确率，近阶段提出利用多个参量的联合

第1章 绪 论

校验方法。Smith 等[15](2003)和 Vanajakshi 等[16](2004)就是采用常见的组合参数法对获取的交通流量参数进行异常识别。蒲世林等[17](2010)较早将聚类思想应用于检测数据识别之中，引入基于粗糙集模糊识别方法对交通检测数据进行异常分析。在此之后，由于智能算法的兴起，基于智能聚类方法的异常数据识别方法广泛地应用于此领域[18]。章渺[19](2011)提出利用近邻聚类方法识别具有异常数据的交通流数据。徐艺文、刘喜梅等[20,21]也是利用聚类算法解决交通车联网中的异常检测问题。在这些智能算法中，机器学习算法表现出了很强的适用性，其中基于邻近聚类的改进算法、最小二乘支持向量机(least squares support vector machine，LSSVM)的改进算法[22-24]、模糊 C 均值方法(fuzzy C-means method，FCM)的改进算法[24-26]，均在交通信息处理和交通状态分析方面表现出较高的性能提升效果。随着深度学习模型的推进，Duan 等[27](2016)创新性采用深度学习评价交通数据的可靠性，为交通流数据异常校验与识别开辟了新的技术拓展路径。

交通流数据异常校验与识别的核心目标是保证获取交通数据的准确性，确保后续交通管控措施的有效性[28]多种检测技术在交通领域的应用不断扩展，邓中伟等[29](2012)通过对海量异源异构数据进行有效整合，在考虑出行活动的基础上对交通需求进行预测管理，为解决城市交通拥堵问题提供方案。张晓亮等[30](2015)通过多种来源交通数据进行出租车出行分布预测，该方法根据多来源的历史数据估计出租车 OD 分布，并可以提高预测出租车 OD 分布的准确率。从上述研究内容不难发现，多源数据已经在交通方面的研究中起到重要作用，因而对同一检测对象提供多源交通数据的支撑，本身就是为交通检测数据的校验提供了一个便捷途径，另一方面多源检测交互处理可消除单一交通检测带来的误差。

交通流数据的准确性决定了交通控制的有效性，最初常见的交通流修复方法主要是时域分析方法。Gold 等[31](2001)利用插值法应用于交通数据的质量控制，此方法应用简单方便，但对于大量交通数据的处理可靠性差。Smith 等[15](2003)针对数据采集周期较长的特点，采用数据平滑法修复具有缺失的交通数据。姜桂艳等[32](2013)利用线性回归方法结合交通流量守恒定律实现针对缺失的交通流数据修复。在交通流数据修复使用的时域分析方法还有低阶多项式滑动回归法[33]、自回归移动平移法[34]和历史数据趋势加权法等，此类方法主要基于时域交通流序列的近似特征，利用邻近相似和多次平均获取修复数据。当时域交通流序列某数据段缺失时，该类方法很难保障其应用效果。

1.2.1.2 交通流数据的融合方法

数据融合（multiple sensor information fusion）技术主要用于信息的综合处理，它的研究起源于军事指挥控制中通信系统建设需求。随着工业系统和公共服务系统的复杂化与智能化发展，数据融合技术已经广泛推广到各个领域。交通数据融合（traffic multiple sensor information fusion）主要服务于交通信息数据的提取[35]。从信息解析的角度，可将数据融合分为数据级融合、特征级融合[36]和决策级融合[37]的三个层次。从融合的技术类别上分类，可分为应用统计分析方法（包括加权平均、指数平滑法和平均值的递推估计算法）的融合、基于卡尔曼滤波的融合、基于 D-S 证据推理的融合、基于神经网络的融合、基于模糊逻辑的融合和基于机器学习的融合等[38]。

在应用统计分析中最早使用的融合方法是加权平均法，它也是与其他方法联合使用最多的方法。高学英[39]（2009）根据不同的估计影响因素分类组合，在不同的融合条件下采用自适应加权平均融合方法进行行程时间融合处理。周双全等[40]（2010）等以杭州市的交通检测数据为数据融合对象，应用加权平均法融合两类检测器数据，并为提高融合精度以检测器的精度影响确定加权权重。加权平均法通过调整和设定权系数，可以实现实时处理动态的原始传感器数据，但是具有一定的主观性且工作量大。应用统计分析的融合方法中另一种常见方法为指数平滑法。Neumann 等[41]（2016）根据系统偏差并考虑数据源的相关性，利用统计理论推出最佳权重，并在此基础上提出了一种减少融合结果偏差的具体方法。

基于卡尔曼滤波的数据融合方法主要考虑到传感器的噪声问题。Gao 等[42]（2006）提出了利用多个检测器数据（来源于三种不同检测设备）的基于卡尔曼滤波的数据融合模型。Gutierrez 等[43]针对空中交通管制问题提出了一种将传统卡尔曼滤波技术与 ARMA 滤波器相结合的技术，为多传感器数据融合问题提供新的解决方案。司迎利等[44]（2014）提出了多传感器数据融合的全局状态估计思想，利用卡尔曼滤波进行历史信息的状态估计，以状态估计值抵

第1章 绪　论

抗融合中的噪声干扰。在各类数据融合算法中,由于 D-S 证据(dempstershafer)推理算法不需要先验信息,对不确定信息的描述采用"区间估计",使得其处理不确定信息的能力较强,且在区分不确定性方面显示出很大的灵活性。Zhou 等(2000)对高速公路事件检测提出了基于 D-S 证据理论处理感应线圈数据的方法,根据实际 Trans Guide 项目提供的数据进行了模拟。郭璘等[45](2007)针对基于城市道路交通采集的浮动车辆数据,提出了结合最小二乘支持向量机(LS SVM)和 D-S 证据理论的提高数据融合精度的方法。Cai 等[156](2008)提出了一种基于 D-S 证据理论融合对象识别特征的实时交通量信息采集方案,并讨论了该方案在交通量信息采集中的实际应用。Xia 等[46](2014)应用 D-S 证据理论对行程时间数据进行融合,从而实现对城市道路行程时间的估计。田佳霖[47](2016)以证据的冲突和相似度构造 K-L 距离,通过改进证据权重的方式实现对 D-S 证据理论融合算法的改进。

基于神经网络的数据融合方法是应用较为广泛的交通数据融合方法,为交通流时间序列预测提供了准确的数据。Kong 等(2006)[①]对城市交通数据采用模糊神经网络方法进行多传感器数据融合。熊文华等(2008)对线圈检测器数据和浮动车数据提出了一种基于 BP 神经网络的数据融合,并对结果进行交通事件检测的模型。田智韬(2011)[②]针对移动检测器和固定检测器的特点,分别对移动数据不够充分、已充分两种情况进行数据融合计算,针对各类交通数据特点选择的方法为指数平滑法和神经网络法。Zhao 等[49](2016)为了准确预测公路出行时间,将收费数据和微波检测数据融合在一起进行高速公路上的行程时间预测。

随着机器学习理论的兴起,利用机器学习理论的数据融合方法不断扩展。Zeng 等[50](2008)提出了一种将多个多级概率支持向量机(Multi-Level Probability Support Vector Machine,MPSVM)与 D-S 证据理论相结合的交通事件检测技术。杨宏晖等[51](2014)提出一种结合 AdaBoost 优势的支持向量机集成算法(IFSelect-SVME),该算法缩短了测试样本的分类时间,所得到的

---

① 熊文华,徐建闽,林思. 基于 BP 网络的浮动车与线圈检测数据融合模型[J]. 计算机仿真,2009,26(009):235—238.

② 田智韬. 基于浮动车与固定检测器的交通流数据融合技术研究[D]. 北京交通大学,2011.

分类系统具有更好的分类精度。向怀坤等（2016）[①]在基于云模型相似度数据修复预处理基础上，考虑到数据来源于地磁检测器和浮动车两类检测设备，提出一种基于最小二乘回归支持向量机（LSSVM）的多源数据融合方法。

综合上述研究发现交通检测数据的预处理方法伴随着数据处理技术推进不断更新，从起初的统计方法到神经网络方法和机器学习方法，从单检测源交通数据预处理到多检测源的数据预处理。随着检测技术的快速发展和智能城市交通发展的需求，实际应用中多种检测设备共同辅助交通决策，这样的发展变化也为交通数据的预处理提出新的要求。结合之前学者的研究成果，本书考虑到交通发展的新趋势，利用模式识别理论方法，对交通检测数据的预处理提出新的解决思路。

1.2.2 交通数据的信息挖掘及网络化方法研究现状

1.2.2.1 交通数据的信息挖掘技术

交通管理伴随着大量传感器的介入，势必产生大量交通数据。在交通领域，海量的交通数据主要产生于各类交通的运行监控中，数据量大且类型繁多，数据量也从 TB 级跃升到 PB 级。在广州每日新增的城市交通运营数据记录数据超过 12 亿条，每天产生的数据量为 150～300GB。从交通信息数据中可以挖掘出管理城市交通所需的信息，通过数据挖掘算法实现交通规划，道路实时路况分析和智能诱导等功能。

交通数据挖掘对于智能交通具有四方面的积极意义。第一，交通数据可以提供新的交通运行环境监控方式。通过分析历史交通数据，交通数据挖掘技术能捕捉数据中存在的关联性和规律，为降低交通拥堵和合理规划交通信号控制提供决策依据。第二，交通数据拥有信息集成优势和信息组合效率。数据挖掘有助于综合性立体交通信息体系的建立，通过将不同范围、不同领域、不同种类的"数据集"加以综合，可发挥交通的整体性功能。第三，交通数据的智能性可以合理配置公共交通资源。通过交通数据的挖掘可以辅助交通管理制订出较好的统筹与协调解决方案。例如，根据节假日交通数据的挖

[①] 向怀坤，袁媛，曾松. 基于 LSSVM 的交通运行状态特征级数据融合研究[J]. 深圳职业技术学院学报，2017，16(05)：42－47.

掘结果，可以确定多种模式综合地面交通网络部署、人员分流策略和多层次地面交通主干网络绿波通行控制方案。第四，交通数据的挖掘可提高交通安全水平，它的实时性和可预测性可帮助交通安全系统提高数据处理能力。在道路应急救援上，交通数据可提供道路应急指挥的决策辅助，提高道路应急救援能力，减少救援中的人员伤亡和财产损失。

关于城市机动车出行状态的研究，常见的是利用固定检测器和FCD浮动车获得的数据进行分析，而近些年利用车牌识别系统获取更多的城市交通状态信息。Xu等[52]（2008）根据城市快速路交通诱导和交通监控系统的需求，利用与城市快速路上固定交通检测器数据构建宏观动态交通流模型来估计交通状态。Kong等[53]（2009）提出了一种结合固定监测器和FCD浮动车数据的城市交通状态估计方法。Montero等[54]（2016）将巴塞罗那中央商务区中的浮动车数据用于估计交通流量，并以此确定该区域交通状态。姜桂燕等[55]（2011）提出基于车牌识别数据的单车行程速度采集方法及区间平均行程速度采集方法，对交通拥堵的识别进行了研究。游黄阳[56]（2014）利用可获取的车牌数据，结合城市道路交通流特性进行分析，提出适用于城市道路交通系统的交通运行状态评价及预测方法。

随着研究的进展，学者们逐步将注意力转向基于大数据的交通深层规律的探寻。

移动通信数据由于记录了出行者的时空位置，对于交通领域的OD需求提供了不可多得的素材。杨飞[57]（2007）借助手机定位技术对目标对象进行连续位置跟踪，结合基于手机位置区定位和基于手机定位平面坐标的方法，通过数据处理和建模分析提取追踪对象的OD信息。Friedrich等[58]（2010）提出了一种利用手机数据生成OD矩阵的方法，通过移动电话网络中记录的移动电话信号来获取移动电话设备的时间空间轨迹。每个轨迹的起始点和结束点决定了原点区域和目标区域，通过对流量聚类过程计算OD矩阵。

除了上述的移动通信数据和道路检测数据以外，公共交通IC卡数据也是传统被关注的一类数据资源，最早用于公共交通运营决策，为其提供包括总客流、线路客流、站点客流等时空变化分布的公共交通客流信息。之后被用于获取公共交通规划的居民公共交通出行特征信息。

1.2.2.2 时间序列的网络化方法

数据的可视化是基于对数据计算提取和深入挖掘，以得到对分析数据的深入洞察，实现把检测数据、计算数据和挖掘数据信息转变为直观的图线、图形或者图表信息表示的随时间空间变化的物理量，使其能够观察、模拟传统意义上不可见的现象，并提供信息与视觉交通的手段。依靠强大的视觉能力，促进对所观察数据更加具体和深入的洞察是可视化的主要目的。在过去的几年中，复杂的网络在不同领域的复杂系统中得到了显著的发展。近年来，复杂网络理论已被引入时间序列可视化研究之中，激发了研究人员的兴趣。时间序列网络化通过将时间序列转化为复杂的网络，成为数据可视化的另一重要研究方向，许多学者提出了各种方法来探索时间序列的动力学特征[59-61]。

Piccardi 等[62]（2011）使用网络社区检测来分析金融时间序列的聚类特征。Wang 等[63]（2012）应用可见性图将时间序列映射到复杂网络领域，并以我国国内生产总值系列增长率为例，通过相应网络的统计指标探索原始时间序列的动态特征。Gao 等[64]（2017）提出了一种从脑电信号时间序列构造有向加权复合网络的方法，并从网络拓扑性质中搜索不同时间序列的不同动态。Marwan 等[65]（2009）通过识别基于复杂网络理论计算的递归矩阵来分析海洋气候记录。Donner 等[66]（2010）讨论了如何根据时间序列中的动态相空间属性构建网络拓扑。Nakamura 等[67]（2012）提出了一种从时间序列构建网络的方法，其中将具有不同时间延迟的线性模型转换为网络拓扑，这些工作为我们提供了一个新的角度理解来自网络域的多维时间序列。

在这些时间序列的复杂网络研究方法中，如何创建一个与时间序列相对应的适当的复杂网络显然是最重要的问题之一。董炎等[68]（2013）和 Karimi 等[69]（2013）总结了从时间序列构建复杂网络的三种方法，分别为周期时间序列构建法、可视图法和相空间重构法。在时间序列构建复杂网络的三种方法中，周期时间序列构建主要应用在生命科学领域。Zhang 等[70,71]（2006，2008）提出了一种利用复杂网络研究心电图时间序列的新方法。Lacasa 等[72]（2008）引入了基于图论建立复杂网络的可见性算法，将时间序列转换为图形。这样在转换形式中，周期序列转换为规则图，随机序列转换为随机图。通过这种新方法可以从新的角度来描述时间序列，并利用复杂网络理论中许多不同的测量方法对时间序列进行解读。Wang 等[63]（2012）通过复杂网络方法研究了宏观经济序列，发现了复杂网络特征与原始时间序列统计特征之间的关系。Bezsudnov 等[73]（2014）通过修正的自然可见图将心律时间序列映射到复杂网络，发现传统算法中不可见的时间序列的结构。Lacasa 等[74,75]（2015）详细分析了将时间序列映射到网络中的可见性算法，用图论理论术语描述时间序列的结构及其潜在的动态特性。Lacasa 等[76]（2016）采用水平可见性图表示时间序列，通过这种表示在动力系统和图论之间建立了桥梁。通过从相关的水平可见性图中提取拓扑特征，这些特征已显示出明显的动力学特征。Lacasa 等[77]（2017）将任意维度的标量场映射到图形中，从而能够将在空间扩展的数据结构转化为二维网络。综上所述，转换为复杂网络的时间序列继承了原始时间序列的一些重要特征，利用可见图来研究时间序列的动态变化证明了网络法分析时间序列的潜在优势[78-80]。Xu 等[81]（2008）对时间序列采用了一种基于相空间重构的方法，使之映射成为复杂网络。Tang 等[82]（2013）使用复杂的网络理论来研究交通时间序列。在这些工作中，他们主要利用相空间方法通过分析复杂网络中的一些统计特性来重建时间序列并确定最佳临界阈值。在这种方法中，两个关键问题引起了不同研究领域的关注，重建相空间的算法[83]和在复杂网络中确定临界阈值的方法[84,85]。

现阶段智能交通结合大数据发展，最重要的表现形式就是交通数据的可视化。通过可视化方法将大量交通数据转化为可视化交通信息，进一步探究其内部规律。而利用交通流可视化的仿真可以使交通管理控制者直观地获取城市交通运行状态和内在趋势，为确保稳定运行而及时调控[86]。

交通数据流可视化分析不仅能够呈现交通数据流的内涵，而且可以把握数据整体与部分的关系，合理取舍交通数据，进而挖掘出隐藏在大数据内部的规律，降低恶性交通事故频率和道路拥堵率。

上述这些文献都表明，复杂网络的统计特征为探索时间序列的动态特性提供了一个新的视角。随着时间序列的不同变化，交通流时间序列在短期内具有准周期性和非线性。因此，复杂网络能够从一个新的角度提供交通时间序列动态的综合统计特征。将复杂网络理论合理地融入到交通数据流可视化分析中，对探索交通流时间序列的特征提出了新思路。

1.2.2.3 交通数据时空特征提取方法

Kanagaraj 等[87]（2015）利用专用软件提取轨迹数据，并使用局部加权回归方法处理数据，通过这些轨迹的研究实际交通流特性。Abadi 等[88]（2015）在部分路段没有配备交通检测传感器的前提下，利用有限交通流量检测数据，基于自回归模型预测每个路段上的交通流量。Wang 等[89]（2017）探讨了基于模糊 C 均值和极端学习机的预测分析模型。Chan 等[90]和 Ermagun 等[91]分别针对空间结构关联预测拥挤和不拥挤情况下的交通流量。随着大量交通数据的产生，机器学习的高适用性逐渐显现。Yu 等（2017）结合先前场景预测对象的未来运动的思想，提出将交通速度数据转换成静态图像的方法，并将其作为深度学习的输入，利用时空递归卷积网络预测网络中的车流速度。Zhang 等[92]（2018）提出基于支持向量回归的短期交通流量预测方法，利用随机森林和增强遗传算法确定最优预测模型参数。

综上分析，交通检测数据的信息提取方法由原来的统计方法延伸到神经网络方法和机器学习方法[93]。Duan 等[94]（2016）创新性地采用深度学习评价交通数据可靠性，为交通流数据特征信息提取开辟了新的技术拓展路径。Zhang 等[95]考虑天气要素对高速公路的交通流量影响，利用门控循环单元的深度学习框架下对其进行预测研究。文献[96，97]也提出了基于深度学习 GRU 模型的高速公路行程时间预测模型。

现有的交通数据时空特征提取研究方法特点为：

①多维度交通数据的信息提取还有待深入，对检测数据更加具体和深入的洞察将成为城市交通智能交通领域的重要任务。交通网络层面的交通特征分析研究还处于起步阶段，但随着硬件系统和人工智能技术的飞跃式发展，实现网络层面的交通态势识别和分析也必将是现阶段交通特征分析的重要工作。

②随着检测技术的快速发展和智能城市交通发展的需求，研究的技术方法不断向智能化方向发展，从单层结构向深层结构过渡，其中深度学习方法还在初步探索阶段[98]。

1.2.3 道路交通网络的运行特征方法研究现状

在实际的道路交通网络特征研究主要由两个方面组成，一是各种地理位

第1章 绪 论

置的交通网络结构特征的分析,二是客流主体运行的交通载体(公路交通)中体现出的交通运行宏观特征的分析。

在结构分析层面,黄佩蓓等[99](2002)对大都市城市个体形态生成演化的分形本质,尝试通过城市交通网络结构演化拓展城市演化的分形本质研究。刘妙龙[100]等(2004)选择上海交通网络为研究对象,以该市区内行政区域的分形特征研究交通网络的空间变化。Zhang等[101](2011)在交通分析区道路网络模式的图形和拓扑特征之间建立关系,并在此基础上可以定量区分不同路网模式的特征。段滢滢[102]等(2012)借鉴复杂网络分析方法,定量化分析了城市路网的模块化与层次性特征,利用城市路段在空间上的聚集特征和路段在网络拓扑中的角色差异,揭示城市路段之间的交通状态空间相关性。采用层次、邻接、可达性、效率和密度五个量化指标对路网结构特征进行了研究。Zou等[103](2014)引入回归克里格模型,结合路网结构和城市交通状态显著的空间特征所引起的空间变异,解释交通状态的变化。该模型敏感地捕捉到了城市发展历史时期路网结构局部变化引起的交通状态变化。田钊[104](2016)对道路交通网络进行建模及结构特征分析能够为道路的设计者和交通的管理者提供一定的数据支持。

在结构分析层面,研究主要集中于城市地理位置和地貌特征确定的道路结构拓扑的统计分析。由于道路结构拓扑分析恰为图论理论产生的根本原因,道路交通网络结构依附于道路结构拓扑,对于道路交通网络结构层面的分析方法主要以图论和复杂网络方法为主。

在交通特征分析层面,多以数据特征提取为研究的突破口。辛飞飞等[105](2008)基于浮动车数据的路网分布不均衡性,分析基于该类数据集的路网、区域和车道中的分布时变特征。Sharma等[106](2011)利用采集的交通数据,考虑车头时距和速度分布有关的交通特征,并建立了基本交通流量(即速度、密度和流量)的关系曲线。Gao等[107]使用青岛的GPS轨迹数据估算城市交通流量,并利用交通网络的中介中心性预测交通流量的能力。Wang等[108](2014)探讨了城市交通网络交通演化过程中的时间特征和不同的规律性,并通过聚类多维流量时间序列来定义流量状态模式。张勇等[109](2014)以实际的交通流量序列为研究对象,分析了交通流的突变特征,并进行了实证研究,结果表明交通流的突变在不同尺度上具有无标度性。Kanagaraj 等[110](2015)利用专用软件提取轨迹数据，并使用局部加权回归方法处理数据，通过这些轨迹的研究实际交通流特性。何兆成等[111](2016)通过引入交通拥堵时空累积指标对区域交通运行状态进行判别与定量分析，建立拥堵源与拥堵评价点之间的函数关系以构建可视化模型，对交通运行状态数据进行特征提取。

在道路交通网络分析的技术方法层面分析，以模式识别的技术分析方法为主，实现对城市交通路段和城市交通网络的交通运行特征提取和分析。从技术发展趋势来看，起初的研究起步于对路段交通特征的分析。Xia 等[112](2012)以流量、速度和占用率三个变量为交通状况的表征，利用贝叶斯信息准则（最大化簇内数据点距离且最小化簇间数据点距离），通过数据聚类实现对路段交通状态的在线识别。Bi 等[113](2013)考虑高速公路交通状态具有很强的非线性特征，提出了基于粒子滤波的高速公路交通状态估计方法，并以北京三环和平桥西至三元桥西的高速公路采集数据为实例进行验证。Wang 等[114](2017)探讨了基于模糊 C 均值和极端学习机的预测分析模型。Zhang 等[115](2018)提出基于支持向量回归的短期交通流量预测方法，其中利用随机森林和增强遗传算法确定最优预测模型参数。之后研究深入扩展到网络，Han 等[116](2013)应用非负矩阵因子化对交通网络的流量数据进行降低维度处理，并对投影结果进行聚类，从而分析典型空间模式和时间动态下的网络层交通流量状态。Abadi 等[117](2015)在部分路段没有配备交通检测传感器的前提下，利用有限交通流量检测数据，基于自回归模型预测每个路段上的交通流量。Yu 等①(2017)结合先前场景预测对象的未来运动的思想，提出将交通速度数据转换成静态图像的方法，并将其作为深度学习的输入，利用时空递归卷积网络预测网络中的车流速度。

综合上述交通特征分析，满足交通参与者的特征需求是交通运行的根本目的。交通网络的结构特征是交通运行的实施条件，而道路中呈现的交通流特征是为实现目的且借助实施条件，呈现在道路中的交通表象。该方面的研

---

① Yu H, Wu Z, Wang S, et al. Spatiotemporal Recurrent Convolutional Networks for Traffic Prediction in Transportation Networks[J]. Sensors, 2017.

究从交通表象挖掘交通实施条件的不足，不断利用交通控制的技术手段调整交通运行的实施条件，最终达到实现交通运行的根本目的，即满足交通参与者的需求。此外研究实现过程中存在两方面问题，一方面，大量研究侧重利用浮动车数据为主要数据来源，却忽视了交通网络中大量固定检测源获取的数据。另一方面，交通网络层面的交通特征分析研究还处于起步阶段，但随着硬件系统和人工智能技术的飞跃式发展，实现网络层面的交通态势识别和分析也必将是现阶段交通特征分析的重要工作。因此，本书以固定检测设备获取的检测数据为主要研究对象，以交通路网的运行特征分析为研究目标，利用模式识别技术解决道路交通网络动态特征分析问题。

1.3 内容的组织结构

1.3.1 研究思路

本书研究的核心内容为城市道路交通网络的动态变化特征，具体分析的对象则是交通数据，研究基于交通数据实现城市道路交通网络的时空变化分析。城市交通流变化在空间上遵循着城市道路的空间结构，在时间上具有潮汐的波动特性。与此对应，交通数据也具有网络结构属性和时序关系属性，因而本书对城市道路交通网络的研究确立以时空属性关系分析交通数据的基本思路。由于网络结构和时序关系的存在，交通数据可描述为三阶张量的形式。从交通数据三阶张量中分别提取数据元素、纤维、切片和张量本身，进行交通特征层面的技术分析，实现对城市交通网络各数据层级上的特征分析。

城市道路交通网络特征分析的结构如图1.2所示，从数据模型中提取的不同对象分别利用相应模式识别的方法进行特征分析及处理，采用分层思想拆解细化研究内容。

交通数据三阶张量的每一个元素，即为交通检测中获取的交通和数据零阶张量，每一元素都是路网交通特征的表征因子，因而对于交通数据张量中的数据元素需要进行数据的预处理。考虑到交通大数据的多源特征，仅通过交通数据校验和多源融合实现交通检测数据的预处理。

交通数据张量沿时间方向的管纤维，即交通数据一阶张量，实际为获取的交通流时间序列，体现每个检测位置的交通流时间变化关系。为挖掘交通

基于多阶数据张量感知的道路交通动态特征挖掘方法及应用

的时序状态变化特征，利用复杂网络的可视化方式重构解读交通流时间序列，获取时间序列网络的特征要素，进而从可视化角度获取交通状态特征与网络结构之间的关联。针对行程时间交通流时间序列（一阶张量）提出基于聚类方法的预测方法。

交通数据张量沿时间方向的切片，即交通数据二阶张量，实际为获取的交通数据空间网络关系，体现每个检测数据之间的空间变化关系。

交通数据三阶张量蕴含交通特征的时空属性，为实现时空交通动态特征的挖掘，利用数据图像化的方式进行特征提取，使得对交通特征的变化认知不再停留在局部范围内，而是实现了对交通动态网络的整体状态识别和趋势预测。

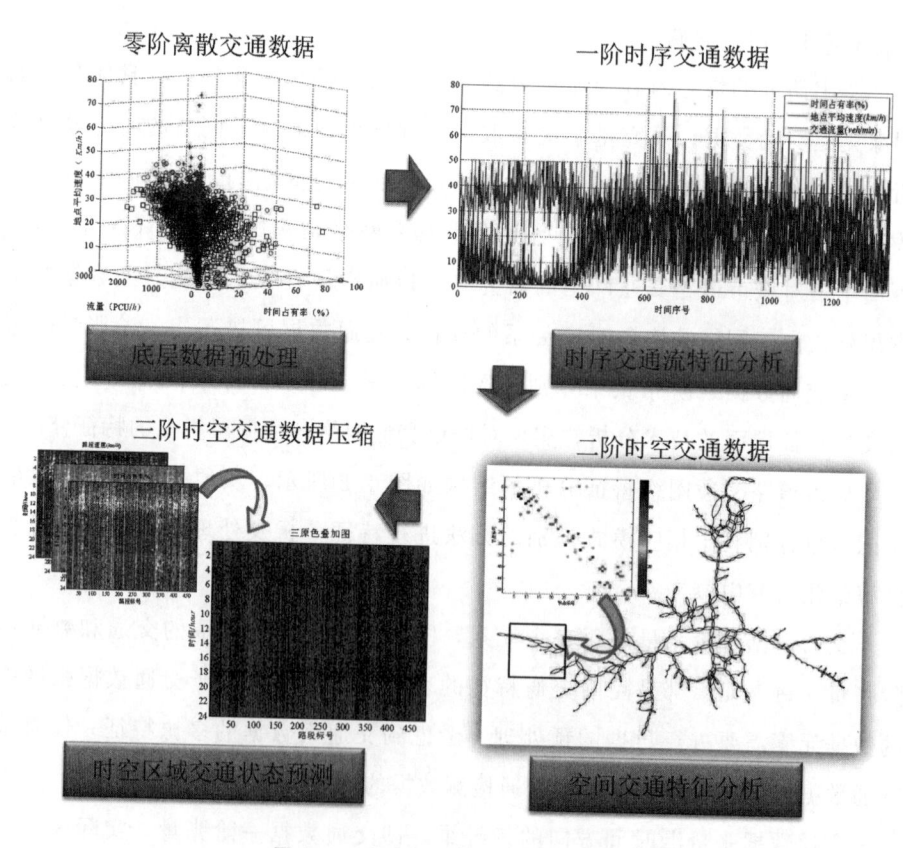

图1.2 交通动态特征分析结构图

第1章 绪 论

综合上述研究思路，本研究从交通数据出发，将道路交通动态特征分析技术细化为离散交通数据预处理技术、时序交通数据分析技术和时空交通数据预测技术，为保障城市交通可靠运行提供数据技术支撑。

1.3.2 内容组织

全书主要包括道路交通动态特征分析框架、基于多检测源的离散交通数据预处理、基于复杂网络的路段时序交通数据和网络空间交通数据特征分析和基于深度学习的路网时空交通状态分析及预测五个部分。论述通过七章内容展开，各章节具体如下：

第1章：绪论。研究从实际应用需求出发，阐述了本书研究背景和研究的意义。在对研究内容涉及技术的相关国内外研究现状分析总结之后，提出本书的研究思路和章节内容安排。

第2章：基于交通数据张量的道路交通动态特征分析框架。为解决道路交通动态特征分析的问题，采用分层思想细化技术解决方案。层次结构分别为离散交通数据预处理层、时序交通特征数据分析层、空间交通特征数据分析层和时空交通数据预测层，通过技术框架的确立实现对交通网络动态特征的研究。

第3章：面向零阶数据张量的交通数据预处理。为保证数据分析的可靠性，主要通过优化随机森林和 AdaBoost 决策强化的方法实现多源交通数据的校验，通过联邦卡尔曼滤波技术解决多源交通数据的融合问题。

第4章：面向一阶数据张量的路段交通数据特征分析。与传统的研究交通流序列的方法不同，探索应用相空间重构法和可视图法构建交通流时间序列的复杂网络，利用网络分析统计特性的方式来分析时序交通流的属性。另外，针对高速公路行程时间的特点，研究并提出基于预测强度的交通流时间序列预测方法。

第5章：面向二阶数据张量的交通路网节点评估。应用网络解析方法对路段之间的动态关联关系，辅以网络节点相似度、网络节点的交通波动性、交通强度和网络节点的凝聚度等评价指标，综合考虑与时变流量相关、与经济环境相关和与网络结构相关的交通特征，评价交通网络节点的动态影响程度的异质性。

第 6 章：面向三阶数据张量的路网时空交通拥堵态势预测。利用构造的三阶交通张量压缩转化多参量时空交通数据图像，应用深度学习中的循环神经网络预测交通参量，卷积神经网络提取图像特征，实现提取交通网络态势识别和预测。

第 7 章：总结与展望。总结全书的研究工作，对研究中存在的不足进行了说明，并对下一步研究工作的方向进行了展望。

第 2 章　基于交通数据张量的道路交通动态特征分析框架

2.1　概述

城市交通流变化周而复始，在空间上遵循着城市道路的空间结构而发生着变化。为分析城市交通动态特征，首先要选取合适的城市交通拓扑结构。另外，城市路网结构在较长时期内固定不变，路网交通流的动态性实质就是道路中变化的车流，具体体现为交通网络中检测器获取的动态交通数据。由数据产生顺序确定的交通流时间序列充分体现了交通数据的时间性。由数据来源的检测器位置体现了交通数据的空间性。因此道路交通动态特征分析需要从交通数据的时间性和空间性两方面综合考察。考虑到张量是一个多维的数据存储形式，因而结合交通数据的空间性和时间性描述交通数据张量。

本书主要研究城市交通网络动态特征的分析技术，本章主要介绍道路交通动态特征分析技术框架，技术以交通数据张量为交通动态特征分析的主要出发点，从张量角度对交通网络特征进行分层解构研究。

2.2　交通数据张量

2.2.1　数学意义下的张量定义

本章涉及张量为数学意义下的含义，张量实质是多维数组或多维阵列

(multidimensional or n-way array of data)[118]。张量可以理解为向量和矩阵在多维空间中的推广。在低维阶段的代表为标量、向量和矩阵，如标量表示为零阶张量，向量表示为一阶张量，矩阵表示为二阶张量[119]。张量中每个元素使用多个指标来标注的，张量的表达形式如公式(2.1)所示，其中 $n_i(i=1, 2, \cdots, m)$ 表示正整数。m 称为张量 $\bm{A}$ 的阶数(order)，若 $n_1=n_2=\cdots=n_m=n$，那么 n 称为张量 $\bm{A}$ 的维数，m 阶 n 维的实数域张量记作 $\bm{\Gamma}(\mathbb{R}^n, m)$。

$$\bm{A} = (a_{l_1, \cdots, l_m}) \in \mathbb{R}^{n_1 \times n_2 \times \cdots \times n_m} \tag{2.1}$$

在实际问题的研究中，张量是一个多维的数据存储形式，张量的直接分析较困难。常见的研究以张量的向量化和张量的矩阵化方式细化分解问题，为解释和分析张量特征提供了高效的手段。下面以三阶张量为例介绍张量的操作变化，三阶张量示意如图 2.1(a)所示。

2.2.1.1 张量的向量化

在三阶张量中以向量为单位划分，每个单位称为张量的纤维，按照提取方向分为三类：列纤维、行纤维和管纤维，分别如图 2.1(b)(c)(d)所示。

列纤维(column fiber)表达式：

$$\bm{A}_{:, j, k} \stackrel{\text{def}}{=} \begin{bmatrix} a_{1, j, k} \\ \vdots \\ a_{n_1, j, k} \end{bmatrix} (j=1, 2, \cdots, n_2, k=1, 2, \cdots, n_3) \tag{2.2}$$

行纤维(row fiber)表达式：

$$\bm{A}_{i, :, k} \stackrel{\text{def}}{=} \begin{bmatrix} a_{i, 1, k} \\ \vdots \\ a_{i, n_2, k} \end{bmatrix} (i=1, 2, \cdots, n_1, k=1, 2, \cdots, n_3) \tag{2.3}$$

管纤维(tube fiber)表达式：

$$\bm{A}_{:, j, k} \stackrel{\text{def}}{=} \begin{bmatrix} a_{1, j, k} \\ \vdots \\ a_{n_1, j, k} \end{bmatrix} (i=1, 2, \cdots, n_1, j=1, 2, \cdots, n_2) \tag{2.4}$$

2.2.1.2 张量的矩阵化

在三阶张量中以矩阵为单位划分，每个单位称为张量的切片，按照提取

第 2 章　基于交通数据张量的道路交通动态特征分析框架

方向分为三类：水平切片、侧向切片和正面切片，分别如图 2.1(e)(f)(g) 所示。

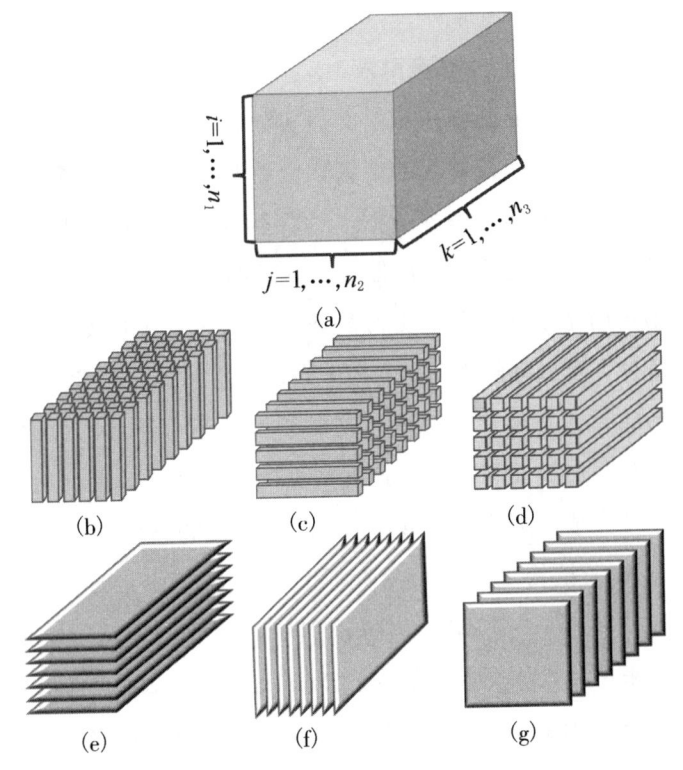

图 2.1　三阶张量 $A \in \mathbb{R}^{n_1 \times n_2 \times n_3}$ 及其纤维和切片示意图

水平切片(horizontal slice)表达式：

$$\boldsymbol{A}_{i,:,:} \stackrel{\text{def}}{=} \begin{bmatrix} a_{i,1,1} & \cdots & a_{i,1,n_3} \\ \vdots & & \vdots \\ a_{i,n_2,1} & \cdots & a_{i,n_2,n_3} \end{bmatrix} \quad (i=1, 2, \cdots, n_1) \tag{2.5}$$

侧向切片(lateral slice)表达式：

$$\boldsymbol{A}_{:,j,:} \stackrel{\text{def}}{=} \begin{bmatrix} a_{1,j,1} & \cdots & a_{1,j,n_3} \\ \vdots & & \vdots \\ a_{n_1,j,1} & \cdots & a_{n_1,j,n_3} \end{bmatrix} \quad (j=1, 2, \cdots, n_2) \tag{2.6}$$

正面切片(frontal slice)表达式：

$$A_{:,:,k} \stackrel{def}{=} \begin{bmatrix} a_{1,1,k} & \cdots & a_{1,n_2,k} \\ \vdots & & \vdots \\ a_{n_1,1,k} & \cdots & a_{n_1,n_2,k} \end{bmatrix} (k=1,2,\cdots,n_3) \qquad (2.7)$$

2.2.2 交通数据分析中张量引入

由于出行信息服务的基础来源于交通实测数据，因此只有通过多层次精细化交通数据分析才能获得对应的精细化交通服务信息。为了达到应对具体问题的精细化，需要整体化考察数据，然后不断细化分析，逐一拆分。由于通过检测设备获取的交通数据为离散量，并且结合数据属性满足多维阵列形式，因而本书选用张量理论分析交通数据。数学意义下的张量，实质是多维数组或多维阵列，可以理解为向量和矩阵在多维空间中的推广。

将张量形式引入智能交通系统，是源于解决不可避免的数据丢失问题。由于交通流的时空连续性和交通流速度数据的多维性质，提出通过时空模型张量分解过程来完成交通数据恢复[120-122]。Pastor(2018)①利用多种模式下存在的局部交通数据结构之间的所有相关性，提高了张量纤维的插补精度。Shao 等(2018)②提出了一种基于车牌识别(LPR)数据和基于协作张量分解(CTD)的方法来估计稀疏交通量数据。Chen 等[123,124](2019)提出利用贝叶斯增强张量因子分解(BATF)模型，实例验证张量方法在解决多维数据插补问题方面具有优势。随着通过张量分解方式对交通数据修复的不断深入，研究不断向利用修复数据的交通参量预测方面深入。Yang 等[125]充分应用张量多模式提取、聚类分析深入探讨道路网络交通流的复杂异质性。

以上采用张量分解方法对交通数据修复研究具有一定的研究成果，但张量方法在智能交通系统中的应用还有待深入，缺少对检测数据多层次和结构性框架研究，这些将成为城市交通智能交通发展的主要趋势。

此外，在洞察交通数据张量结构中交通特征方面，研究还在初步阶段，针对交通数据张量特征提取的交通控制和交通诱导方法研究还鲜有研究。

---

① Pastor G. A Low-rank Tensor Model for Imputation of Missing Vehicular Traffic Volume[J]. IEEE Transactions on Vehicular Technology, 2018, PP: 1-1.

② Shao W, Chen L. License Plate Recognition Data-Based Traffic Volume Estimation Using Collaborative Tensor Decomposition[J]. IEEE Transactions on Intelligent Transportation Systems, 2018.

第2章 基于交通数据张量的道路交通动态特征分析框架

因此,为细化理解数据特征服务交通路径信息,本课题利用张量形式描述交通数据,通过多阶张量提取得到具有交通分析意义的降阶数据,采用深度学习的方法对低阶至高阶交通数据(以单交通参量构建交通数据三阶张量为例,如图2.1所示)进行特征提取并挖掘对应时序、空间以及时空交通的信息,提高数据信息层次性和精细度,从而进一步完善交通数据分析理论。

2.2.3 道路交通网络拓扑

城市道路包括交通运输的交叉路口和街道,其上的车流均体现着道路网络的交通变化。将断面流量和流向保持不变且几何条件保持一致的街道区段划分为路段,交叉路口和路段可以自然地转换为城市交通网络结构中的节点和边[126]。以不同的拓扑结构对应关系,交通网络拓扑提取的方式包括以下三种类型:

①原始抽象法,该方法将交叉路口抽象为网络的节点,将路段抽象为连接节点的边。该方法构建的拓扑侧重以路段中交通载体通断和流量变化为主要研究对象,不考虑交叉路口中交通转向变化,并可以直观地了解道路网络形态。图2.2所示为原始抽象法拓扑提取示意图(无向图),图(b)表示对应方法下图(a)的拓扑结构图。

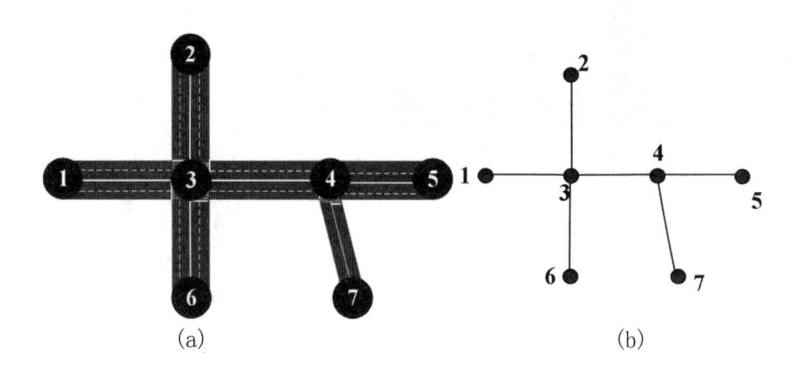

图2.2 原始抽象法拓扑提取示意图

②对偶抽象法,该方法主要以城市道路中街和路抽象为节点,街路之间的连接可达抽象为边。该方法构建的拓扑侧重以路网连通度为主要研究对象,舍弃了道路的空间结构特征。图2.3所示为对偶抽象法拓扑提取示意图(无向

图），图(b)表示对应方法下图(a)的拓扑结构图。

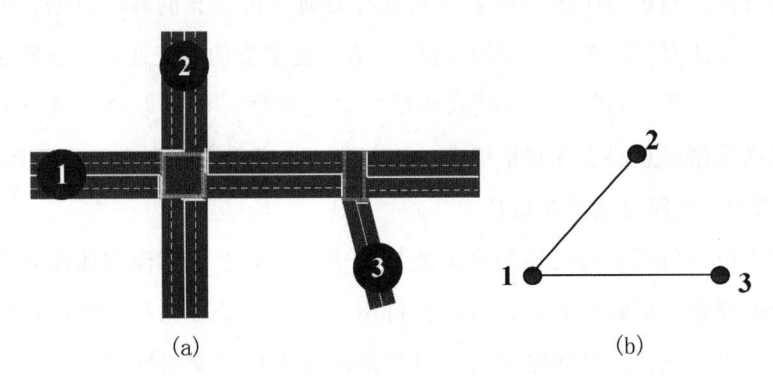

图 2.3 对偶抽象法拓扑提取示意图

③对偶图抽象法，该方法是在原始道路网络的基础上直观地将路段抽象为网络的节点，将交叉路口抽象为网络的边，形成抽象拓扑应为原始抽象法获得拓扑的对偶图。该方法构建的拓扑侧重以交叉路口中交通载体流向和流量变化为主要研究对象。图 2.4 所示为对偶抽象法拓扑提取示意图（无向图），图(b)表示对应方法图(a)的拓扑结构图。

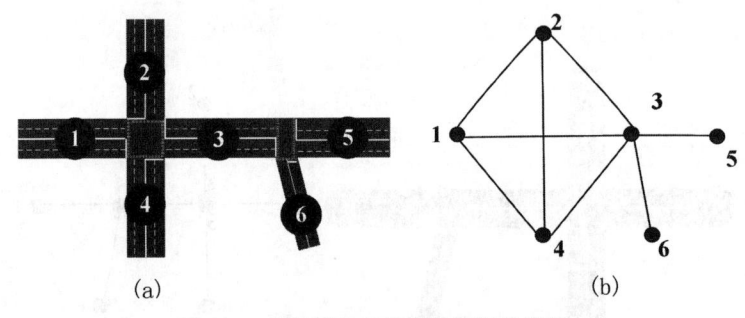

图 2.4 对偶图抽象法拓扑提取示意图

2.2.4 基于交通拓扑的多阶交通数据张量描述

每一个采集的交通数据都蕴含了时间属性和空间属性，由于时间属性是一阶属性，空间属性是二阶属性，两者结合给出实际交通数据符合三阶张量的定义形式。

为清晰描述交通数据的张量特征，本节根据 2.2.3 小节中描述的交通网

第 2 章 基于交通数据张量的道路交通动态特征分析框架

络表示交通数据的空间所属关系，具体表现形式为网络的邻接矩阵，通过它描述数据的空间属性。邻接矩阵是网络结构的矩阵表示形式，其中 $a_{p_{jS},p_{jO}}$ 为邻接矩阵 M 的元素，定义如公式(2.8)所示，公式中 p_{jS} 和 p_{jO} 均为交通路网 V 的节点编号，对应 M 的图像化示意如图 2.5(a)所示。时空交通数据三阶张量如公式(2.9)所示，其中 p_{jS} 和 p_{jO} 均为交通路网 V 的节点编号，t 为交通数据采集时间顺序编号。以某时刻路段平均速度加权的某城市交通网络对应的邻接矩阵来刻画网络，图 2.5(a)为节选该网络中 100 个节点间邻接矩阵的图像。

$$a_{p_{jS},p_{jO}} = \begin{cases} w_{p_{jS},p_{jO}} & \langle p_{jS}, p_{jO} \rangle \in E \\ 0 & \langle p_{jS}, p_{jO} \rangle \notin E \end{cases} \quad (2.8)$$

$$\boldsymbol{A} = (a_{p_{jS},p_{jO},t}) \in \mathbb{R}^{n \times n \times T} \quad (2.9)$$

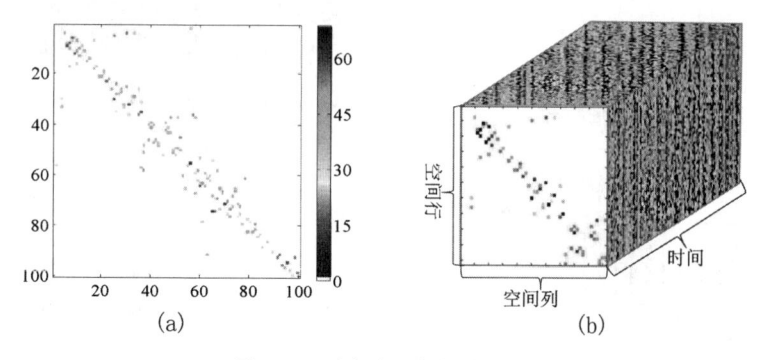

图 2.5 时空交通数据张量图

将交通数据的时间属性与产生数据的路段空间属性相结合，即在体现加权数据的邻接矩阵上添加时间属性。城市交通网络中采集的数据可以使用三个坐标标定，即以数据产生路段的相关交叉口(节点)为空间行坐标和空间列坐标，以数据产生时间为时间坐标。图 2.5(b)所示为时空交通数据三阶张量示例。

交通数据张量的描述主要为整体理解城市交通动态特征的时间性和空间性。按照张量的操作，实际上常见交通流分析中的交通流时间序列实质为时空交通数据三阶张量的管纤维，交通网络路段的相关性分析实质是对时空交通数据三阶张量中正面切片的分析。

2.3 道路交通动态特征分析框架

根据城市交通网络模型和城市时空数据张量进行详细的描述，如何将动态的时序数据与空间结构结合分析交通变化特征，一直是智能交通研究的热点问题。为解决道路交通动态特征分析的问题，采用分层思想细化技术方案。从交通数据多阶张量角度对交通网络动态特征分层解构，由于动态特征主要表现为数据的时间性，因而对时空交通数据三阶张量的元素、管纤维、切片和张量自身分别进行离散交通数据预处理、时序交通数据特征分析、空间数据特征分析和时空交通数据预测。根据交通数据张量不同提取对象的技术研究分层结构如图 2.6 所示。

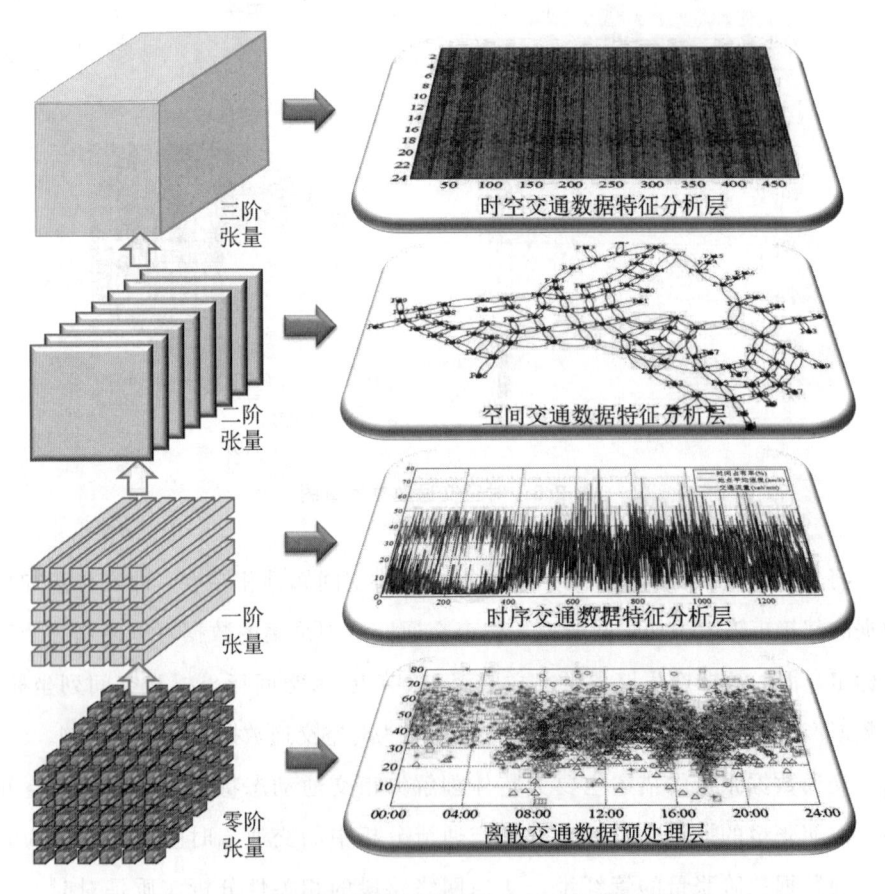

图 2.6 交通网络动态数据分析技术的分层结构

2.3.1 离散交通数据预处理层

交通数据三阶张量中元素描述的实质为离散交通数据，根据数据的聚类特征，主要分析交通数据采集的有效性。由于检测设备长期放置在露天的环境，设备布设的密集度不均匀等因素，本预处理层对交通数据标量进行预先的校验和融合处理，以满足上层的技术分析要求。

2.3.2 时序交通数据特征分析层

交通数据三阶张量中管纤维描述的实质为交通流参量的时间序列，本层主要对获取相同位置的交通流时间序列进行特征分析。本层通过应用复杂网络的技术方法重构时间序列，以获取新的统计特征。本层技术基于下层提供的有效预处理数据，对具有时间属性的实际时间序列进行重构解读和可视化分析，以辅助上层的技术分析。

2.3.3 空间交通数据特征分析层

交通数据三阶张量切片描述的实质为交通流参量的空间关系，本层主要对相同时刻交通数据的空间关联关系空间管理进行特征分析。本层通过应用复杂网络的技术方法进行基于时变流量相关、与经济环境相关和与网络结构相关的交通特征的节点评估，以获取新的统计特征。本层技术基于下层提供的有效预处理数据，对具有空间属性的实际关联分析，以辅助上层的技术分析。

2.3.4 时空交通数据预测层

交通数据三阶张量充分展现了交通数据的时间性和空间性，从时间域角度，利用循环神经网络对交通数据三阶张量中提取的管纤维进行交通网络的交通流参量预测；从空间域角度，利用卷积神经网络出色的图像特征提取技术，将多源时空交通数据三阶张量压缩转化为交通数据图像进行拥堵特征提取和预测。本层技术基于底层提供的有效预处理数据，通过张量压缩转换的手段，利用深度学习技术实现本层时空数据特征的状态识别和预测，达到对道路交通动态特征分析的研究目的。

2.4 本章小结

本章以时空交通数据张量为突破口，结合交通数据的空间性和时间性描述交通数据张量。交通数据的空间性由交通网络结构确定，交通数据的时间性由采集时间确定。利用多阶交通数据张量对应的数据来细化城市交通网络的动态进行特征分析技术，细化过程实际采用分层思想。针对时空交通数据提取的零阶张量进行离散交通数据预处理，一阶张量进行时序交通数据分析，二阶张量进行空间交通数据关联评估，三阶张量进行时空交通数据预测，从而综合解决动态交通数据的特征提取问题，最终实现对交通网络动态进行特征分析的目标。

第3章 面向零阶数据张量的交通数据预处理

3.1 概述

交通大数据已经广泛汇聚在交通管理部门及专门的运营公司之中,绝大多数数据应用范围停留在出行规律的统计挖掘方面。针对现阶段交通精准管理和控制的需求,决策数据的来源依旧是为交通控制管理服务的交通检测设施和为交通信息采集服务的浮动车和出租车。这些交通设备获取的检测数据的质量很大程度决定了交通特性的分析和挖掘的可靠性。因而本章以固定型交通检测器为数据来源,针对交通检测数据的多源特征,探讨交通检测数据的预处理方法。

基于数据层面的预处理过程包括数据校验(异常识别)、数据修复和数据融合。为保证时序交通数据分析层和时空交通数据预测层采用可靠的数据,考虑到交通大数据的多源特征,放弃数据修复过程,以数据修复和数据融合过程实现交通检测数据的预处理。

3.2 交通检测数据的多源特征

实时交通数据是城市交通控制与管理的重要基础信息的来源,它能够表征道路实时的交通状态。这些具有重要交通意义的数据主要来源是智能交通控制与管理系统中的检测器,这些设施应用不同检测技术获取道路中各类交通参量,从而提供较为全面的道路交通状况感知信息,为智能交通系统的建模、控制和决策提供支撑,为交通监控中心分析、判断和优化控制方案提供依据。

交通检测数据采集自交通信息检测系统,交通信息检测数据可概括为移动型和固定型两大类。检测系统一方面利用安装在固定地点交通检测器(如有环形线圈、微波、视频等车辆检测器等)对移动的车辆进行检测,可获取的数据主要包括基于环形线圈的交通数据、基于地磁的交通数据和基于视频的交通数据等。另一方面,通过采集移动车辆上搭载的特定电子标识信息,获取的数据主要包括基于GPS定位的动态交通数据、基于射频识别的交通检测数据等。

根据交通检测设备的位置,交通检测设备同样分为固定型和移动型两大类。城市中固定型交通检测器绝大部分安装在快速路以及城市主干道和次干路上,固定型的交通检测技术较为成熟,且检测准确度高,但由于检测设备长期放置在露天的环境,设备布设的密集度不均匀等问题,使得获取的固定型交通数据的完备性差。移动型交通检测技术能够检测整个路段,信息完备性好,但由于受到检测车辆停车的随意性影响,存在检测度不高的问题。随着检测技术的进步,上述两大类的多种检测手段都投入在实际的各大城市的交通信息检测系统当中,多种交通检测数据交织互补,以合肥交通示范区为例,其中黄山路天智路口就包含微波检测器、地磁检测器和视频交通流检测器三种固定型交通检测器。另外以厦门市湖滨南路上湖滨西路至金榜路区域的交通检测器布设为例,该区域交通检测器实际布设如图3.1所示,区域内共涉及12个交通检测路段,交通检测器36个,每个路段检测方向上平均包含3个交通检测器。正是由于多种检测源共同存在,对同一研究路段的同一交通参量来源也不再单一,大幅度提高了交通采集的全面性,但也因为这个原因,导致了实际交通态势识别的多样性。

第3章 面向零阶数据张量的交通数据预处理

图 3.1 厦门市某区域内多路段交通检测器布设图

因此，如何在多源交通检测数据相互补充的同时，将现有多源交通采集数据转化成为唯一表征的交通信息，成为交通领域要解决的基础问题。只有保证了交通流数据的适用性，进行交通管理及控制才有价值可言。

3.3 基于集成学习的多源交通检测数据校验

多种检测技术都已经应用在交通领域，并成为交通管理和控制的基础数据来源。然而固定型交通检测设备长期放置在露天的环境当中，由于设备本身寿命和设备布设的密集度不均匀等问题，使得如何将现有交通采集数据转化成为适用的交通信息，成为交通领域要解决的基础问题。只有保证了交通流数据的适用性，进行交通管理及控制才有价值可言。为了提高城市交通数据的质量，保证有效的交通决策和管理，本节对多源交通检测数据的校验方法展开研究。

本节选取现阶段广泛应用的机器学习方法，主要研究如何应用先进的数据分析方法来实现交通检测器数据的校验问题。通过研究和探讨城市固定型检测器获取的多源交通检测数据的校验方法，为城市交通决策和交通网络分析提供准确、有效的基础交通数据。

3.3.1 城市交通检测数据中的离群数据

道路的交通检测器获取的数据包含交通数据采集时间、检测器所属类型、流量、地点平均速度、时间占有率等交通数据属性。这些属性从不同维度体现城市的交通特征，但与此同时交通检测设备也存在其固有设备问题。由于检测设备长期放置在露天的环境，设备布设的密集度不均匀等问题，使得获取的交通数据的完备性有所欠缺，因而交通检测数据集中存在数据的离群现象。以下三种情况表现为实时道路数据的离群表象[127]：

①道路交通状态检测获取的数据值与真实道路交通状态对应的数据值有较大偏离；

②检测得到的道路交通状态数据为错误数据，数据值不在交通参量规律的合理范围；

③实际道路交通为异常状态，使得数据出现偏离常规数据趋势。

以实际交通多源检测器获取的数据为例分析数据集特征，例如合肥市交通示范区科学大道与天智路之间的黄山路路段西进口四个车道的微波检测器 1 440 个时间检测点地点平均速度的数据集，如图 3.2 表示该位置对应微波检测器 24 小时地点平均速度数据散点图。图中检测数据集应包含 5 760 个交通数据，而实际获取离群数据包含离群数据 492 个。另外，以流量、地点平均速度、时间占有率三个主要交通参量确定交通数据点位置，对相同路段的多源参数综合分析数据体征，如厦门市交通示范区湖滨西路与斗西路之间的湖滨南路段西进口检测数据集，同路段检测数据的多源综合散点图如图 3.3 所示。图中检测器分别为线圈检测器、地磁检测器和视频检测器，检测器编号

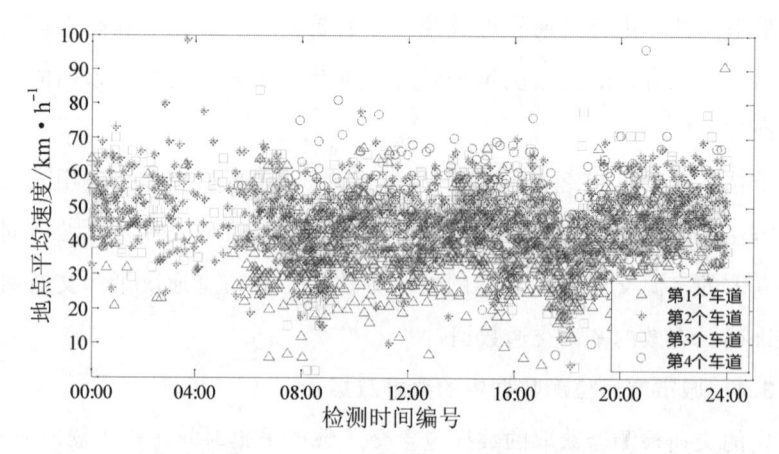

图 3.2 合肥市示范区内某微波检测器 24h 地点平均速度数据散点图

第 3 章 面向零阶数据张量的交通数据预处理

分别为线圈检测器编号为 DC0＊＊＊＊833，地磁检测器编号为 53＊＊＊＊498，视频检测器编号为 15＊＊＊18。两种方式的数据集表象都存在不符合交通状态的离群样本，且数目明显少于其他类样本的数目。在统计学里将这种情况对应的数据称为非平衡数据[128,129]。

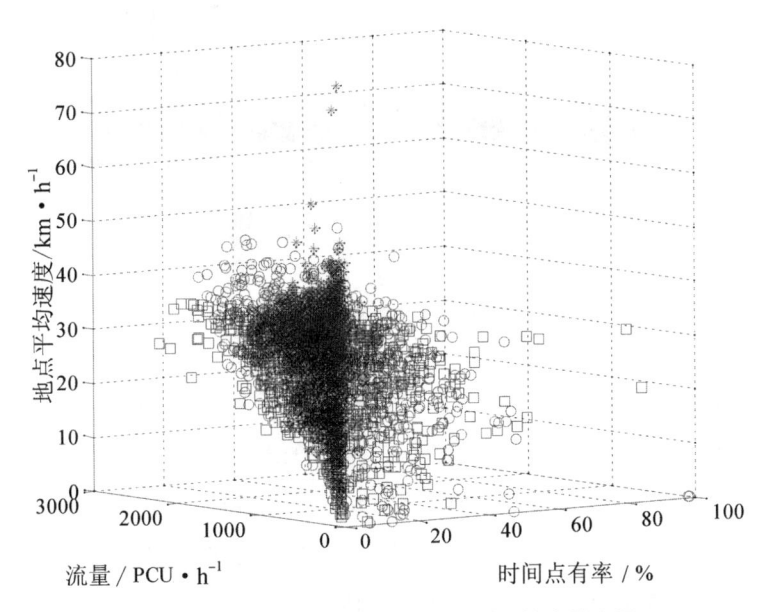

图 3.3 厦门市同路段检测数据的多源综合散点图

通过上述分析，常见交通数据集中存在明显的离群数据，且按其所占比例分析，此类数据属于非平衡数据。因而可以应用交通数据集的非平衡数据离群特征实现交通检测数据的校验。此外，交通检测数据具有时序性，相同检测位置的交通数据多源同步。结合两方面的分析，通过多源交通数据特征剥离出离群数据，不但不影响交通异常状态的数据分析，而且还可以有效保障交通事件的评判度和预测交通状态的准确度。

3.3.2 集成学习算法

3.3.2.1 集成学习的基本思想

集成学习（ensemble learning）为机器学习中有监督学习（supervised learning）理论的一类模型[130]，主要思想是通过已有的训练样本训练得到一个最优模型，然后利用它将所有的输入映射为相应的输出，通过对输出的简单判断实现分类的目的[131]。算法的特点是使用已有的训练样本来生成模型,算法结构如图 3.4 所示。除集成学习外,有监督学习还包括支持向量机(support vector machine,SVM)、贝叶斯分类器(Bayes Classifier)等模型。

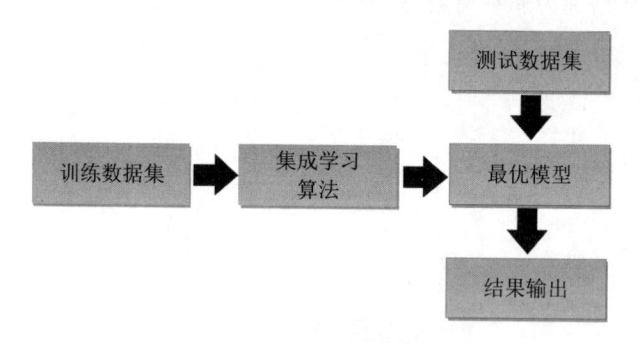

图 3.4 集成学习算法结构图

集成学习实际是利用策略结合的一组分类器个体,常可以获得比单一学习器更显著的泛化性能[130]。按分类器之间的关系可分为两大类,一种是学习器个体间存在强依赖关系,必须串行生成的序化方法;另一种是学习器个体之间不存在强依赖关系,并可同时生成并行化的方法。前者的代表是 boosting,后者的代表 bagging 和随机森林[132]。

3.3.2.2 随机森林的分类方法

Breiman 在 2001 年提出随机森林(random forest)算法,该算法是 Brciman 的 bagging 方法和 Tin Kam Ho 的 random 方法的组合[133]。随机森林模型生成数据集时,整个数据集被分为训练集和测试集两个部分,前者用于构建符合实际样本对应关系的模型,后者用于测试前者得到模型的检测能力。在初始的训练集中,一些不能被抽取的样本组成的集合称之为袋外数据(out of bag,OOB)[133]。

随机森林的构建分为两个部分,一部分是针对训练集构建决策树的训练过程,其中每棵决策树均针对选取不同部分的样本进行列采样,从 M 个特征中,选择 m 个($m<M$)。通过完全分裂建立由 x_i 到 y_i 的决策树,最终分裂到叶子节点,确定以不可继续分裂或者样本指向同类为分裂结束的叶子节点。随机森林为一个树形结构的分类器组成的分类器集合$\{h(x, \Theta_k), k = 1,$

第3章　面向零阶数据张量的交通数据预处理

…，K}，其中$h(x，\Theta_k)$是分类树，K表示随机森林中决策树的个数，{Θ_k}是独立同分布的随机向量。在给定新的输入x时，通过构建的每个决策树分类器确定结果，结合投票结果得到最高频率的分类归属，以该结果确定最优的分类结果[134]。

另一部分是测试集利用训练好的随机森林进行决策，最后根据多个决策树的结果总计投票得出分类结果。最后决策树相同权重投票模型如公式(3.1)。

$$H(x) = \arg\{\max \frac{1}{m} \sum_{i=1}^{m} I(h(X；\Theta_i) = y_j)\} \qquad (3.1)$$

给定一组分类模型{$h_1(x)$，$h_2(x)$，$h_3(x)$，…，$h_3(x)$}，其中$h_k(x)$为决策树$h(x，\Theta_k)$的简写形式，其中对每个决策树训练的数据集均为模型整体数据集的随机抽样。由此可以得到余量函数如公式(3.2)[134]。

$$mg(X，Y) = av_n I(h_k(X) = Y) - \max_{j \neq Y} av_k I(h_k(X) = j) \qquad (3.2)$$

随机森林方法以余量函数衡量分类结果的可靠性，其含义为正确分类数与错误分类数均值的差量程度。决策树的泛化误差如公式(3.3)。

$$PE^* = P_{X,Y}(mg(X，Y) < 0) \qquad (3.3)$$

由随机森林{$h(x，\Theta_k)$}的分类强度s，如公式(3.4)，而泛化误差估计PE^*则可表示为公式(3.5)。

$$s = E_{X,Y}(P_{\Theta}(h(X，\Theta) = Y) - \max_{j \neq Y} P\Theta(h(X，\Theta) = j)) \qquad (3.4)$$

$$PE^* \leqslant \bar{\rho}(1-s^2)/s^2 \qquad (3.5)$$

式中，$\bar{\rho}$表示分类决策树之间相关度的平均值。

随机森林算法适用性分析：

随机森林建立每一棵决策树的特点是具有随机bagging采样的过程，随机森林输入的数据对每个决策树进行随机采样，利用有放回式采样使得采样过程可取得重复样本。在应用于决策树类分类算法中，涉及采样的形式有bagging采样和boosting采样两种，两种方法分别以均匀概率和错误概率来实现采样。boosting的分类精度要优于bagging；训练集的选择方面，bagging的训练集选择是随机的，各轮训练集之间相互独立，而boosting的选择与前面各轮的学习结果有关；bagging的各个预测函数没有权重且可以并行生成，而 boosting 是有权重的且只能顺序生成。两种方法均可有效地提高分类的准确性，因而拟融合两种方法的优势对交通领域检测数据分类进行优化。

由于基于交通信息中非平衡数据识别具有现实意义，而数据稀缺和极端值可导致随机森林分类方法性能下降的问题[135]，本书提出通过在随机森林各独立的决策树中侧重少数类样本赋予更大的权重，避免由于原训练集中的少数类数据量较少导致训练得到的决策树规则没有代表性，加强对少数类样本在分类器中的决策度，对少数样本有针对性地提高分类准确度，这样就使最终得到的投票对少数类样本具有更高的准确率。

3.3.2.3 AdaBoost 的分类方法

AdaBoost 分类器是机器学习中比较流行的分类算法，在给定特征空间 X 和两份可能分类标识 $y \in \{-1, +1\}$，AdaBoost 的核心思想是针对同一个训练集训练不同的弱分类器 $h_t(x)$（其中 $x \in X$），然后组合这些弱分类器形成强分类器 $H(x)$，分类器 $H(x) = \text{sign}(f(x)) = \text{sign}(\sum_{t=1}^{T} a_t h_t(x))$。

对一个包含 n 个元素训练集 $\{x_i\}$ 中每个元素分类，通过每轮弱分类器 $h_t(x)$ 分类后结果为训练集元素分配权重 $D_t(x)$。每轮学习根据分类和权重选择最优的弱分类器 $h_t(x)$，一旦弱分类器选定即可获取通过分类标识 y_t 与分类器结果 h_t 确定本轮的优度系数 a_t，同时根据系数 a_t 更新的权值分配 $D_t(x)$。最后通过不断迭代训练 T 次之后完成强分类器 $H(x)$ 分类过程。

模型需要整个数据集被分为两个部分：一个训练集和一组测试集。前者用于构建模型，后者用于测试模型的检测能力。首先将选定数据集随机分成训练集和测试集，并对训练集数据进行多次迭代分类；之后不断利用训练集的分类结果对训练集元素进行权重的变化；更新迭代分类中的权重系数，在有限次的训练后完成强分类的组合，其中在本章研究中弱分类器选用决策树分类器。

3.3.3 多源交通检测数据集描述

在交通检测数据集中，每个交通检测位置可获取大量感知数据，即交通检测数据集由多种检测源的数据组成，假设有 k 个数据源，每个数据源均通过多个交通参数对检测对象进行描述，则每个时段均能得到一组多源感知数

第3章 面向零阶数据张量的交通数据预处理

据。因而为清晰描述交通检测数据集,给出其数据实体定义。

每个交通检测器采集数据实体描述为:

$\{date, t, DetectorID, parameter_1, parameter_2, parameter_3, F\}$

其中,date 表示检测数据采集日期,t 表示检测数据采集时刻,DetectorID 表示检测器代码,$parameter_i$ 表示该检测器中第 i 个交通参数(交通检测器可以获取的交通参量比较多,为多源分析一致性,选取常见的大多数可直接获取3种,因而 $i=1,2,3$),F 表示交通数据校验结果。

交通检测器的数据多源属性实体描述为:

$\{date, t, linkID, DetectorID, parameter_{1,1}, parameter_{1,2}, parameter_{1,3},$ $parameter\ r_{2,1}, parameter_{2,2}, parameter_{2,3}, \cdots, parameter_{k,1}, parameter_{k,2},$ $parameter_{k,3}, F\}$

其中,date 表示检测数据采集日期,t 表示检测数据采集时刻,linkID 表示检测截面编号,DetectorID 表示检测器代码,$parameter_{i,j}$ 表示检测截面的第 i 个交通检测源的第 j 个交通参数(选取 $j=1,2,3$),k 表示检测截面多源检测源数目,F 表示交通数据校验结果。

实际城市交通检测数据的预处理应用中,通常待处理的是三种检测源器(包括感应线圈检测器、地磁检测器和卡口视频检测器)的交通检测数据集,而基于 GPS 位置定位的移动型交通检测器由于不能直接获取交通参量,因此本章中不考虑移动型交通检测数据。下面针对三种交通检测,给出具体的多源交通检测数据校验的数据集描述。

交通检测器数据多源属性实体描述为:

$\{date, t, linkID, DetectorID, q_C, v_C, o_C, q_U, v_U o_U, q_T, v_T, o_T, F\}$

其中,设校验数据采集采集日期为 date,采集时刻为 t 时,linkID 表示检测截面编号,DetectorID 表示检测器代码,检测器获取得到的交通流量数据表示为 q、地点平均速度数据表示为 v、时间占有率数据表示为 o,则选择属性分别对应:感应线圈得到的交通流量 q_C,感应线圈得到的地点平均速度 v_C,感应线圈得到的时间占有率 o_C,地磁得到的交通流量 q_U,地磁得到的地点平均速度 v_U,地磁得到时间占有率 o_U,卡口数据交通流量 q_T,卡口数据地点平均速度 v_T,卡口数据时间占有率 o_T。

根据上述交通数据属性，确定交通检测数据特征空间 X 的特征数为 10。从多源交通数据集中，提取自变量数据集合 X 和数据变量 Y 的矩阵描述如公式(3.6)和公式(3.7)所示。

$$X=\begin{bmatrix} x_1 & x_2 & \cdots & x_{10} \end{bmatrix}=\begin{bmatrix} t_1 & q_{C1} & v_{C1} & O_{C1} & q_{U1} & v_{U1} & O_{U1} & q_{T1} & v_{T1} & O_{T1} \\ t_2 & q_{C2} & v_{C2} & O_{C2} & q_{U2} & v_{U2} & O_{U2} & q_{T2} & v_{T2} & O_{T2} \\ \cdots & \cdots & \cdots & \cdots & \cdots & \cdots & \cdots & \cdots & \cdots & \cdots \\ t_n & q_{Cn} & v_{Cn} & O_{Cn} & q_{Un} & v_{Un} & O_{Un} & q_{Tn} & v_{Tn} & O_{Tn} \end{bmatrix} \quad (3.6)$$

式中，x_i 为一组提取的数据单元（i 为特征数，$i=1,2,3,\cdots,10$）；n 为选择输入样本的样本数目。

$$Y=\begin{bmatrix} y_1 \\ y_2 \\ \vdots \\ y_n \end{bmatrix}=\begin{bmatrix} F_1 \\ F_2 \\ \vdots \\ F_n \end{bmatrix} \quad (3.7)$$

式中，$y_i \in \{-1,+1\}$，为对应数据分类的结果，$i=1,2,\cdots,n$，F_i 表示由检测数据集评判的数据信息为正常数据或是离群数据的判决标签。

3.3.4 基于随机森林优化的多源交通检测数据校验方法

本节应用随机森林的设计思想，对交通数据校验方法提出新的改进方法，以适应交通领域交通数据的分析，提高方法的适用性。因此，在深入分析城市交通检测数据特征的基础上，提出基于优化随机森林的多源检测数据校验方法。

3.3.4.1 针对交通离群数据校验的随机森林优化模型

根据上述的分析可知，bagging 是以随机方式采样，少数类样本的采样率必然较低，因而提出一种有侧重采样优化的随机森林方法。在森林构建过程中加载一些已经建立的下层森林特征。优化算法的基本思想是针对训练数据的重新采样过程采用 bagging 和 boosting 相融合的方法。

首先按原算法进行随机抽样，更换其中 n 个数据实例（训练集的初始时保持原来的 bagging 方法），然后按 boosting 原则调整数据。算法设计的原则继续保持随机森林设计思想中有效的随机化过程和随机特征选择，并改善随

第3章 面向零阶数据张量的交通数据预处理

森林自适应准确性。因此根据已添加到"森林"中的决策树的预测对每一个随机选择训练实例进行加权，有必要提高样本的分类能力并贡献于后续决策树。这样延续随机森林中袋外数据进行误差估计的思想，利用袋外数据和生成决策树的抽样数据相互独立的特点，给出一个只考虑属于袋外数据的估计函数 $\varepsilon(X,Y)$，定义如下公式：

$$\varepsilon(X,Y) = \frac{\sum_{h_i \in h_{oob}} I(h(X;\boldsymbol{\Theta}_i) = y_1)}{\sum_{h_i \in h_{oob}} I(h(X;\boldsymbol{\Theta}_i) = y_j)} \tag{3.8}$$

式中，$I(\cdot)$ 为指示函数；X 为在给定自变量，y 为所属的真实分类。$\boldsymbol{\Theta}_i$ 表示第 i 个决策树的输出；h_{oob} 为 X 的袋外数据集树。这样 $\varepsilon(X,Y)$ 的值越小，意味着存在于在当前的森林错误分类树越多，在后续的决策树中应关注实例 X 越多。因此，权重函数的设计应相应 $\varepsilon(X,Y)$ 的减小而增大，本方法通过实例分析给出相应的权重分配公式如下：

$$W(\varepsilon(X,Y)) = 1 - \varepsilon(X,Y) \tag{3.9}$$

为了清晰地描述随机森林优化模型（random forest optimization model，RFOM），给定 N 为训练集 (X,Y) 中个体数目，M 为分类特征的类别总数，K 为构建决策树的数目。将数据集分为训练集和测试集两个部分，前者用于构建符合实际样本对应关系的模型，后者用于测试前者得到模型的检测能力。初始训练集中一些不能被抽取样本组成的袋外数据 OOB 用于参数估计。针对交通离群数据的优化方法生成森林的算法描述如下：

Step 1：对原始训练集上样本，给定初始分布为 $D_1(xi,yi)=1/N$；

Step 2：开始构建决策树，应用 bagging 方法有放回地随机抽取第一个随机样本集 $T_k(k=1)$，并由此构建第一棵决策分类树，未被抽到的样本组成了第一个袋外数据；

Step 3：对 T_k 集中的个体以 D_k 加权；

Step 4：为每一棵树的随机抽取 m 个特征（$m<M$），通过计算每个计算样本的 Gini 系数和每个划分的 Gini 系数，如公式(3.10)和公式(3.11)所示。

$$\text{Gini}(T_k) = 1 - \sum_{i=1}^{n} P_i^2 \tag{3.10}$$

式中：P_i 代表该类别在样本集 T_k 中出现的概率。

$$\text{Gini}_s(T_k) = \frac{|T_{k1}|}{|T_{k2}|}\text{Gini}(T_{k1}) + \frac{|T_{k2}|}{|T_{k1}|}\text{Gini}(T_{k2}) \quad (3.11)$$

然后制订分类规则，即依据 Gini 指标最小选择某变量用于决策分裂，以递归形式确定分类规则，形成决策树。每棵树最大限度地生长，不做任何剪裁。

Step 5：将生成的决策树并入森林；

Step 6：对归一化变量 $Z=0$；

Step 7：对每一个训练集上 xi，若其对应的袋外数据不为空，那么 $D_{k+1}(xi,yi) = W(\varepsilon(xi,yi))$，计算如公式(3.9)；否则延续原权值不变。将 $D_{k+1}(xi,yi)$ 累计加入归一化变量 Z；

Step 8：$D_{k+1}(xi,yi) = D_{k+1}(xi,yi)/Z$；

Step 9：若当前构建决策树 k 小于 K，则 boosting 原则按新的权重分布有放回地抽取一个随机样本集 T_k，同理未被抽到的样本组成了袋外数据并返回 Step 3；

Step 10：决策树群形成的随机森林用于测试集数据的分类，每个决策树分类器的结果经统计概率后，确定最终归类。

3.3.4.2 随机森林优化模型的特点

优化模型为随机树归纳模型，考虑交通数据的离群特征对随机森林的生成过程进行优化。在随机森林的构建过程中，第一棵树以传统的方式构建，即在决策树构建的过程中平等考虑到每个样本；构建第一棵树以后修改权重，决策树增加少数类正确分类相应样本的权重，第二棵树在加权后的情况下选定新的训练集；在第三次迭代中重新计算由第一棵树和第二棵树的"预测"得到更新后的权重，同理按新权重加权数据集之后再被训练。给出结合 bagging 方法和 boosting 方法双重优势的优化 RF 方法，即在原有方法的基础上加强训练集采样中相关样本的感知权重，递归生成新的决策树集合。

优化过程在构建随机森林时考虑了高效性的随机特征选择方式[136]，保留随机森林算法中随机选择的数量特征和先验概率不变，同时根据实际数据情况提高了对少数类样本的"感应"。

第 3 章 面向零阶数据张量的交通数据预处理

3.3.4.3 RFOM 模型的实证应用分析

为了评价所提出随机森林优化模型交通数据校验的效果,本节进行了实例验证和对比分析。首先,从实际交通检测数据描述出发,从整体上描述可获取的交通检测数据集的统计特征;然后,为全面测试 RFOM 方法的性能,给出两种对比实验方案;最后,根据对应方案为 RFOM 方法确定参数,并在每种实验方案中比较多种算法的性能指标。

1. 实例数据描述

实验选择依托项目示范城市的交通检测数据集数据进行模型验证,选取 2015 年 1 月 23 日－2015 年 1 月 25 日每日 00:00 至 24:00 时间段内厦门市交通示范区的各路段交通多源检测数据集(包含感应线圈检测数据、地磁检测数据和卡口视频检测数据),数据集统计表如表 3.1 所示。为方便实验方案设计,首先从中选取典型数据集进行离群统计,选取的典型数据集及统计结果如表 3.2 所示。

表 3.1 实验数据集的数据统计表

路段数据集编号	1月23日 线圈数据	1月23日 地磁数据	1月23日 卡口数据	1月24日 线圈数据	1月24日 地磁数据	1月24日 卡口数据	1月25日 线圈数据	1月25日 地磁数据	1月25日 卡口数据
2072	2145	6454	8083	2176	6457	12225	2142	6399	10571
2073	1821	24647	5326	1746	24556	9363	1878	24122	6916
2074	1128	23650	—	2157	23520	—	2161	23038	—
2075	928	6396	5573	1792	6494	7870	1783	6347	7129
2076	—	5324	11890	—	5410	17212	—	5287	15132
2077	1763	23478	10434	1845	23559	14069	1840	22833	12792
2078	1793	22514	—	1776	22664	—	1795	22044	—
2079	—	5362	9647	—	5429	12851	—	5342	11387
2080	—	31234	10022	—	30859	15526	—	30522	13492
2081	1307	—	—	1735	—	—	1789	—	—

续表

路段数据集编号	1月23日 线圈数据	1月23日 地磁数据	1月23日 卡口数据	1月24日 线圈数据	1月24日 地磁数据	1月24日 卡口数据	1月25日 线圈数据	1月25日 地磁数据	1月25日 卡口数据
2082	1564	—	—	2070	—	—	2129	—	—
2083	—	8648	12333	—	8505	17567	—	8299	15811
2086	—	23513	—	—	23227	—	—	22608	—
2087	1082	—	—	1092	—	—	1095	—	—
2272	2866	—	—	2861	—	—	2886	—	—
2273	1793	27980	—	1820	27858	—	1765	27030	—
2274	2173	12771	24420	2169	12786	37810	2151	12637	35616
2275	3618	—	—	3629	—	—	3571	—	—
2276	2153	21324	24007	2166	21508	41563	2145	20987	37235
2277	1765	12719	20202	1769	12824	31308	1820	12648	28517
2278	1788	17022	12697	1829	17032	19140	1816	17053	17187
2279	1845	21536	15333	1793	21489	24496	1785	20939	22381
2280	789	—	—	1789	—	—	1809	—	—
2281	1775	20510	6897	1784	20470	10922	1791	20466	9794

表 3.2 实验数据集的离群数据统计表

路段数据集编号	数据属性	样本数	离群样本数	正常样本数	原始不平衡率
2072	线圈数据 1	6 463	218	6 245	3.37%
2072	地磁数据 1	19 310	678	18 632	3.51%
2072	卡口数据 1	30 879	1 431	29 448	4.63%

第3章 面向零阶数据张量的交通数据预处理

续表

路段数据集编号	数据属性	样本数	离群样本数	正常样本数	原始不平衡率
2075	线圈数据2	4 503	102	4 401	2.27%
	地磁数据2	19 237	1 280	17 957	6.65%
	卡口数据2	20 572	1 061	19 511	5.16%
2077	线圈数据3	5 448	246	5 202	4.52%
	地磁数据3	69 870	3 934	65 936	5.63%
	卡口数据3	37 295	2 103	35 192	5.64%
2278	线圈数据4	5 433	315	5 118	5.80%
	地磁数据4	51 107	3 312	47 795	6.48%
	卡口数据4	49 024	990	48 034	2.02%
2279	线圈数据5	5 423	425	4 998	7.84%
	地磁数据5	63 964	5 168	58 796	8.08%
	卡口数据5	62 210	3 563	58 647	5.73%
2281	线圈数据6	5 350	214	5 136	4.00%
	地磁数据6	61 446	3 616	57 830	5.88%
	卡口数据6	27 613	1 042	26 571	3.77%

2. 实验方案设计

为验证本节RFOM方法的有效性，实例选择了城市道路中实际的多源交通检测数据。实验方案分为两个方面，第一方面是在模型的参数选择上，比较不同RFOM模型中决策树数目的模型性能，同时也为模型选定合适的决策树数目；第二方面是通过实例数据集在多种相近模型中进行各模型的性能比较，分析RFOM模型(其中决策树数目按照第一方面优选的参数设定)针对原有模型改进的适用性。整体设计方法从模型参数选择和多模型效果两个方面执行，为了说明本节RFOM模型的适用性，实验选择了3.3.4.1小节中选定数据集中的6个典型交通检测数据子集，进行模型验证。

(1)模型参数估计

在本节研究的 RFOM 模型中,构建随机森林的决策树数目是根据实际数据集合特征选定的,当然,决策树数据设计得越多,模型的性能越好。但是决策树过多,影响算法效率,因而实验选择 OOB 误差估计方法为模型选择参数。在估计的参数范围内,比较模型性能,确定最优的参数并验证参数估计的合理性。

在评价模型功能性能时,选择常用的分类指标检测准确度(Acc)、检出率(detection rate,DR)、误检率(false positive rate,FPR)、查准率(Precision Rate,PR)等指标来衡量[52],相关定义如公式(3.12)(3.13)(3.14)和(3.15)所示。根据对应交通数据的含义,给出公式中参数的说明,即 CN 表示检测出的交通离群样本数目;EG 表示未检测出的交通离群样本数目;CG 表示检测出的一般交通样本数目;EN 表示未检测出的一般交通样本数目。

$$Acc = \frac{CN+CG}{CN+CG+EN+EG} \quad (3.12)$$

$$DR = \frac{CN}{EG+CN} \quad (3.13)$$

$$FPR = \frac{EN}{EN+CG} \quad (3.14)$$

$$PR = \frac{CN}{EN+CN} \quad (3.15)$$

(2)同类模型比较

通过第一方案的模型验证,为实证数据集的 RFOM 模型确定了模型参数。在合理参数的前提下,本方案旨在比较 RFOM 模型的算法与其他同类算法及随机森林模型本身的算法的分类校验效果。因此,方案选定分类树算法(Cart)、AdaBoost 算法和随机森林模型,将这些算法与本节提出的 RFOM 模型针对相同数据集进行算法性能比较分析。在评价模型功能时,仍然选用分类指标检测准确度、检出率、误检率和查准率指标来衡量算法性能。

由于不平衡数据集中的数据的不均衡特性,少数样本的识别率较低,所以会导致少数样本被错分的概率增大[137]。因此,除了上述提到的指标外,附加采用 F-measure 和 G-mean 用来衡量整体数据的分类性能[138,139]。

第3章 面向零阶数据张量的交通数据预处理

F-measure指标计算如公式(3.16)，其中 β 表示衡量查准率 PR 和检出率 DR 重要性的比例系数。评价参数 G-mean 为少数类分类精度和多数类分类精度的几何平均，如公式(3.17)所示。

$$\text{F-measure} = ((1+\beta^2) \times DR \times PR \times (\beta^2 \times DR + PR) \tag{3.16}$$

$$\text{G-mean} = \sqrt{[CN/(CN+EG)] \times [CG/(EN+CG)]} \tag{3.17}$$

3. RFOM 模型的参数选择

在利用 RFOM 模型进行交通数据校验时，首先要将实证交通检测数据集划分两类子数据集，即训练集和测试集。之后，要在一定模型参数设置下，进行算法流程。一般的随机森林所需的参数并不多，与算法性能关系重要的就是森林中决策树规模。RFOM 模型采用训练集中一些不能被抽取样本组成袋外数据 OOB 进行误差估计为指标为选取决策树的数目 num。通过确定不同决策树数目重复实验实证数据集合，根据每个数据集在不同森林规模下随机森林生成过程，计算这些过程中每棵树 OOB 误差估计的标准差平均值，实验结果如图3.5所示，图中表示的是决策树数目与 OOB 误差估计关系。比较各数据集合的 OOB 误差估计的图线表明，整体 OOB 误差估计的标准差平均值随森林规模增加而逐渐减少，说明算法的分类精度随着森林中树木的个数增大而提高。而通过对不同树木的森林反复实验后，图线的走向表明在决策树的数量到达一定程度后，森林中决策树的数量增加而 OOB 误差估计基本保持稳定，即 RFOM 算法的分类精度趋向稳定。

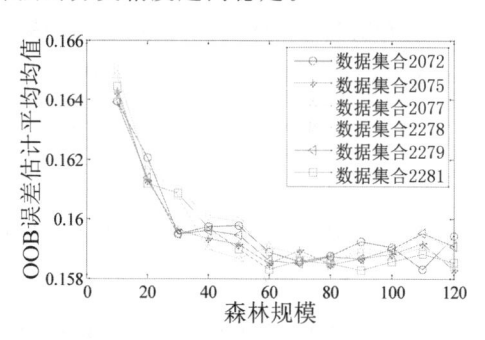

图 3.5 决策树数目与 OOB 误差估计关系图

针对单独数据集合具体分析，每个数据集合的 OOB 误差估计值与总体分析一致，但也具备各自的图线走势区别。对于数据集合 2072 和数据集合 2075

中，由于这两个集合中的数据值较为接近，所以对应曲线走势比较接近。另外这两个数据集合中在地磁交通检测数据的量值约是其他四个集合地磁交通检测数据量的$\frac{1}{3}$，因而在num∈[10，30]区间范围内OOB误差估计曲线随机森林树木数量增多而减少，在num∈[30，60]区间范围内OOB误差估计曲线下降趋势减小，但平稳性不佳波动性大，在num∈[60，120]区间范围内OOB误差估计曲线趋于平稳。另外，四组数据集合（数据集合2077、数据集合2078、数据集合2279和数据集合2281)的误差估计曲线走势接近，在num∈[10，50]区间范围内OOB误差估计曲线随机森林树木数量增多而减少，在num∈[50，90]区间范围内OOB误差估计曲线趋于平稳，在num∈[90，120]区间范围内OOB误差估计曲线波动性增大。综合上述分析，验证在num∈[50，90]范围内变化时公式（3.12）、公式（3.13）、公式（3.14）和公式（3.15)对应性能指标的变化。

针对检测指标分类精度、检出率、误检率和查准率，反复实验不同森林规模（其中数据选定有OOB误差估计确定）的决策树集合，比较实验结果如图3.6中四个箱线图所示。图3.6(a)(b)(c)和(d)中均以随机森林构造树木数为横坐标，比较各检测指标（其中矩形盒两端边向外各画一条线段表示该批数据正常值的分布区间，矩形盒中间线表示中位数），其中图3.6(a)表示森林规模在num∈[50，90]范围的RFOM算法的分类精度，图3.6(b)表示森林规模在num∈[50，90]范围的RFOM算法的检出率，图3.6(c)表示森林规模在num∈[50，90]范围的RFOM算法的误检率，图3.6(d)表示森林规模在num∈[50，90]范围的RFOM算法的查准率。分析上述性能比较线箱图，由图3.6(1)(2)(4)可以得到，随着森林数目的增加，分类精度、检出率、查准率随之增高并在森林内树木数目趋近80时趋于稳定。由图3.6(a)(b)可以得到，对于分类精度和检出率性能，随机森林数目在到达60时性能具有明显提升。而另外图3.6(c)中变化规律并不明显，但依旧可以发现误检率性能在森林规模为80左右时，性能最优。

综合上述两面数据分析，在针对本城市交通数据集合的RFOM模型构建中，结合各方面因素决策树数目选取在num∈[70，90]范围内。

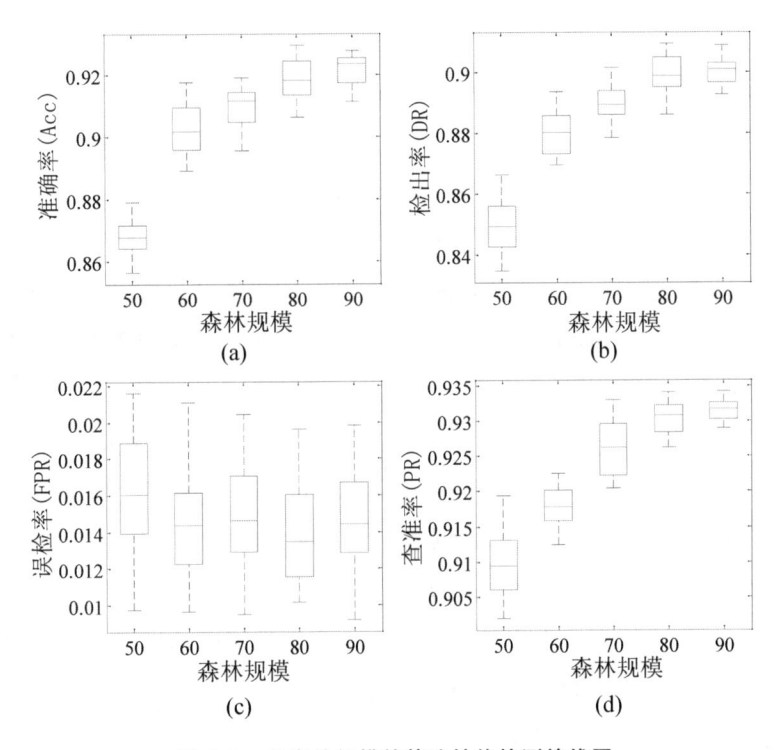

第 3 章　面向零阶数据张量的交通数据预处理

图 3.6　多森林规模的算法性能检测箱线图

4. 实验结果分析

为分析提出模型的适用性和可靠性，本节针对实证交通检测数据集进行分析。根据 RFOM 的流程，首先，实验选取 6 个实例数据集合，将每个实例数据集划分成训练集和测试集。通过实验完成下面两项工作，一是选择不同模型参数（构建决策树数目）比较 RFOM 性能，选择确定针对本实例数据集的最优参数；二是将 RFOM 和近似类型的算法同时分析相同的数据集合，比较各类算法性能并分析 RFOM 的适用性。

通过 3.3.4.3 节确定实例数据集的 RFOM 模型中参数之后，在本节根据设计方案，比较 RFOM 模型与分类树算法、AdaBoost 算法和随机森林模型的算法效果。将这些算法与本节提出的 RFOM 模型针对相同数据集合进行算法性能比较分析。在评价模型功能时，仍然选用分类指标检测准确度、检出率、误检率、查准率、F-measure 和 G-mean 指标来衡量算法性能。

基于多阶数据张量感知的道路交通动态特征挖掘方法及应用

本实验具体应用6个实验数据集合对CART、AdaBoost、随机森林(其中由80棵树组成的随机森林命名为RF_80)和RFOM(其中由70、80棵树和90棵树组成的优化随机森林分别命名为RFOM_70，RFOM_80和RFOM_90)共计四类算法进行算法性能分析。对应每个数据集合的指标如表3.6～3.8所示，其中针对数据集合2072的多算法性能比较如表3.3所示，针对数据集合2075的多算法性能比较如表3.4所示，针对数据集合2077的多算法性能比较如表3.5所示，针对数据集合2278的多算法性能比较如表3.6所示，针对数据集合2279的多算法性能比较如表3.7所示，针对数据集合2281的多算法性能比较如表3.8所示。

通过表3.3～3.8可知，各个表格的Acc数据中表现各算法在准确率上性能基本顺序为CART、RF_80、AdaBoost、RFOM，RFOM模型比RF模型Acc平均提高7.688%；在DR数据中表现各算法在检出率上性能基本顺序为CART、AdaBoost、RF_80、RFOM，RFOM模型比RF模型DR平均提高13.547%；在FP数据中表现各算法在误检率上性能基本顺序为CART、RF_80、AdaBoost、RFOM，RFOM模型比RF模型FPR平均降低0.18%。在PR数据中表现各算法在查准率上性能基本顺序为AdaBoost、CART、RF_80、RFOM，RFOM模型比RF模型PR平均提高11.467%；在F-measure数据中表现各算法性能基本顺序为CART、RF_80、AdaBoost、RFOM，RFOM模型比RF模型F-measure平均提高0.011；在G-mean数据中表现各算法性能基本顺序为CART、RF_80、AdaBoost、RFOM，RFOM模型比RF模型G-mean平均提高0.043。在这些性能比较中，已有的算法检出率值较低，其原因是分类样本例的比例不均衡，大量被错误分类的离群数据降低了检出率值，而RFOM算法整体的检出率值较高，充分体现了随机森林中引入boosting方法针对性地提高了检测准确性。随着数据集合规模增大的同时，数据训练集合的数据也随之增多，体现在算法校验性能上面，分类精度和查准率随着数据集合的增多而有所提高，而与随机森林规模关系没有正比关系；检出率、误检率随着数据集合的增多变化关系不明显。具体来说，由80棵树和90棵树组成的RFOM模型整体性能最好，各个指标的极值基本出现在这个范围之内，因而选取的工程标准num∈[80，90]为宜。

第 3 章 面向零阶数据张量的交通数据预处理

表 3.3 针对数据集合 2072 的多算法性能指标表

	Acc/%	DR/%	FPR/%	PR/%	F-measure	G-mean
CART	80.2491	75.5911	1.5595	80.4572	0.8619	0.6691
AdaBoost	83.1563	78.7744	1.5304	80.5393	0.8999	0.7681
RF_80	83.7200	75.8296	1.4759	81.5638	0.9015	0.7725
RFOM_70	90.5836	88.4989	1.4578	92.5045	0.9113	0.7876
RFOM_80	90.8956	88.9334	1.2443	92.9931	0.9182	0.7960
RFOM_90	91.0089	89.9805	1.3449	93.0998	0.9147	0.8235

表 3.4 针对数据集合 2075 的多算法性能指标表

	Acc/%	DR/%	FPR/%	PR/%	F-measure	G-mean
CART	79.6097	75.9919	1.5547	80.9980	0.8861	0.6972
AdaBoost	82.7858	78.8519	1.5547	80.8714	0.8931	0.7546
RF_80	84.3199	75.3451	1.4652	81.3338	0.9084	0.7655
RFOM_70	90.5954	88.5110	1.4546	92.5044	0.9173	0.7522
RFOM_80	91.8981	90.0988	1.2589	92.9988	0.9185	0.8331
RFOM_90	91.9095	88.9546	1.3495	93.0980	0.9114	0.7734

表 3.5 针对数据集合 2077 的多算法性能指标表

	Acc/%	DR/%	FPR/%	PR/%	F-measure	G-mean
CART	79.4610	75.5427	1.5748	80.8978	0.8610	0.7034
AdaBoost	82.5067	78.8739	1.5574	80.9684	0.9073	0.7058
RF_80	83.8231	76.1546	1.4572	81.4722	0.9039	0.7595
RFOM_70	90.5899	88.5008	1.4508	92.4995	0.9190	0.7675
RFOM_80	91.9075	88.9324	1.3409	92.9998	0.9134	0.8182
RFOM_90	92.0002	90.1268	1.2464	93.0989	0.9143	0.7516

表 3.6　针对数据集合 2278 的多算法性能指标表

	Acc/%	DR/%	FPR/%	PR/%	F-measure	G-mean
CART	79.6 130	75.5 746	1.5 645	81.1 046	0.8 454	0.7 420
AdaBoost	82.4 086	78.3 849	1.5 813	80.4 479	0.8 351	0.7 464
RF_80	84.3 628	75.4 612	1.4 049	81.5 908	0.9 110	0.8 167
RFOM_70	90.5 951	88.5 113	1.4 484	92.5 003	0.9 145	0.7 701
RFOM_80	91.8 905	88.9 610	1.2 504	92.9 999	0.9 140	0.8 107
RFOM_90	92.0 037	90.0 994	1.3 474	93.0 986	0.9 138	0.8 216

表 3.7　针对数据集合 2279 的多算法性能指标表

	Acc/%	DR/%	FPR/%	PR/%	F-measure	G-mean
CART	80.1 972	75.5 078	1.5 825	80.7 401	0.8 302	0.7 037
AdaBoost	83.3 590	78.5 373	1.5 953	80.9 695	0.8 968	0.7 669
RF_80	84.1 015	75.2 705	1.4 834	81.6 955	0.9 025	0.7 495
RFOM_70	90.6 139	88.5 002	1.4 564	92.5 000	0.9 206	0.7 830
RFOM_80	91.8 946	88.9 613	1.2 499	92.9 958	0.9 211	0.8 250
RFOM_90	92.0 323	90.0 974	1.3 486	93.0 986	0.9 210	0.7 628

表 3.8　针对数据集合 2281 的多算法性能指标表

	Acc/%	DR/%	FPR/%	PR/%	F-measure	G-mean
CART	79.7 175	76.2 040	1.5 404	81.0 232	0.8 566	0.7 034
AdaBoost	83.0 248	78.6 176	1.5 480	80.3 037	0.8 622	0.7 066
RF_80	83.9 307	75.5 241	1.4 326	81.5 249	0.9 040	0.7 622
RFOM_70	90.5 931	88.4 876	1.4 474	92.5 025	0.9 131	0.7 622
RFOM_80	91.8 900	88.9 835	1.2 479	92.9 990	0.9 114	0.7 607
RFOM_90	91.9 734	90.1 228	1.3 508	93.1 014	0.9 144	0.8 000

第3章 面向零阶数据张量的交通数据预处理

3.3.5 基于AdaBoost决策强化的多源交通检测数据校验方法

3.3.5.1 针对交通数据异常识别的改进AdaBoost模型

交通数据中非平衡数据的识别具有现实意义，而数据稀缺和极端值可导致AdaBoost分类方法性能下降，基于此问题本书提出通过在弱分类器中侧重少数类样本赋予更大的权重，避免由于原训练集中的少数类数据量较少，导致训练得到的决策树规则没有代表性的缺点，迫使分类器更加关注少数类样本，提高少数类样本的分类准确率，从而能够很好地解决非平衡数据集分类问题，这样就迫使最终强分类器对少数类样本具有更高的准确率。

由于AdaBoost算法中指数误差界没有任何直接依赖分类，所以文献[140,141]主要针对分类非对称(class-conditional)直接修改权重更新规则。更新规则是在错误的结果约束极小化过程中进行的，这些变化能影响到理论属性，而AdaBoost算法本身则无法保证。针对非平衡数据特性提高分类代价敏感度，描述为

$$J(f) = E([y=1]e^{-C_P f(x_i)} + [y=-1]e^{-C_N f(x_i)}) \tag{3.18}$$

$$f(x) = \frac{1}{C_P + C_N} \ln \frac{C_P P(y=1 \mid x)}{C_N P(y=-1 \mid x)} \tag{3.19}$$

式中，C_P和C_N表示对于正类和负类错误分类的代价。

为了清晰描述改进AdaBoost模型，给定N为训练集(X,Y)中个体数目，其中训练集每个(x_i, y_i)的y_i，可表示为

$$y_i = \begin{cases} 1 & 1 \leqslant i \leqslant m \\ -1 & m < i \leqslant n \end{cases} \tag{3.20}$$

针对交通离群数据的改进AdaBoost模型训练过程如下：

Step 1：对原始训练集上的样本，给定每个分类初始分布为

$$D(i) = \begin{cases} \dfrac{1}{2m} & 1 \leqslant i \leqslant m \\ \dfrac{1}{2(n-m)} & m < i \leqslant n \end{cases} \tag{3.21}$$

Step 2：初始化循环轮数$t=1$；

Step 3：计算

$$T_P = \sum_{i=1}^{m} D(i) \tag{3.22}$$

$$T_N = \sum_{i=m+1}^{n} D(i) \tag{3.23}$$

Step 4：初始化分类器变量 f=1。

Step 5：在第 f 个弱分类器 $h_f(X)$ 中计算

$$D(i) = \begin{cases} \sum_{i=1}^{m} D(i) \parallel y_i \neq h_f(x_i) \parallel \\ \sum_{i=m+1}^{n} D(i) \parallel y_i \neq h_f(x_i) \parallel \end{cases} \tag{3.24}$$

Step 6：计算满足等式的 $\alpha_{t,f}$，满足的假设为

$$2C_P B \cosh(C_P \alpha_{t,f}) + 2C_N D \cosh(C_N \alpha_{t,f}) = C_1 T_P e^{-C_{Pa t,f}} + C_2 T_N e^{-C_{Na t,f}} \tag{3.25}$$

Step 7：计算弱学习器的损失为

$$L_{t,f} = B(e^{C_{Pa t,f}} - e^{-C_{Pa t,f}}) + T_P e^{-C_{Pa t,f}} + D(e^{C_{Na t,f}} - e^{-C_{Na t,f}}) + T_N e^{-C_{Na t,f}} \tag{3.26}$$

式中，C_P 和 C_N 为代价参数。

Step 8：累计 $f=f+1$，若 $f \leqslant F$，则重复 Step 5；

Step 9：在本轮中比较得到最小损失的弱分类器 $(h_t(X), \alpha_t(X))$ 为 $\underset{f}{\mathrm{argmin}}[L_{t,f}]$；

Step 10：更新 $D(i)$ 权重为

$$D(i) = \begin{cases} D(i) e^{-C_{Pa t} h_t(X_i)} & 1 \leqslant i \leqslant m \\ D(i) e^{C_{Na t} h_t(X_i)} & m < i \leqslant n \end{cases} \tag{3.27}$$

Step 11：累计 $t=t+1$，若 $t \leqslant T$，则重复 Step 3；

Step 12：确定的分类器为

$$H(x) = \mathrm{sign}(f(x)) = \mathrm{sign}\left(\sum_{t=1}^{T} \alpha_t h_t(x)\right) \tag{3.28}$$

式中，$h_t(x)$ 为弱分类器联合。

3.3.5.2 改进 AdaBoost 模型的特点

针对交通检测数据中非平衡的离群数据剥离数据集的问题，本节提出了

第3章 面向零阶数据张量的交通数据预处理

具有针对性的交通检测数据异常识别模型。该改进模型保留原始 AdaBoost 算法中训练加权优势；另外模型引入代价敏感方法强化非平衡特性，改进的 AdaBoost 的决策过程。本模型避免了非平衡检测数据导致的分类性能下降的问题。本算法是以非均衡的高速公路交通数据样本集为研究的出发点，方法对检测数据集有一定的限制，进一步的研究重点将集中在改善方法的局限性上面。

3.3.5.3 AdaBoost 决策强化模型的实证应用分析

为了评价所提出 AdaBoost 决策强化模型交通数据校验的效果，本节进行了实例验证和对比分析。首先，从实际交通检测数据描述出发，从整体上描述可获取的交通检测数据集的统计特征；然后，为全面测试 AdaBoost 决策强化模型的性能，给出两种对比实验方案；最后，根据对应方案为 AdaBoost 决策强化模型确定参量，并在每种实验方案中比较多种算法的性能指标。

1. 实例数据描述

为了检验改进 AdaBoost 模型的实际应用性能，首先对提出的模型和相关经典算法在随概率代价函数变化下的各个指标进行对比，指标包括检测准确度、误检率、误警率和标准期望代价等。研究选取了山东高速公路检测数据集中 2014 年 11 月 05 日 13 个监测点的感应线圈数据、地磁数据和卡口数字化处理后数据进行检测器数据异常识别，采集数据集的特征描述如表 3.9 所示。

表 3.9 不平衡采集数据集的特征描述

数据集	数据属性	样本数	离群样本数	正常样本数	原始不平衡率/%
济北站数据集	线圈数据	4 824	182	4 642	3.921
	地磁数据	6 399	443	5 956	7.452
	卡口数据	10 870	659	9 619	6.851
高唐站数据集	线圈数据	5 013	198	4 762	3.949
	地磁数据	6 512	531	5 972	8.154
	卡口数据	11 194	625	10 478	5.583

2. 实验方案设计

在评价模型功能性能时，选择常用的分类指标检测准确度(Acc)、检出率(DR)、误检率(FPR)、查准率(PR)等指标来衡量[52]，相关定义如公式

(3.12)、公式(3.13)、公式(3.14)和公式(3.15)所示。根据对应交通数据的含义，给出公式中参数的说明，即 CN 表示检测出的交通离群样本数目；EG 表示未检测出的交通离群样本数目；CG 表示检测出的一般交通样本数目；EN 表示未检测出的一般交通样本数目。

3. 实验结果分析

本实验针对检测指标误检率、误警率、检测准确度和标准期望代价指标分析不同方法在不同高速公路检测数据集的检验效果。比较济北站数据集和高塘站数据集的实验结果，图 3.7 所示为基于高速公路检测数据集（济北站）在改进 AdaBoost 方法、AdaBoost 方法和 Bayes 方法中检测指标对比图，图 3.8 所示为基于高速公路检测数据集（高唐站）在改进 AdaBoost 方法、AdaBoost 方法和 Bayes 方法中检测指标对比。图 3.7 和图 3.8 中均以概率代价函数为横坐标比较各检测指标，其中图 3.7(a)和图 3.8(a)表示误检率随概率代价函数的变化曲线；图 3.7(b)和图 3.8(b)表示误警率随概率代价函数的变化曲线；图 3.7(c)和图 3.8(c)表示分类错误率随概率代价函数的变化曲线；图 3.7(d)和图 3.8(d)表示标准期望代价随概率代价函数的变化曲线。

(a)误检率与概率代价函数关系曲线　　(b)误警率与概率代价函数关系曲线

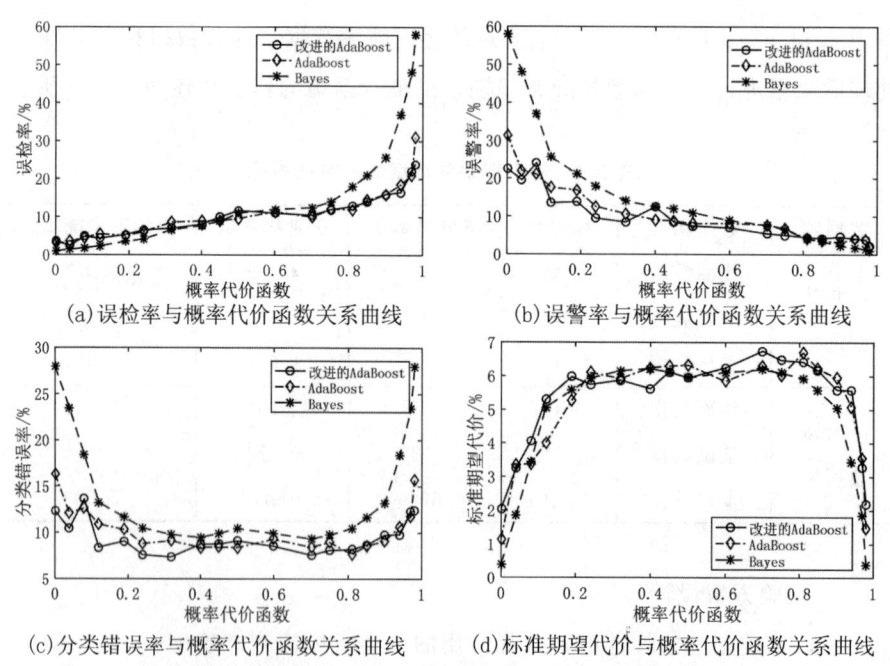

(c)分类错误率与概率代价函数关系曲线　　(d)标准期望代价与概率代价函数关系曲线

图 3.7　基于高速公路检测数据集（济北站）检测指标对比图

第3章 面向零阶数据张量的交通数据预处理

(a) 误检率与概率代价函数关系曲线

(b) 误警率与概率代价函数关系曲线

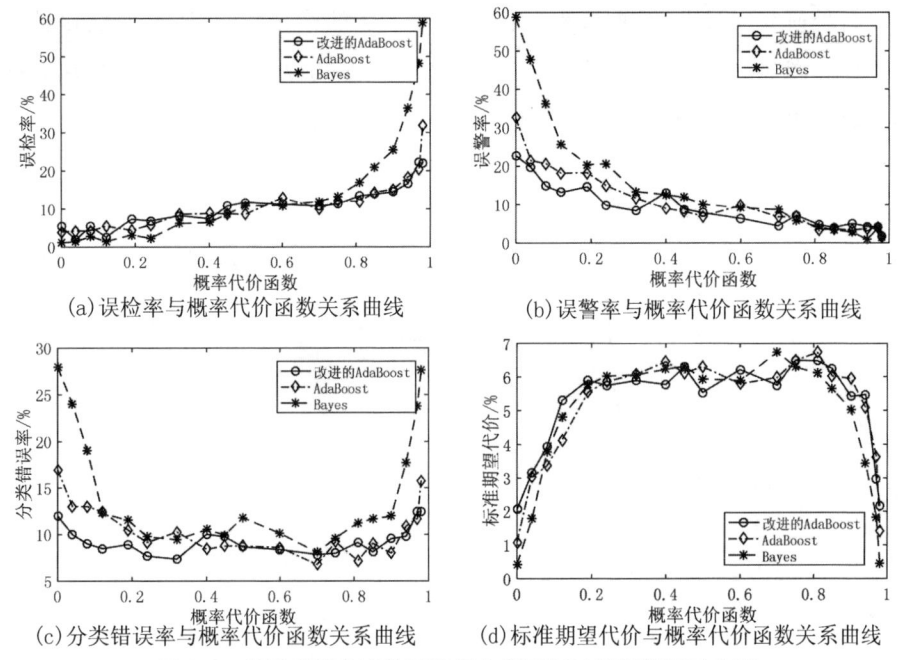

(c) 分类错误率与概率代价函数关系曲线

(d) 标准期望代价与概率代价函数关系曲线

图3.8 基于高速公路检测数据集(高唐站)检测指标对比图

本实验分别使用不同方式的训练构造决策规则，对相同数据集分类中，不同算法效果相差明显；而对于不同数据集综合，相同算法的特征可以延续。首先对相同数据集分析，在图3.7中，对比Bayes方法、AdaBoost方法和改进的AdaBoost方法体现的指标曲线中，AdaBoost方法和改进的AdaBoost方法性能接近并明显优于Bayes方法，而三种方法在图3.7(d)的标准期望代价中差别不大。同理在图3.8中对比Bayes方法、AdaBoost方法和改进的AdaBoost方法体现的指标曲线中，在图3.8(b)和图3.8(c)中，改进的AdaBoost方法略优于AdaBoost方法，并明显优于Bayes方法，而三种方法在图3.8(d)的准期望代价中差别不大。另一方面综合两组数据指标曲线可以发现，对图3.7和图3.8实例验证的检测数据集，随着数据集规模的加大，改进的AdaBoost方法在错误分类率、误检率两个指标上优于AdaBoost方法，前者比后者平均低5.547%和6.792%。其原因是分类样本的比例不均衡，AdaBoost侧重考虑非均衡的数据特性，被错误分类的离群数据降低了检出率值，而改进的AdaBoost算法整体的误检率降低，充分体现了算法中引入代价参数针对性地提高了检测准确性。

另外研究通过 ROC 曲线表征比较各类方法的检测性能 ROC 曲线比较直观全面，图 3.9 采用 ROC 曲线全面评价各类识别方法的优劣，以误检率为横轴，以检出率为纵轴，从曲线变化可以看出改进的 AdaBoost 方法明显优于其他算法。

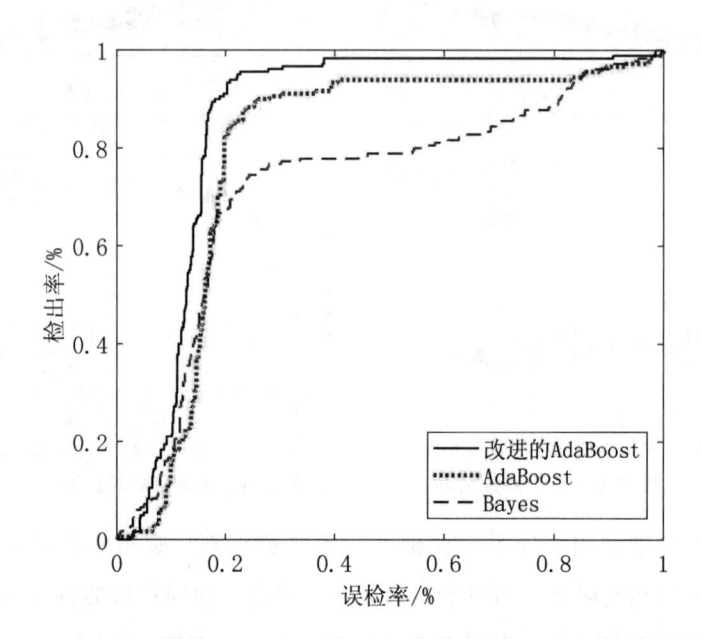

图 3.9　改进的 AdaBoost 模型与其他算法的 ROC 曲线图

从交通数据的预处理方法全面性考虑，除了针对城市交通数据的校验还应该考虑交通数据的修复，但实际无论使用何种方法来修复数据也不是真实的，因而本书在完成校验之后对筛查出数据进行删除且不做任何修复处理。在下一节的研究中，结合多源交通检测设备共同提取交通数据的实际情况，为获取唯一体现交通状态的数据信息，利用多源数据的相互补充和融合实现交通数据提取。

3.4　基于滤波估计的多源交通检测数据融合

城市交通路段及其组成的路网的特征分析核心在于城市道路交通的实际状态的获取[142]。交通检测多源数据的融合作为城市智能交通的重要组成部分，是城市交通精准分析交通运行状态的基础，是实现交通拥堵由事后疏导

第3章 面向零阶数据张量的交通数据预处理

变为预警防堵的数据技术支撑[143,144]。在数据融合的三个信息抽象层次(数据级融合、特征级融合和决策级融合)中,数据级融合中多源数据未经过修复处理就进行数据综合与分析,具有原始信息丰富和精度高特点,该层次可以提供比其他两个融合层次更加详尽的信息。因而本章为城市交通特征分析服务,针对城市交通数据选择数据级融合方法进行研究,结合传感器滤波思想估计各类交通检测器提供的数据,以实现"动态融合,择优侧重"的融合效果。

交通传感器不断产生着交通检测数据,但大量的冗余信息也伴随而来,这一现象为交通系统的分析带来了巨大的干扰。多源交通检测数据融合在降低冗余的同时,利用多来源信息互补的优势获取最优表征交通状态的交通数据。目前,存在的交通数据融合方法包括应用统计分析方法的融合[35-39]、基于卡尔曼滤波(Kalman filter)的融合[40-42]、基于D-S证据推理的融合[43-46]、基于神经网络的融合[47-49]、基于模糊逻辑的融合和基于机器学习的融合[50-42]等,均在一定条件下显示了良好的融合准确性。

与所有的传感器检测一样,在实际的交通检测中,多交通检测源系统可对原有单源交通检测的能力有所扩展和提升,有效地降低了单源检测器的不确定性。但是多种检测源组成的交通检测系统受到检测器多尺度、不同步的限制,远比单源检测的数据提取过程复杂。因此,由于大多数的交通检测器都存在各自检测的优势,在不同状态下融合可信度较高的检测器,既能降低冗余,又能提高数据的可靠性和精度。

本章主要利用多源交通检测数据相互补充的特点,从多源交通检测数据融合角度着手获取有效交通流时间序列,有效避免了数据修复过程中的数据偏差。为融合数据过程中平衡各检测源异步采样获取数据,利用多尺度划分数据并利用卡尔曼分布式滤波进行估计,之后采用联邦滤波融合多尺度数据,最终达到提取准确性较高的交通流时间序列的目的。

3.4.1 城市多源交通检测器采样特征

3.4.1.1 城市多源交通检测器多尺度采样特征

城市交通状态分析和态势预测的重要数据来源是交通检测数据,随着智能交通的不断推进,城市交通检测数据向着多元化发展。布设和投放在城市道路中的检测设备,如同城市的眼睛一样,不断监督着城市交通的运行。这些交通检测设备的种类和数目不断增多,如 3.2 小节中提到固定型交通检测器和移动型交通检测器,前者包括环形线圈、微波、地磁、视频等车辆检测器,后者包括浮动车检测和射频识别检测等。这些交通检测器受到设计规格、使用条件和环境影响等因素制约,使得采集的交通数据的采样频率有所波动,不能保证所有交通检测器的采样频率保持一致。根据交通检测器的设计原理和交通数据获取技术方法的差异,检测器的数据采集周期和实现的交通参量也有所不同。由于本书主要针对固定型交通检测器数据进行分析,下面仅对多种固定型交通检测器的数据属性进行阐述。

环形线圈车辆检测器通过路面下环形线圈的磁场变化感知并计算出道路中交通流量、路段平均车速、车道时间占有率和行进方向等交通参数。该检测技术的检测间隔可设定为以 5s、10s、30s、1min、5min、15min、30min 和 1h 累计记录。地磁车辆检测器利用车辆在检测区域产生的地磁信号变化感知检测信息,可获取交通参量类型包括交通流量、车辆瞬时速度以及时间占有率,常见检测间隔为 1min。视频车辆检测器以摄像为手段,以采集图像为信息载体感知交通流参数,该检测技术获取的主要交通数据包括交通流量、车道占有率、车速和排队长度等,但由于其检测结果受到天气、昼夜时间、能见度等条件影响较大。

通过上述交通检测技术的描述,可以很容易发现在实际应用之中,组成多源的交通检测系统时需要涉及多种交通检测技术,而每种检测技术的采样速率在技术特征的局限下很难保证一致和统一。图 3.10 所示为常见的交通多源检测数据集的检测时间与采集时间间隔之间的关系图,图中包括感应线圈检测器、地磁检测器和微波检测器的采集尺度的对比关系。由实例可以得到,实际应用中不同的检测采集尺度客观存在,为保障多源交通检测系统的实施效果,需要在检测系统每个独立检测尺度不一致的前提下合理融合多源交通检测数据,因而本节提出利用多尺度分块思想解决交通检测系统的多尺度问题。

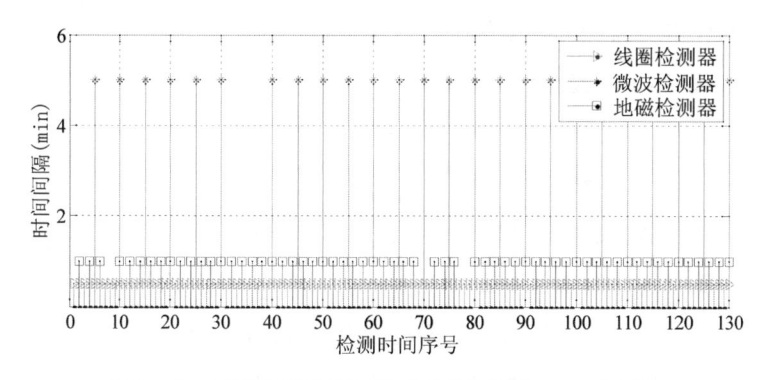

第3章 面向零阶数据张量的交通数据预处理

图 3.10 实例检测时间与采集时间间隔的 stem 分析图

3.4.1.2 城市多源交通检测器异步采样特征

交通检测器数据采样时，根据交通数据采集的速率和起始时间的不同，主要可对采样类型划分为同步和异步两种类型[145]。多源检测系统融合中同步是指在考虑各种不同的检测器的固有延迟和通信延迟的前提下，各检测器数据融合前保持同时采样又具有相同的采样率，如图 3.11(a)所示。

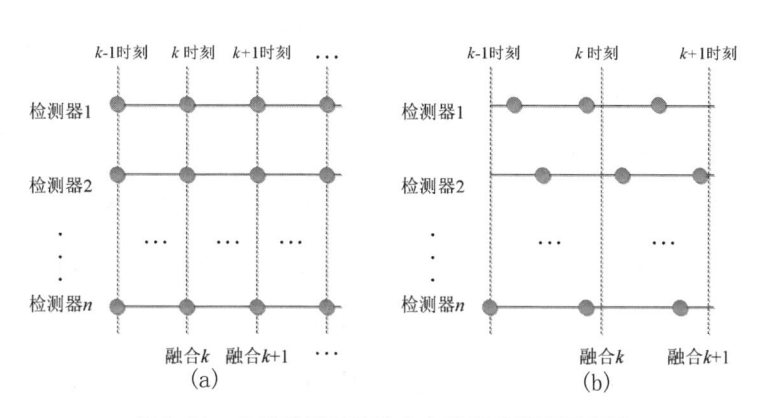

图 3.11 多源检测系统融合中的采样类型示意图

在实际系统中由于各类检测器的规格设计和检测器采样周期不同等原因，采样率相同的概率较低，另外还需要考虑检测器的固有延迟和通信延迟的影响，多源检测系统中各检测器数据融合前的同步是系统融合的理想状态。多源检测系统的融合中的异步采样主要指各检测器采样时间不同，或者由检测器的固有延迟和通信延迟导致融合前接收各检测器数据在不同时刻，如图 3.11(b)所示。本节针对交通检测系统实际存在的异步采样交通信息融合需求，对多源异步交通检测数据的融合方法进行研究。

3.4.2 联邦卡尔曼滤波估计理论

3.4.2.1 卡尔曼滤波

卡尔曼(Kalman)滤波利用状态空间方法在时域内设计滤波器，实现从检测数据中估计所需信息。根据估计系统的不同分类，分为针对随机线性连续系统和针对随机线性离散系统的两类模型。由于本节主要解决的为离散系统的实际问题，因而下面仅针对离散系统的卡尔曼滤波方程做出论述。

随机线性离散系统的状态方程和观测方程分别为：

$$\boldsymbol{x}(k) = \boldsymbol{\Phi}(k, k-1)\boldsymbol{x}(k-1) + \boldsymbol{\Gamma}(k, k-1)\boldsymbol{W}(k-1) \quad (3.29)$$

$$\boldsymbol{z}(k) = \boldsymbol{H}(k)\boldsymbol{x}(k) + \boldsymbol{V}(k) \quad (3.30)$$

式中，$\boldsymbol{x}(k)$ 表示离散系统的 n 维状态向量；$\boldsymbol{\Phi}(k, k-1)$ 表示系统的 $n \times n$ 维状态转移矩阵；$\boldsymbol{\Gamma}(k, k-1)$ 表示 $n \times p$ 维干扰输入矩阵；$\boldsymbol{W}(k-1)$ 表示系统的 p 维过程噪声向量；$\boldsymbol{z}(k)$ 表示系统的 m 维观测向量；$\boldsymbol{H}(k)$ 表示 $m \times n$ 维观测矩阵；$\boldsymbol{V}(k)$ 表示系统的 m 维观测矩阵。

设 $\hat{\boldsymbol{x}}(k, j)$ 表示 j 时刻和 j 之前时刻的观测值对 k 时刻状态 $\boldsymbol{x}(k)$ 的状态估计。根据 j 和 k 的关系，一般线性系统的状态估计可分为滤波、预测和平滑三类[146]。当 $k=j$ 时，根据过去直至现在的观测值来估计现在状态，对 $\hat{\boldsymbol{x}}(k, j)$ 的估计称为滤波；当 $k>j$ 时，根据过去直至现在的观测值来预测未来的状态，对 $\hat{\boldsymbol{x}}(k, j)$ 的估计称为预测；当 $k<j$ 时，根据过去直至现在的观测值来估计过去的历史状态，对 $\hat{\boldsymbol{x}}(k, j)$ 的估计称为平滑。

① 离散系统的卡尔曼滤波方程中，k 时刻的观测为 $\boldsymbol{z}(k)$，已知 $k-1$ 时刻 $\boldsymbol{x}(k-1)$ 的最优状态估计 $\hat{\boldsymbol{x}}(k, k-1)$，则 $\boldsymbol{x}(k)$ 的最优状态估计 $\hat{\boldsymbol{x}}(k)$。

状态一步预测公式：

$$\hat{\boldsymbol{x}}(k, k-1) = \boldsymbol{\Phi}(k, k-1)\hat{\boldsymbol{x}}(k-1) \quad (3.31)$$

状态更新公式：

$$\hat{\boldsymbol{x}}(k) = \hat{\boldsymbol{x}}(k, k-1) + \boldsymbol{K}_k[\boldsymbol{z}(k) - \boldsymbol{H}(k)\hat{\boldsymbol{x}}(k, k-1)] \quad (3.32)$$

滤波增益公式：

第3章 面向零阶数据张量的交通数据预处理

$$K(k) = P(k)H(k)^T R_k^{-1} \tag{3.33}$$

一步预测误差方差矩阵公式：

$$P(k, k-1) = \boldsymbol{\Phi}(k, k-1)P_{k-1}\boldsymbol{\Phi}(k, k-1)^T$$
$$+ \boldsymbol{\Gamma}(k, k-1)Q(k)\boldsymbol{\Gamma}(k, k-1)^T \tag{3.34}$$

估计误差方差矩阵公式：

$$P(k) = [1 - K(k)H(k)]P(k, k-1) \tag{3.35}$$

上述公式中 R_k^{-1} 表示观测噪声 $V(k)$ 的协方差矩阵；$Q(k)$ 表示激励噪声 $W(k)$ 的协方差矩阵；$P(k)$ 表示 k 时刻的估计误差方差矩阵；$K(k)$ 表示卡尔曼滤波增益矩阵。

在已知初始 $\hat{x}(0)$ 和 $P(0)$ 的状态下，根据 k 时刻的观测值 $z(k)$，利用上述递推计算得到 k 时刻的状态估计 $\hat{x}(k)$。

② 离散系统的卡尔曼最优预测中，根据系统的观测方程所提供的观测数据对系统状态方程在 $k(k>j)$ 时刻的状态向量 $x(k)$ 在给定条件下进行的最优估计：

$$\hat{x}(k, j) = \boldsymbol{\Phi}_{k,j}\hat{x}(j) \tag{3.36}$$

估计误差方差矩阵公：

$$P(k, j) = \boldsymbol{\Phi}(k, k-1)P_{k-1}\boldsymbol{\Phi}(k, k-1)^T + \boldsymbol{\Gamma}(k, k-1)Q(k)\boldsymbol{\Gamma}(k, k-1)^T \tag{3.37}$$

③ 离散系统中基于卡尔曼滤波的最优固定点平滑是根据观测方程提供的观测数据，来估计 $0 \sim k-1$ 时刻中某个固定时刻 $j(k=j+1, j+2, \cdots)$ 的状态向量 $x(j)$。平滑方程为

$$\hat{x}(j, k) = \hat{x}(j, k-1) + K'(k)(z(k) - H(k)\hat{x}(k, k-1)) \tag{3.38}$$

$$P'(k+1, k) = P'(k, k-1)[\boldsymbol{\Phi}(k+1, k) - K^*(k)H(k)]^T \tag{3.39}$$

式中，

$K'(k) = P'(k, k-1)H(k)^T [H(k)P(k, k-1)H(k)^T + R(k)]^{-1}$，

$K^*(k) = \boldsymbol{\Phi}(k+1, k)K(k)$，状态向量初始值为 $\hat{x}(j, j-1)$，$P'(j, j-1) = P(j, j-1)$。

从 $k=0$ 时刻开始，滤波器利用滤波方程解算方程 $P(k+1,k)$ 和 $K^*(k)$，并估计 $\hat{x}(k+1,k)$，当 $k \geqslant j$ 时，滤波器利用平滑方程计算 $P'(k+1,k)$ 和 $K^*(k)$，从而计算 $\hat{x}(j,k)$。

3.4.2.2 联邦滤波融合

联邦滤波器作为分布式结构的信息融合技术，避免了集中式结构的融合中心承载计算量大的不足，具有方式灵活简单和容错性能优良的特点[147,148]。它的组成机构包括一个主滤波器和若干个子滤波器，先由各子滤波器独立滤波，再将各子滤波器和主滤波器的估计值和误差协方差阵共同处理，由主滤波器获取全局最优状态估计值和误差协方差矩阵。其中每个传感器都对应一个子滤波器，其中子滤波器的测量信息均独立处理。技术基础结构如图3.12所示，图中 $\hat{x}_i$ 表示子滤波器的状态估计，P_i 表示子滤波器的误差协方差阵，$\hat{x}_m$ 表示主滤波器的状态估计，P_m 表示主滤波器的误差协方差阵，$\hat{x}_g$ 表示全局最优的状态估计，P_g 表示全局最优误差协方差阵，β_i 表示子滤波器被分配的系统信息系数。

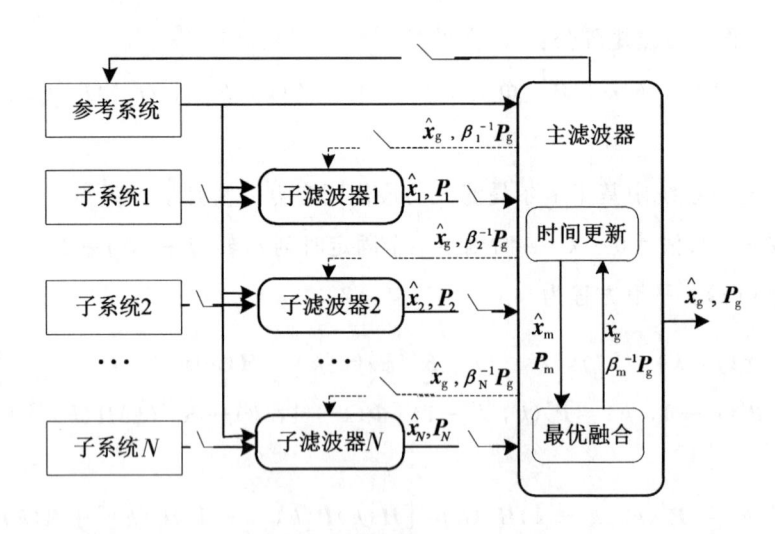

图 3.12 联邦滤波融合结构图

根据系统信息分配策略的不同，联邦滤波算法有四种实现模式。在初始

第3章 面向零阶数据张量的交通数据预处理

时刻分配一次信息,且取 $\beta_m=0$, $\beta_1=\beta_2=\cdots=\beta_N=1/N$,各自滤波器单独工作,主滤波器到子滤波器没有反馈,称为无反馈模式;信息分配系数 $\beta_m=0$,$\beta_1=\beta_2=\cdots=\beta_N=1/N$,但每一次融合计算后主滤波器都向子滤波器反馈信息 $\hat{x}_g$ 和 $P_g \gamma_i (i=1,2,\cdots,N)$,称为融合-反馈模式;信息分配系数 $\beta_m=1$,$\beta_1=\beta_2=\cdots=\beta_N=0$,主滤波器对子滤波器没有反馈,子滤波器向主滤波器发送完数据后自动置零,称为零复位模式;信息分配系数 $\beta_1=\beta_2=\cdots=\beta_N=\beta_m=1/(N+1)$,主滤波器与子滤波器平均分配信息,称为变比例模式。

在联邦滤波算法中每个子滤波器相互平行,独立处理自身检测器的检测数据信息,主滤波器对各子系统的估计信息进行融合。联邦滤波算法基本过程包括:信息更新、信息融合、信息分配和系统噪声更新,其中信息融合主要将子滤波器丢失的信息在该步骤中重新合成,此为本算法的核心步骤,如公式(3.40)所示。本节中选取的子滤波器为卡尔曼滤波,通过联邦卡尔曼滤波实现多源多尺度交通检测数据融合。

$$\begin{cases} P_g = [P_1^{-1} + P_2^{-1} + \cdots + P_N^{-1} + P_m^{-1}]^{-1} \\ \hat{X}_g = P_g [P_1^{-1} \hat{X}_1 + P_2^{-1} \hat{X}_2 + \cdots + P_N^{-1} \hat{X}_N + P_m^{-1} \hat{X}_m] \end{cases} \quad (3.40)$$

3.4.3 多尺度交通检测数据融合方法

本节在借鉴已有研究成果的基础上,针对城市路段多源检测数据的实际获取情况,利用多尺度变换和联邦卡尔曼滤波进行多源交通检测数据的融合。通过对状态和观测的分扩和扩维,在各尺度上对检测信息分别进行子滤波器上的卡尔曼滤波,最终通过主滤波器得到基于全局的状态估计值。

3.4.3.1 构建多尺度多源交通检测动态系统

交通检测动态系统通过不断获取检测系统的观测对检测的状态进行估计,本节结合城市交通检测系统的特征,假设交通信号控制的影响包含在每次观测的交通检测之中(即交通信号控制对每次观测值均有影响)。由于城市交通观测量主要包括三类交通参量,本节选取交通流量为主要陈述对象描述城市交通动态检测系统。考虑到 k 时刻的交通流量与 $k-1$ 时刻交通流量的关联,系统的估计模型如下:

$$y(k+1) = C_0 q(k) + C_1 q(k-1) + v(k) \quad (3.41)$$

其中，$y(k+1)$ 为第 k 时刻的交通流量估计值，$q(k)$ 和 $q(k-1)$ 为 k 时刻的交通流量和 $k-1$ 时刻的交通流量，C_0、C_1 分别为参数矩阵，$v(k)$ 为观测噪声。

对于城市交通多源交通检测器获取的检测数据，将实际的路段交通多源检测数据集的检测时间与采集时间间隔之间的分析图（即图 3.10 实例检测时间与采集时间间隔的 stem 分析图）转化检测采样时间与尺度关系图，如图 3.13 所示。从实际多源交通检测数据的交通采集时间间隔满足采样尺度如下关系，即对于相同检测位置的 N 个交通检测源器，如公式 (3.42) 所示。

$$S_{j+1} = n_j S_j, \quad 1 \leqslant j \leqslant N-1 \tag{3.42}$$

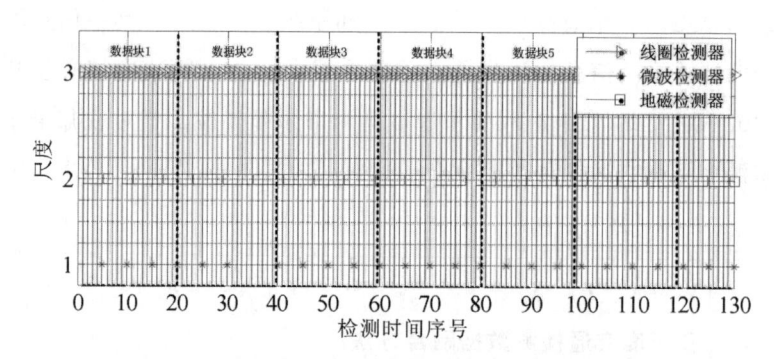

图 3.13　实例的检测数据尺度 stem 关系示意图

对于包含 N 个交通检测设备的动态检测系统，由 S_1 到 S_N 依次表示最低采样率至最高采样率，而采样率为采样尺度（即采样间隔）的倒数。所以 S_1 表示检测器采样尺度的最大值，而 S_N 对应检测器采样尺度的最小值。因而在 S_1 到 S_N 区间内包含交通检测系统 N 个交通检测设备的采样率，将系统内所有交通检测设备按采样率由小到大排列（或者按交通检测器的采样尺度由大到小排列），依次给定检测器编号 $i(i=1,2,3,\cdots,N)$。以图 3.10 为例的具体参数值为 $N=3$，$n_1 = S_2 : S_1 = 5$，$n_2 = S_3 : S_2 = 2$，且从图 3.13 中可以看出，不同检测器之间为异步的采样形式。本节对采样检测数据进行分块的方法，如图 3.13 所示，保证检测器 i 在数据块中采样 $\prod_{j=1}^{i-1} n_j$ 次，其中检测器 N（具有最高采样率）需为均匀采样，而检测器 $i(i=1,2,3,\cdots,N-1)$ 不需要均

第3章 面向零阶数据张量的交通数据预处理

匀采样且可以是异步的。

在最小尺度上建立状态方程。首先确定由交通检测系统的估计模型变化得到 $x(k)=(C_0, C_1)^T$，$H(k)=[q(k), q(k-1)]$，$z(k)=y(k+1)$。之后确定多源交通检测动态系统方程如公式(3.43)和公式(3.44)所示。

$$x(N, k+1)=\Phi(N, k)x(N, k)+w(N, k) \quad (3.43)$$

$$z(i, k)=H(i, k)x(i, k)+v(i, k), i=1, 2, \cdots, N-1 \quad (3.44)$$

公式(3.43)中 $x(N, k+1)$ 表示最小尺度上第 k 时刻的状态向量，$\Phi(N, k)$ 表示系统状态转移矩阵，$w(N, k)$ 表示均值为0的高斯白噪声，统计特征满足公式(3.45)，其协方差表示为 $Q(N, k)$。

$$\begin{cases} E\{w(N, k)\}=0 \\ E\{w(N, k)w^T(N, j)\}=Q(N, k)\delta_{k, j} \end{cases} \quad (3.45)$$

公式(3.44)中 $z(i, k)$ 表示第 i 个检测器在采样率 Si 下的 k 时刻观测值，$v(i, k)$ 为均值为0的高斯白噪声，其协方差表示为 $R(N, k)$，统计特征满足公式(3.46)，在不同采样尺度下的噪声互不相关。

$$\begin{cases} E\{v(i, k)\}=0 \\ E\{v(i, k)v^T(i, k)\}=R(i, k)\delta_{k, j} \end{cases} \quad (3.46)$$

为构建多尺度多源交通检测动态系统模型，首先将状态进行分块，如图3.12中数据块划分示意，变换公式(3.43)得到公式(3.47)，其中 $\xi_i=\prod\limits_{j=1}^{i-1}n_j(i=2, \cdots, N)$，$\xi_1=1$，为简化表达式记 ξ_N 为 ξ。

$$x(N, k\xi+1)=\Phi(N, k\xi)x(N, k\xi)+w(N, k\xi)$$

$$x(N, k\xi+2)=\Phi(N, k\xi+1)\Phi(N, k\xi)x(N, k\xi)$$
$$+\Phi(N, k\xi+1)w(N, k\xi)+w(N, k\xi+1)$$

······

$$x(N, k\xi+\xi)=\prod_{l=\xi-1}^{0}\Phi(N, k\xi+1)x(N, k\xi)$$
$$+\sum_{m=0}^{\xi-2}\prod_{l=\xi-1}^{m+1}\Phi(N, k\xi+m)w(N, k\xi+m)+$$
$$w(N, k\xi+\xi-1) \quad (3.47)$$

另外设 $\tilde{\xi}_i = \prod_{j=i}^{N-1} n_j (i=1, 2, \cdots, N-1)$，$\tilde{\xi}_N = 1$。最高采样率上的状态 $x(N, k)$ 对于尺度 i 上的内插 $x(i, k) = \sum_{j=0}^{\tilde{\xi}_i-1} x(N, k\tilde{\xi}_i - 1)/\tilde{\xi}_i$，则可得公式 (3.48) 和公式(3.49)：

$$x(i, (k-1)\xi_i + 1) = \sum_{j=0}^{\tilde{\xi}_i-1} x(N, \tilde{\xi}_i((k-1)\xi_i+1)-1)/\tilde{\xi}_i$$

$$= \frac{1}{\tilde{\xi}_i}[I_{\tilde{\xi}_i} \quad 0 \quad \cdots \quad 0] \begin{bmatrix} x(N, (k-1)\xi+1) \\ x(N, (k-1)\xi+2) \\ \vdots \\ x(N, k\xi) \end{bmatrix}$$

$$= \frac{1}{\tilde{\xi}_i}[I_{\tilde{\xi}_i} \quad 0 \quad \cdots \quad 0] X_N(k) \qquad (3.48)$$

式中，$I_{\tilde{\xi}_i}$ 为由 $\tilde{\xi}_N$ 个 N 维单位矩阵组成，$X_N(k) = \begin{bmatrix} x(N, (k-1)\xi+1) \\ x(N, (k-1)\xi+2) \\ \vdots \\ x(N, k\xi) \end{bmatrix}$。

$$x(i, (k-1)\xi_i + j) = \frac{1}{\tilde{\xi}_i}[0 \quad \cdots \quad 0 \quad I_{\tilde{\xi}_i} \quad 0 \quad \cdots \quad 0] X_N(k) \quad (3.49)$$

式中，$I_{\tilde{\xi}_i}$ 为 $n \times n\tilde{\xi}$ 维矩阵，$[0 \quad \cdots \quad 0 \quad I_{\tilde{\xi}_i} \quad 0 \quad \cdots \quad 0]$ 为共有 ξ_i 块组成的矩阵，其中 $\xi_i - 1$ 块矩阵为零矩阵，第 j 块矩阵表示为 $I_{\tilde{\xi}_i}$。

根据上述推导确定多尺度动态系统模型，如公式(3.50)和公式(3.51)，其中根据公式(3.45)确定 $W_N(k)$ 满足 $E\{W_N(k)\} = 0$，$Q_N(k) = E\{W_N(k)W_N^T(k)\} = B_N(k)\text{diag}\{Q(N, k\xi), Q(N, k\xi+1), \cdots, Q(N, k\xi+\xi-1)\}B_N^T(k)$，其中 $Q_N(k)$ 表示噪声协方差矩阵。根据公式(3.29)确定 $V_i(k)$ 满足 $E\{V_i(k)\} = 0$，$E\{V_i(k)V_j^T(l)\} = R_i(k)\delta_{i,j}\delta_{k,j} (i=1, 2, \cdots, N)$，$E\{W_N(k)V_j^T(l)\} = 0$，$R_i(k) = \text{diag}\{R(i, (k-1)\xi_i+1), R(i, (k-1)\xi_i+2), \cdots, R(i, k\xi_i)\}$。

$$X_N(k+1) = \Phi_N(k)X_N(k) + W_N(k) \qquad (3.50)$$

式中，$\boldsymbol{X}_N(k) = \begin{bmatrix} \boldsymbol{x}(N, (k-1)\xi+1) \\ \boldsymbol{x}(N, (k-1)\xi+2) \\ \vdots \\ \boldsymbol{x}(N, k\xi) \end{bmatrix}$,

$\boldsymbol{\Phi}_N(k) = \begin{bmatrix} 0 & 0 & \cdots & \boldsymbol{\Phi}(N, k\xi) \\ 0 & 0 & \cdots & \boldsymbol{\Phi}(N, k\xi+1)\boldsymbol{\Phi}(N, k\xi) \\ \vdots & & & \vdots \\ 0 & 0 & \cdots & \prod_{l=\xi-1}^{0}\boldsymbol{\Phi}(N, k\xi+1) \end{bmatrix}$,

$\boldsymbol{W}_N(k) = \boldsymbol{B}_N(k) \begin{bmatrix} \boldsymbol{w}(N, k\xi) \\ \boldsymbol{w}(N, k\xi+1) \\ \vdots \\ \boldsymbol{w}(N, k\xi+\xi-1) \end{bmatrix}$

$= \begin{bmatrix} \boldsymbol{I} & 0 & \cdots & 0 \\ \boldsymbol{\Phi}(N, k\xi+1) & \boldsymbol{I} & \cdots & \\ \vdots & & & \vdots \\ \prod_{l=\xi-1}^{1}\boldsymbol{\Phi}(N, k\xi+1) & \prod_{l=\xi-1}^{2}\boldsymbol{\Phi}(N, k\xi+1) & \cdots & \boldsymbol{I} \end{bmatrix} \begin{bmatrix} \boldsymbol{w}(N, k\xi) \\ \boldsymbol{w}(N, k\xi+1) \\ \vdots \\ \boldsymbol{w}(N, k\xi+\xi-1) \end{bmatrix}$

$$Z_i(k) = H_i(k)X_N(k) + V_i(k) \tag{3.51}$$

其中，$\boldsymbol{Z}_i(k) = \begin{bmatrix} \boldsymbol{z}(i, (k-1)\xi_i+1) \\ \boldsymbol{z}(i, (k-1)\xi_i+2) \\ \vdots \\ \boldsymbol{z}(i, k\xi_i) \end{bmatrix}$，$\boldsymbol{V}_i(k) = \begin{bmatrix} \boldsymbol{v}(i, (k-1)\xi_i+1) \\ \boldsymbol{v}(i, (k-1)\xi_i+2) \\ \vdots \\ \boldsymbol{v}(i, k\xi_i) \end{bmatrix}$,

$\boldsymbol{H}_i(k) = \dfrac{1}{\widetilde{\xi}_i}\mathrm{diag}\{\boldsymbol{H}(i, (k-1)\boldsymbol{M}_i+1)\boldsymbol{I}_{\widetilde{\xi}_i}, \boldsymbol{H}(i, (k-1)\boldsymbol{M}_i+2)\boldsymbol{I}_{\widetilde{\xi}_i},$

$\cdots, \boldsymbol{H}(i, k\boldsymbol{M}_i)\boldsymbol{I}_{\widetilde{\xi}_i}\}$。

3.4.3.2 基于联邦卡尔曼滤波的交通检测数据融合估计方法

算法的基本思想是采用分布式的联邦滤波实现多源检测信息融合，基本流程如图 3.14 所示。方法利用联邦滤波的融合-反馈式模式，将最高采样且采样均匀的检测器作为最细尺度 N 上的检测系统，同时将其作为联邦滤波器的参考系统。其余检测器同最细尺度 N 对应的检测器一起构成子滤波器。本节方法的子滤波器采用卡尔曼滤波实现。因此算法在子滤波器上利用多尺度数据分块实现检测数据估计，在主滤波器上根据估计误差的协方差矩阵实现多源数据的最优融合。

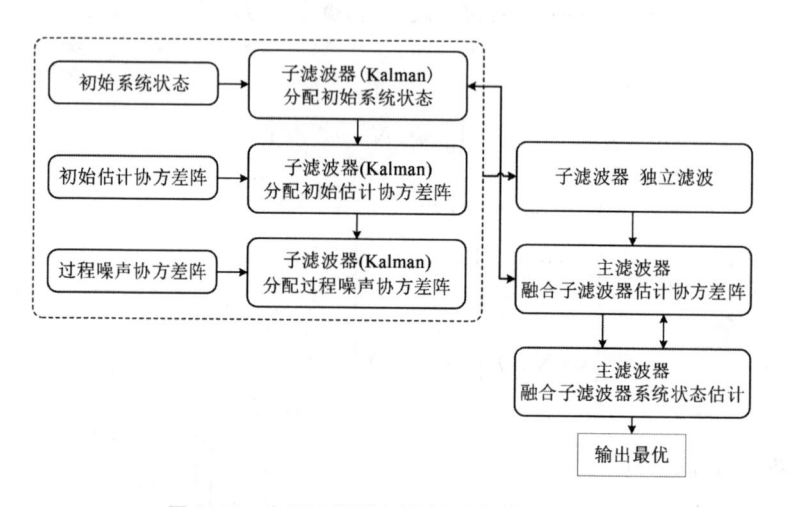

图 3.14 多源交通检测数据融合算法流程图

基于联邦卡尔曼滤波的多源交通检测数据融合具体算法流程如下：

Step 1：确定起始时刻协方差矩阵 $\boldsymbol{P}_g$，并将其分配到 n 个子滤波器和主滤波器中，分配方式如公式(3.52)和公式(3.53)所示。

$$\boldsymbol{P}_{i,N}^{-1}(k) = \boldsymbol{P}_g^{-1}\beta_i \tag{3.52}$$

$$\sum_{i=1}^{n}\beta_i = 1 \tag{3.53}$$

Step 2：参考系统噪声分配和状态值分配如公式(3.54)和公式(3.55)所示。

$$\boldsymbol{Q}_i^{-1}(k) = \boldsymbol{Q}_g^{-1}(k)\beta_i \tag{3.54}$$

$$\hat{\boldsymbol{X}}_{i,N}(k) = \hat{\boldsymbol{X}}_g(k) \tag{3.55}$$

Step 3：每个子滤波器和主滤波器同时修正为公式(3.56)和公式(3.57)。

$$\hat{\boldsymbol{X}}_{i,N}(k, k-1) = \boldsymbol{\Phi}_N(k, k-1)\hat{\boldsymbol{X}}_{i,N}(k-1) \tag{3.56}$$

第3章 面向零阶数据张量的交通数据预处理

$$P_{i,N}(k, k-1) = \boldsymbol{\Phi}(k, k-1) P_{i,N}(k) \boldsymbol{\Phi}^{\mathrm{T}}(k, k-1) + Q_i(k) \tag{3.57}$$

Step 4：每个子滤波器由最高采样率的检测器与尺度 $i(i=1, 2, 3, \cdots, N)$ 的各检测器构成，第 i 个子滤波器对应的观测矩阵 $\boldsymbol{Z}_i(k)$ 的第 j 个元素如公式(3.58)所示。每个子滤波器单独处理更新观测量，如公式(3.59)和公式(3.60)，子滤波器流程如图 3.15 所示。

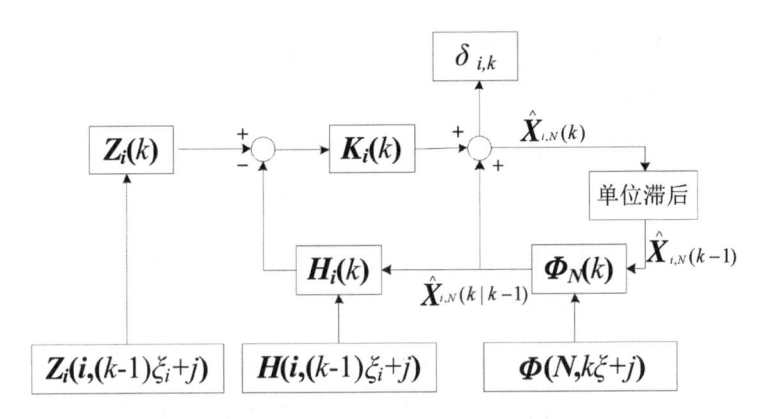

图 3.15 基于多尺度数据块的卡尔曼滤波子滤波器流程图

$$z(i, (k-1)\xi_i + j) = \frac{1}{\tilde{\xi}_i} \sum_{s=0}^{\tilde{\xi}_i - 1} M(N, (k-1)\xi + j\tilde{\xi}_i - s) - M(i, (k-1)\xi_i + j) \tag{3.58}$$

式中，$j \in [1, \xi_i]$，$M(i, *)$ 表示尺度 i 上的检测器量测信息。

$$P_{i,N}^{-1}(k) = P_{i,N}^{-1}(k, k-1) + H_i^{\mathrm{T}}(k) R_i^{-1}(k) H_i(k) \tag{3.59}$$

$$P_{i,N}^{-1}(k) \hat{X}_{i,N}(k) = P_{i,N}^{-1}(k, k-1) + H_i^{\mathrm{T}}(k) R_i^{-1}(k) Z_i(k) \tag{3.60}$$

式中，$\boldsymbol{Z}_i(k) = \begin{bmatrix} z(i, (k-1)\xi_i + 1) \\ z(i, (k-1)\xi_i + 2) \\ \vdots \\ z(i, k\xi_i) \end{bmatrix}$。

Step 5：在主滤波器中进行最优融合，最优融合的无偏估计如公式(3.61)，相应的估计误差协方差矩阵为 $P_N(k)$，如公式(3.62)。

$$\hat{\pmb{X}}_N(k) = \sum_{i=1}^{N-1} \delta_{i,k} \hat{\pmb{X}}_{i,N}(k) \tag{3.61}$$

式中，$\delta_{i,k} = \left(\sum_{j=1}^{N-1} \pmb{P}_{j,N}^{-1}(k)\right)^{-1} \pmb{P}_{i,N}^{-1}(k)$，$\hat{\pmb{X}}_{i,N}(k)$ 表示基于尺度 i 对应检测器测量信息所得 $\hat{\pmb{X}}_N(k)$，$\pmb{P}_{i,N}(k)$ 表示相应的估计误差协方差矩阵。

$$\pmb{P}_N(k) = \left(\sum_{j=1}^{N-1} \pmb{P}_{j,N}^{-1}(k)\right)^{-1} \tag{3.62}$$

3.4.4 联邦卡尔曼滤波融合估计的实证应用分析

3.4.4.1 实例数据及方案设计

为验证本节提出的融合方法在交通多源异步数据融合方面的有效性，实例选取厦门市交通示范区内路段上的检测器，数据样本的采集时间为 2015 年 1 月 23 日某时段，该检测路段的交通检测器包括线圈检测器、地磁检测器和微波检测器，分别简称 COIL、GS 和 TMS。以 COIL 采集的 30 s 数据作为检测器真值，合成出 1 min 和 5 min 的速度真值数据。GS 的采集间隔为 1 min，TMS 的采集间隔为 5 min。由于最高采样率的 COIL 采样均匀，对 TMS 和 GS 测量数据添加随机延时。

为验证算法，利用 MATLAB 中 awgn() 函数添加高斯白噪声，信噪比分别为 50dB、40dB 和 30dB。模拟产生添加噪声的观测数据如图 3.16 所示。按信噪比 50dB 添加噪声的三类检测器观测的多参量交通数据图依次对应图 3.16 中(a1)、(b1)、(c1)，按信噪比 40dB 添加噪声的三类检测器观测的多参量交通数据图依次对应图 3.16 中(a2)、(b2)、(c2)，按信噪比 30dB 添加噪声的三类检测器观测的多参量交通数据图依次对应图 3.16 中(a3)、(b3)、(c3)。

实验方案按照各检测器采样周期，确定各局部滤波器和主滤波器的周期为 1min，主滤波器将各局部滤波器进行最优融合输出。本节提出方法的主要思想为将数据分块处理，以数据块为数据融合的基本单位(每个数据块中均含有多个检测源的观测数据)。对比方法为在相同数据状态下的卡尔曼滤波，具体执行操作为按数据块对数据块内数据初步融合后，再将其作为观测量并执行卡尔曼滤波，根据得到的状态估计和时间递推更新，得到当前的估计值。

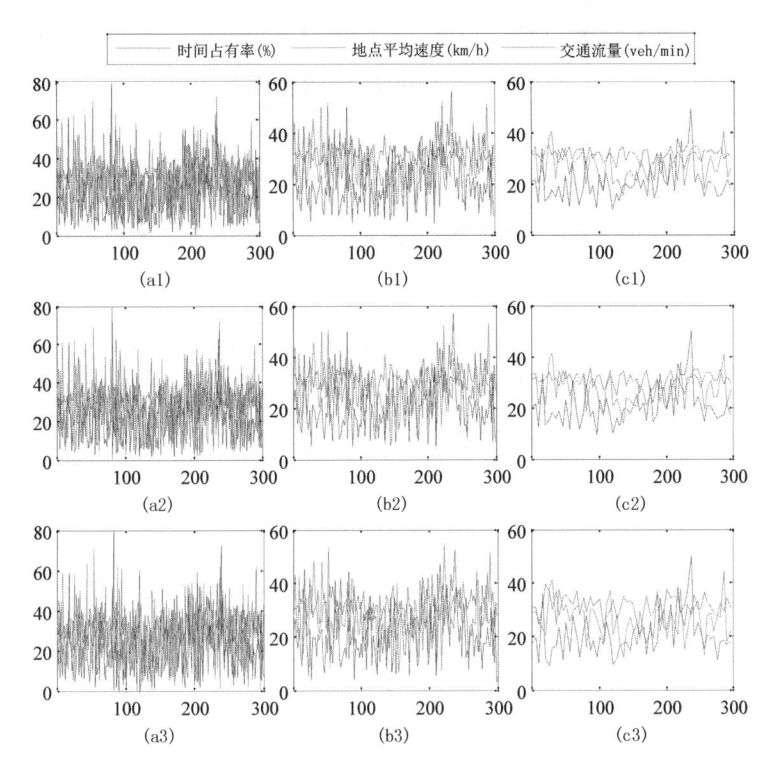

第 3 章 面向零阶数据张量的交通数据预处理

图 3.16 交通检测数据时间序列图

3.4.4.2 算法评价指标选择

实验采用均方根误差(root mean square error，RMSE)和平均绝对百分比误差(mean absolute percentage error，MAPE)评价算法性能。均方根误差是观测值与真值偏差的平方和与观测次数 m 比值的平方根，公式(3.63)主要用来衡量观测值与真值之间的偏差。平均绝对百分比误差是绝对误差百分比的平均值，如公式(3.64)所示，可以更好地反映观测误差的实际占比情况。公式中 y_i 表示第 i 个数据的真值，$\tilde{y}_i$ 表示第 i 个数据的多源融合值，m 表示观测次数。

$$\mathrm{RMSE} = \sqrt{\frac{\sum_{i=1}^{m}(y_i - \tilde{y}_i)^2}{m}} \qquad (3.63)$$

$$\mathrm{MAPE} = \frac{1}{m}\sum_{i=1}^{m}\left|\frac{y_i - \tilde{y}_i}{y_i}\right| \qquad (3.64)$$

3.4.4.3 实验结果分析

根据实验方案的设计，对每种添加噪声的数据进行实例算法分析。通过对本节算法添加信噪比为 50 dB 的噪声并进行数据融合后，多交通参量融合值、检测值与真值对比如图 3.17 所示，其中图 3.17(a)表示对各检测器(地磁检测器、微波检测器和线圈检测器)的时间占有率交通参量的数据融合值、检测值与真值的曲线图，图 3.17(b)表示对各检测器(地磁检测器、微波检测器和线圈检测器)的地点平均速度交通参量的数据融合值、检测值与真值的曲线图。图 3.17(c)表示对各检测器(地磁检测器、微波检测器和线圈检测器)的交通流量的数据融合值、检测值与真值的曲线图。

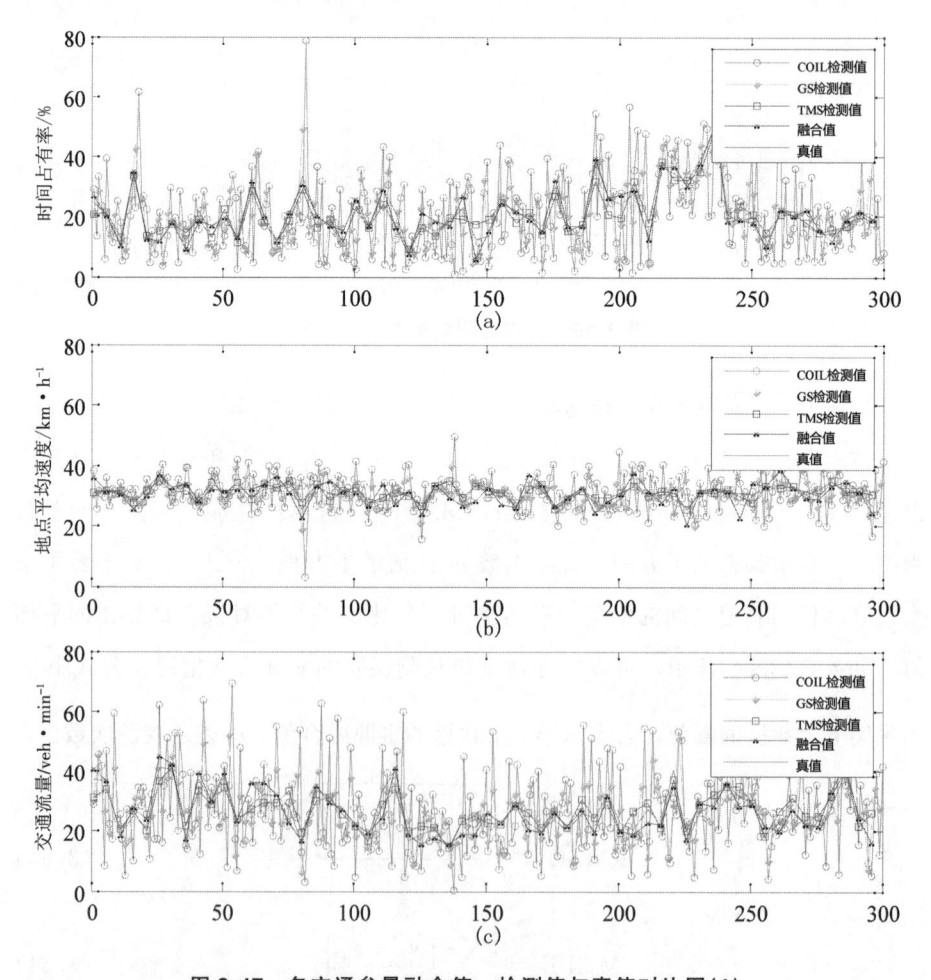

图 3.17 多交通参量融合值、检测值与真值对比图(1)

第3章 面向零阶数据张量的交通数据预处理

通过对本节算法添加信噪比为40dB的噪并进行数据融合后多交通参量融合值、检测值与真值对比如图3.18所示，其中图3.18(a)表示对各检测器(地磁检测器、微波检测器和线圈检测器)的时间占有率交通参量的数据融合值、检测值与真值的曲线图，图3.18(b)表示对各检测器(地磁检测器、微波检测器和线圈检测器)的地点平均速度交通参量的数据融合值、检测值与真值的曲线图。图3.18(c)表示对各检测器(地磁检测器、微波检测器和线圈检测器)的交通流量的数据融合值、检测值与真值的曲线图。

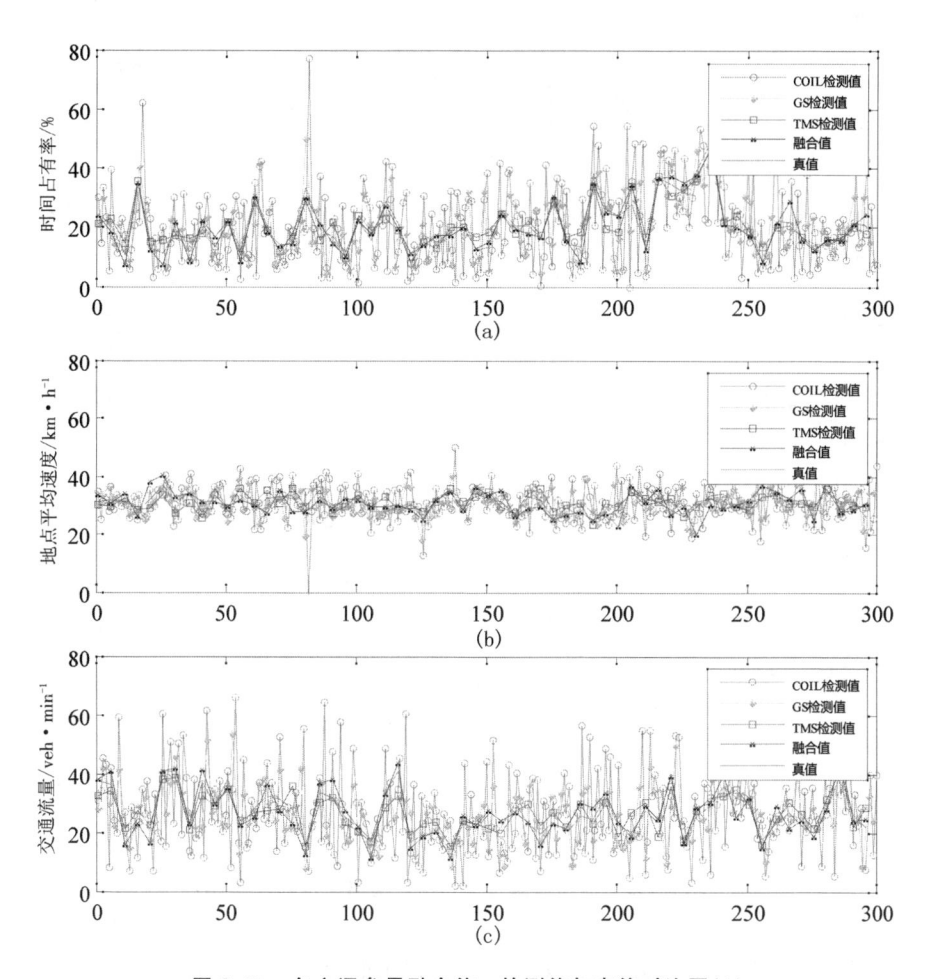

图 3.18 多交通参量融合值、检测值与真值对比图(2)

通过对本节算法添加信噪比30dB的噪声并进行数据融合后多交通参量融

合值、检测值与真值对比如图 3.19 所示，其中图 3.19(a)表示对各检测器(地磁检测器、微波检测器和线圈检测器)的时间占有率交通参量的数据融合值、检测值与真值的曲线图，图 3.19(b)表示对各检测器(地磁检测器、微波检测器和线圈检测器)的地点平均速度交通参量的数据融合值、检测值与真值的曲线图。图 3.19(c)表示对各检测器(地磁检测器、微波检测器和线圈检测器)的交通流量的数据融合值、检测值与真值的曲线图。

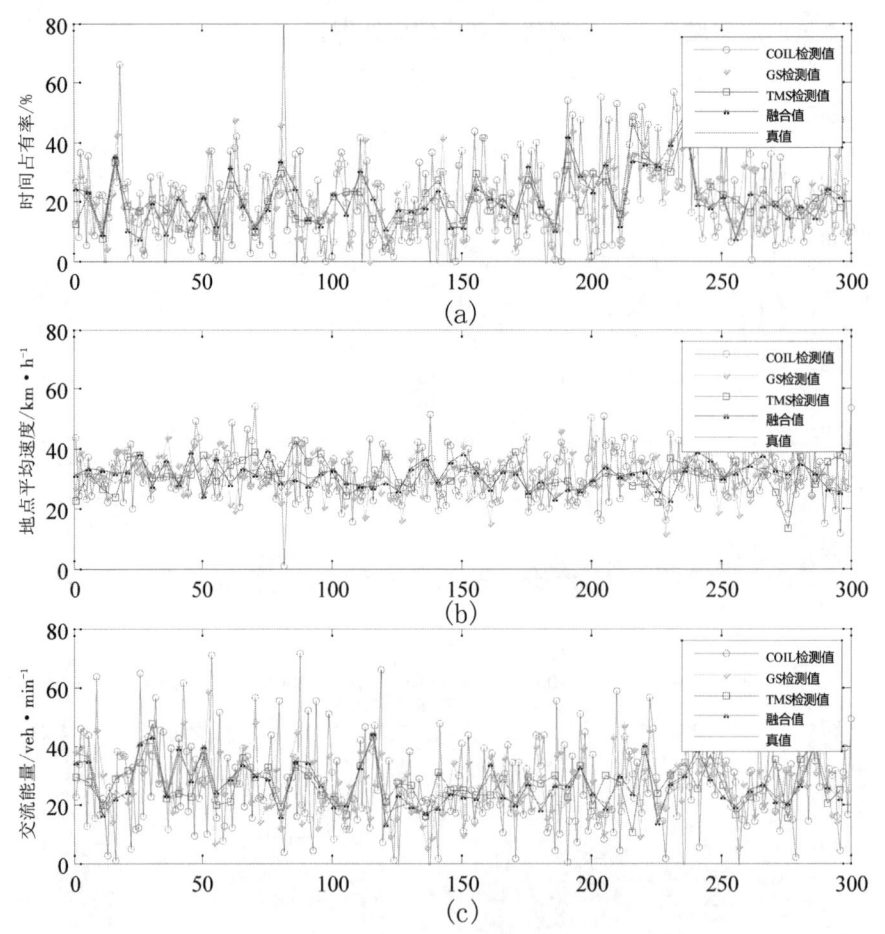

图 3.19 多交通参量融合值、检测值与真值对比图(3)

通过对比分析本节方法和相关文献中方法的融合效果，计算选取的算法指标比较两种方法，分别对三种噪声添加在三种交通参量数据进行融合处理结果的比较，比较指标结果如表 3.10、表 3.11 和表 3.12 所示。

第3章 面向零阶数据张量的交通数据预处理

表3.10 数据融合算法指标对比表(1)

噪声对应SNR	交通参量	对比方法	RMSE	MAPE
50dB	时间占有率	本节方法	1.762	2.40%
		文献[44]方法	2.752	2.86%
	平均速度	本节方法	1.412	1.96%
		文献[44]方法	2.246	2.93%
	交通流量	本节方法	2.013	2.01%
		文献[44]方法	2.167	2.79%

表3.11 数据融合算法指标对比表(2)

噪声对应SNR	交通参量	对比方法	RMSE	MAPE
40dB	时间占有率	本节方法	3.634	5.57%
		文献[44]方法	4.151	6.23%
	平均速度	本节方法	2.715	3.97%
		文献[44]方法	3.278	4.70%
	交通流量	本节方法	3.110	4.36%
		文献[44]方法	4.090	5.10%

表3.12 数据融合算法指标对比表(3)

噪声对应SNR	交通参量	对比方法	RMSE	MAPE
30dB	时间占有率	本节方法	4.639	7.37%
		文献[44]方法	5.124	8.15%
	平均速度	本节方法	5.735	6.92%
		文献[44]方法	6.178	7.29%
	交通流量	本节方法	5.921	7.46%
		文献[44]方法	6.322	8.01%

结合图表的对比可知：①随着信噪比降低，对比的方法的均方根误差和平均绝对百分比误差均呈现递增趋势；②相同信噪比的情况下，本节提出的方法明显优于原有的相关方法，说明本节提出的融合方法可有效提高精度。

3.5 本章小结

本章属于交通动态特征分析中零阶离散交通数据预处理层的支撑技术，主要完成多源交通数据的校验和多源交通数据的融合，实现交通信息的预处理。

①针对交通检测数据中非平衡离群数据剥离数据集问题，本章提出了具有数据针对性的随机森林优化模型（RFOM），一方面保留了原始随机森林算法中随机化过程的优势，另一方面引入的 boosting 方法加强了部分决策树之间的关联。通过对交通数据集实例的算法验证，分析比较了算法的分类精度、检出率、误检率、查准率等衡量指数并采用 ROC 曲线全面评价检测方法的优劣，表明针对交通检测数据集的离群数据筛选提出的 RFOM 优于原始随机森林算法，并可以减少测试错误率。

②针对交通检测数据中非平衡的离群数据剥离数据集的问题，提出了改进模型保留原始 AdaBoost 算法中训练加权优势，模型引入代价敏感方法强化非平衡特性，改进的 AdaBoost 的决策过程。本模型避免了非平衡检测数据导致的分类性能下降的问题。通过高速公路交通检测数据集实例验证改进方法，实验结果表明改进的 AdaBoost 方法在准确率、误检率两个指标上优于 AdaBoost 方法，前者比后者平均高 5.547% 和低 6.792%，采用改进的 AdaBoost 筛选交通检测样本可提供一个可靠度更高的分类筛选结果，有效调整了非平衡数据导致的分类误差。然而本算法是以非均衡的高速公路交通数据样本集为研究的出发点，所以本方法对检测数据集有一定的限制，进一步的研究重点将集中在改善方法的局限性上。

③针对交通检测数据中异步多尺度数据特征，本章提出了基于联邦卡尔曼滤波的交通检测数据融合估计方法，通过数据块处理思想有效解决实际检测数据的异步采样问题。对多源多参量交通检测数据，在均方根误差和平均绝对百分比误差上进行了两种融合方法的对比验证。分析结果说明本章提出的融合方法可有效提高精度，但由于建立的多尺度多源交通检测系统模型增加了计算量和复杂度，因此进一步的研究重点将放在算法的优化方面。

第4章 面向一阶数据张量的路段交通数据特征分析

4.1 概述

城市动态交通数据采集中，路段为交通信息检测器布设的基本单位，即断面流量和流向保持不变且几何条件保持一致的道路区段。本章将城市交通布设的固定交通检测器中采集得到的交通数据作为研究对象，利用复杂网络理论将交通数据时间序列转化为图形，通过可视化方法从交通数据中挖掘出管理城市交通所需的信息，了解其内部的规律，进而为缓解交通问题服务。

在交通流时间序列的复杂网络研究方法中，如何创建一个与时间序列相对应的适当的复杂网络是本章研究的核心问题。研究将多参量的交通流时间序列构建为复杂网络，并分析其在不同交通状态下的规律性和多样性。在实现交通数据可视化的过程中，交通流时间序列构造复杂网络的研究也在不断深入，通过网络化交通流时间序列并从中挖掘相应的交通特征[149-151]。国内外关于时间序列的网络化方法的发展现状，绪论中已经介绍过时间序列构建复杂网络的三种方法，分别为周期时间序列构建法、可视图法和相空间重构法。本章选取适用于交通流时间序列构建网络的相空间重构法和可视图法，通过两种方法对交通流时间序列的重新描述，从动力系统角度深层理解交通流时间序列的内在机理。

4.2 时序数据网络化概述

近年来,复杂网络被引入时间序列数据的可视化研究之中。时间序列网络化通过将时间序列转化为复杂网络,使其能够观察、模拟传统意义时间序列分析中不可见的现象,并提供信息与视觉交通的手段。

复杂网络源于图论的基本概念,人们为了反映事物之间的关系来表示,用点和线构成的示意关系来表示。复杂网络可以描述独立个体或者群体之间的相互关系,随着数据采集系统整合实际网络大数据能力的提升,该领域的研究日趋重要。复杂网络的数据集不同于监督或者无监督分类器的数据,它们不仅可以用来训练规则(监督分类)或发现组别(无监督分类或聚类)中所使用的给定个体固定特征的测量数据,它们还可以用图的方式表示成为一个网络,生成网络后,部分与结构相关的属性都突显出来,如异常节点、显著边、异常边、有影响力的节点和节点聚集结构等,具有较强的应用价值。

在基于真实网络的复杂网络研究中,统计特征一直被广泛关注,以下为本章分析交通流时间序列网络的统计特征评价属性。

①度及其度分布(degree and its distribution):一个节点 v_i 的度是指与该节点连接的边的数量,网络的度分布一般用 $p(k)$ 表示,是网络中的任一个节点的度为 k 的概率。在无向网络中是指序列 $f_1, f_2, \cdots, f_d, \cdots$,其中 f_d 是指度为 d 的节点数占比。节点度分布以幂率分布最为常见,幂率分布具有如公式(4.1)所示关系。

$$f_d \propto d^{-\alpha} \quad (4.1)$$

②聚类系数(clustering coefficient):该统计量反映网络集团化程度,一个节点的聚类系数表示为与该节点相连的边数与最大可能边数的比值。节点 v_i 的聚类系数定义如公式(4.2),整个网络的聚类系数定义为网络中每个节点的聚类系数均值,如公式(4.3)所示,其中 k_{v_i} 个节点为节点 v_i 的邻接节点,节点 v_i 的 k_{v_i} 个邻接节点之间实际存在的边数为 Ei。

$$C_i = \frac{E_i}{\frac{1}{2}k_{v_i}(k_{v_i}-1)} \quad (4.2)$$

第 4 章　面向一阶数据张量的路段交通数据特征分析

$$C = \frac{1}{n}\sum_{i=1}^{n}\frac{E_i}{\frac{1}{2}k_{v_i}(k_{v_i}-1)} \tag{4.3}$$

③网络直径(network diameter)：网络中任何两个节点 v_i 和 v_j 之间的距离 $d_{i,j}$，表示从其中一个节点出发到达另一个节点所要经过的连接边的最少数目。网络直径为网络中任意两个点之间距离的最大值，如公式(4.4)所示。

$$D = \max_{i,j}\{d_{i,j}\} \tag{4.4}$$

④平均路径长度(average path length)：网络中所有节点对之间距离的平均值，即公式(4.5)，其中，n 为网络节点数量。l 通常非常小，远小于网络中节点的数目。另一与之相关的测度为调和均值，具体定义如公式(4.6)所示。

$$l = \frac{1}{\frac{1}{2}n(n+1)}\sum_{i \geqslant j}d_{ij} \tag{4.5}$$

$$l^{-1} = \frac{1}{\frac{1}{2}n(n+1)}\sum_{i \geqslant j}d_{ij}^{-1} \tag{4.6}$$

⑤网络密度(network density)：一个网络中各节点之间网络的紧密程度。网络密度定义如公式(4.7)，其中 E 为网络中实际拥有的连接边数。网络密度的取值范围为[0,1]，实际网络中能够发现的最大密度值是 0.5。

$$\rho = \frac{2E}{n(n-1)} \tag{4.7}$$

⑥模块化度量值(modularity measure)：衡量网络社区划分优劣的评价指标，其实质是指一个网络在某种社区划分下与随机网络的差异，因为随机网络并不具有社团结构，对应的差异越大说明该网络所包含的社团结构越明显，如公式(4.8)所示，其中 E 为网络中实际拥有的连接边数，$A_{ij}=1$ 代表节点 v_i 和 v_j 之间存在连边，否则不存在连边。k_{v_i} 为节点 v_i 的度数，S_i 为节点 v_i 属于某个社区的标号，而 $\delta(S_i, S_j)=1$ 当且仅当 $S_i=S_j$。

$$Q = \frac{1}{2E}\sum_{i,j}(A_{ij} - k_{v_i}k_{v_j}/(2E))\delta(S_i, S_j) \tag{4.8}$$

4.3 基于相空间重构的时序交通流网络特征分析

4.3.1 时间序列相空间重构理论

时间序列可以从离散动力系统的角度理解，将时间序列看成离散动力系统所产生的一维状态序列。在系统的描述中，系统在某一时刻的状态称之为相，与此相对应的决定状态的几何空间称之为相空间。应用动力系统理论对时间序列进行分析，获取其内在动力学性质。相空间重构（phase space reconstruction，PSR）理论本质是高维空间的轨迹经过拉伸和折叠，把决定时间序列的动力系统的吸引子恢复出来，分析其动力学性质[152]。方法理论及基础是考虑到非线性动力系统是联立的相互依赖的系统，系统中的变量演化是由其他系统相关变量的相互作用所决定的，这些内在信息需要从分量的演化中提取。

现阶段使用最广的相空间重构方法是时间延迟状态空间重构法。Packard等[153]提出对动力系统中某一变量的延迟坐标嵌入来重构相空间，即对一个可观测（检测）变量，固定某些时间延迟点作为新的维进行处理。多维状态空间的每一个点是由上述延迟点所构成的向量对应映射的，通过多次重复可以重新构造出新的近似相空间。在这里面时间序列延迟点的个数即为相空间的维数。该方法以 Takens 定理为依据，即相空间重构的前提为可以找到一个合适的嵌入维数 $m \geqslant 2d+1$，其中 d 为动力系统的维数，那么在这个嵌入空间中可恢复。

在一维时间序列 $\{x_i, i=1, 2, \cdots, N\}$，利用延迟坐标嵌入法通过嵌入维数 m 和延迟时间 τ 构建一个 m 维的相空间。相空间中的矢量表示为公式（4.9）所示。

$$Y_i = \{x_i, x_{i+\tau}, \cdots, x_{i+(m-1)\tau}\}, i=1, 2, \cdots, N-(m-1)\tau \quad (4.9)$$

时间延迟 τ 和嵌入维数 m 选取是本方法的核心内容，因为根据 Takens 定理假设，时间延迟 τ 和嵌入维数 m 的任意性主要基于无限长和无噪声的一维时间序列，而实际应用中，这两方面的前提都不符合实际。合理选择时间延迟和嵌入维数可以保证相空间的质量，保证时间序列的应用效果。

第4章 面向一阶数据张量的路段交通数据特征分析

4.3.2 相空间重构的参数估计方法

4.3.2.1 估计时间延迟参数

由于实际中观测(检测)获取的时间序列必然存在误差和噪声，那么对于时间延迟τ的选取既要防止过小产生的相空间轨迹挤压，也要避免时间延迟过大造成的吸引子结构变化。现阶段对于时间延迟参数的估计主要方法主要包括复自相关法、互信息法[154]和C-C方法[155]。在这些方法之中，复自相关法是由平均位移法和自相关法相结合的方法，虽然抗噪声能力较好，对低维系统可以准确度量其相关性，但对具有明显非线性特征的高维系统选择的最优延迟偏大。互信息法将时间序列互信息函数的第一个极小值所对应的时间延迟作为选用值，适用于高维系统的延时参数估计。C-C方法提出相关积分概念并根据积分参数估计时间延迟。在各种估计延迟时间方法中，本节使用C-C方法为交通流时间序列的相空间重构确定参量，此方法与互信息算法相比，它易实现并且对交通数据集也适用。

在C-C算法中，给定的时间序列 $\{x_i, i=1,2,\cdots,N\}$ 将细分为 t 个不相交的时间序列，计算这些不相交的时间序列的检验统计量 $S(m,N,r,t)$ 用于估计时间延迟 t。首先给出时间序列的相关积分 $C(m,N,r,t)$ 定义，$C(m,N,r,t)$ 主要统计相空间矢量距离在邻域半径内的数目占比，定义 $C(m,N,r,t)$ 公式如(4.10)所示。

$$C(m,N,r,t) = \frac{2}{M(M-1)} \sum_{1 \leqslant i < j \leqslant M} \Theta(r - \|Y_i - Y_j\|) \quad (4.10)$$

式中，$\Theta(\cdot)$ 为 Heaviside 阶梯函数，即 $\Theta(a) = \begin{cases} 0 & a<0 \\ 1 & a \geqslant 0 \end{cases}$；$m$ 为相空间嵌入维数；N 为时间序列的长度；$M = N - (m-1)t$ 为相空间的矢量数；r 为邻域半径且 $r > 0$。

时间序列的检验统计量 $S(m,N,r,t)$ 定义如公式(4.11)所示，通过反映序列的自相关特性的 $S(m,N,r,t) \sim t$ 的第一个零点或者对所有半径 r 之内适量距离最小的时间点取为最小时间延迟，这时重构的相空间中各点最接近均匀分布，因而选择最大值和最小值两个半径的差量作为统计量 $\Delta S(m,t)$，如公式(4.12)所示。另外定义指标 $S_{\text{cor}}(t)$，其最小值为时间序列的嵌入窗宽，如公式(4.13)所示。C-C 方法参考三个评估指标 $S(m，N，r，t)$、$\Delta S(m，t)$ 和 $S_{cor}(t)$ 确定 t 作为时间延迟 τ [156]。

$$S(m，N，r，t) = \frac{1}{t}\sum_{s=1}^{t}[C_s(m，N/t，r，t) - C_s^m(1，N/t，r，t)] \tag{4.11}$$

式中，$C_s(\cdot)$ 为第 S 个子序列的相关积分。

$$\Delta S(m，t) = \max\{S(m，r_i，t)\} - \min\{S(m，r_j，t)\}，i \neq j \tag{4.12}$$

$$S_{cor}(t) = \Delta\overline{S}(t) + |\overline{S}(t)| \tag{4.13}$$

式中，$\Delta\overline{S}(t)$ 是 $\Delta S(m，t)$ 的平均值，$\overline{S}(t)$ 是 $S(m，r，t)$ 的平均值。

4.3.2.2 估计嵌入维数参数

估计嵌入维数参数 m 的常用方法有 G-P 算法、伪近邻法、C-C 法和 Cao 法[157]。对于嵌入维数 m，实际上只要 m 足够大均可以揭示出混沌系统的运动规律。但是过大的 m 会造成大量运算，因此最佳嵌入维数应该是满足 Takens 定理的最小值[158]。这些方法中，伪近邻法为 Cao 法的原型，对比 Cao 法在阈值的使用选择上具有不足之处。C-C 方法在噪声过大时嵌入维估计不理想。Cao 法在计算嵌入维数需要实现给定时间延迟。结合各方法的优缺点的综合分析，本章选用由 Grassberger 和 Procaceia 提出的 G-P 算法。

为从少量数据序列中提取出维数信息，Grassberger 和 Procaceia 提出关联维数的概念。在计算关联维数之前，首先给出关联积分的定义，如公式(4.14)所示。

$$C(r) = \frac{1}{M^2}\sum_{i=1}^{M}\sum_{j=i+1}^{M}\Theta(r - \|Y_i - Y_j\|) \tag{4.14}$$

式中，$\Theta(\cdot)$ 为 Heaviside 阶梯函数，即 $\Theta(a) = \begin{cases} 0 & a < 0 \\ 1 & a \geq 0 \end{cases}$；$M$ 为相空间的矢量数。

关联积分 $C(r)$ 和 r 之间的关系如公式(4.15)所示。

$$\lim_{r \to 0} C(r) \propto r^D \tag{4.15}$$

第4章 面向一阶数据张量的路段交通数据特征分析

通过上式近似简化关联维数 D 为 $\lim\limits_{r \to 0} \dfrac{\ln[C(r)]}{\ln r}$。对每个 m 计算 $D(m)$，随着 m 的增加，$D(m)$ 趋于稳定，根据关联维数 D 和 Takens 定理从而确定嵌入维数 m。

4.3.3 基于相空间重构的交通流时间序列网络模型

构建复杂网络的核心是确定网络的三要素，即网络的节点、节点间的边和节点与边之间的连接关系。根据上述相空间重构理论，将重构序列 Yi 作为节点，重构序列 Yi 确定的节点和重构序列 Y_j 确定的节点之间的连接关系由重构序列 Yi 和重构序列 Y_j 的相关系数 C_{ij} 确定，相关系数定义如公式（4.16）所示。

$$C_{ij} = \frac{\sum\limits_{k=1}^{L}[Y_i(k) - \langle Y_i \rangle] \cdot [Y_j(k) - \langle Y_j \rangle]}{\sqrt{\sum\limits_{k=1}^{L}[Y_i(k) - \langle Y_i \rangle]^2} \cdot \sqrt{\sum\limits_{k=1}^{L}[Y_j(k) - \langle Y_j \rangle]^2}} \quad (4.16)$$

式中，L 为向量的维度，$\langle Y_i \rangle = \sum\limits_{k=1}^{L} Y_i(k)/L$ 和 $\langle Y_j \rangle = \sum\limits_{k=1}^{L} Y_j(k)/L$。

网络中节点的连接关系由相关系数 C_{ij} 和连接阈值 r_c 关系确定，若相关系数 C_{ij} 在阈值控制范围内，则重构序列 Yi 确定的节点和重构序列 Y_j 确定的节点有关联边，否则重构序列 Yi 确定的节点和重构序列 Y_j 确定的节点无关联边。由此，确定网络邻接矩阵 $\boldsymbol{M}$，关联矩阵组成如公式（4.17）所示。

$$\boldsymbol{M}_{ij} = \begin{cases} 1 & |C_{ij}| \geqslant r_c \\ 0 & |C_{ij}| < r_c \end{cases} \quad (4.17)$$

考虑到估计交通状态的主要参量为交通检测获取的交通流量、时间占用率和区域平均速度，因而实际经过数据处理获取的交通流时间序列为交通流量的时间序列、时间占用率的时间序列和区域平均速度的时间序列。为了方便说明基于相空间重构的交通流时间序列网络构建方法，以交通流量时间序列为例具体说明交通流时间序列网络的构建流程，如图4.1所示。

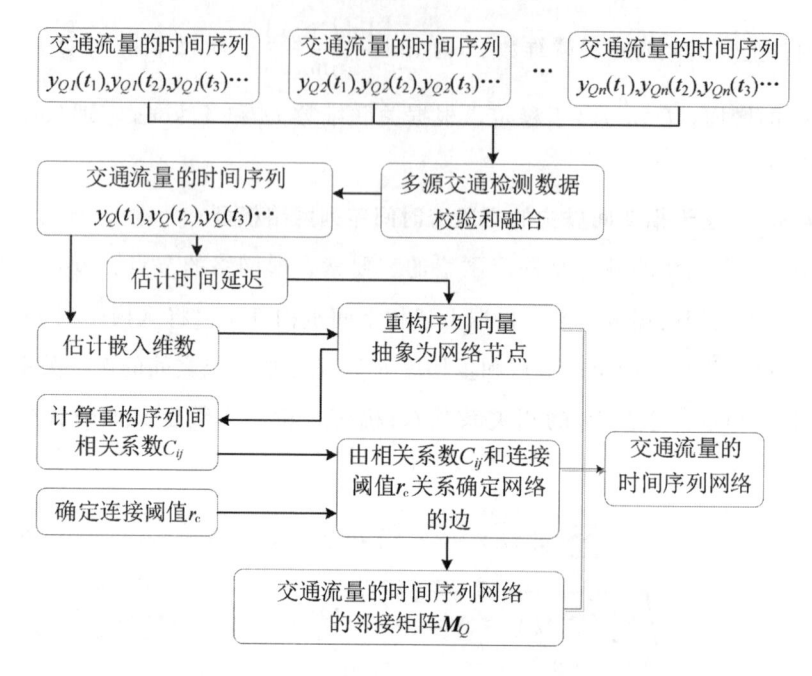

图 4.1　基于相空间重构的交通流时间序列网络构建流程图

4.3.4　相空间重构交通流时间序列的实例应用分析

为了衡量基于相空间重构构造交通流时间序列网络的特征，本节进行了实例网络化的特征分析。首先，本节使用的实验数据为预处理后具有唯一表征能力的交通流时间序列；由于交通检测中涉及多检测源交通参量来描述交通状态，因而分别利用相空间重构多源参量的时间序列构建网络。为了合理压缩相空间，在网络构建之前分别针对不同序列进行时间延迟参数估计和嵌入维数参数估计，并对构建的复杂网络统计特征进行比较分析。

4.3.4.1　实例数据集及方案设计

实验选取数据来源依托项目提供的交通示范区数据，利用上一章中多源交通检测数据校验方法筛除异常数据，并采用上一章的多源交通检测数据融合获取时间序列之后，得到针对检测位置的多参数交通流时间序列。采集数据为 2015 年 1 月 24 日 00：00 至 23：00 时段的路段编号为 2075 的多源交通检测数据（包含感应线圈检测数据、地磁检测数据和卡口视频检测数据），经预处理后获取得到的多交通参量流时间序列，如图 4.2 所示。

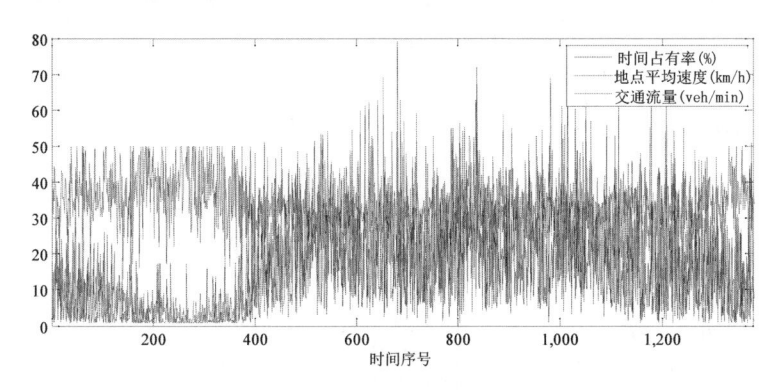

第4章 面向一阶数据张量的路段交通数据特征分析

图 4.2 多交通参量流时间序列图

为了通过相空间重构的方法实现各参数的交通流时间序列网络结构,实验方案主要由两方面组成,第一方面是对模型进行参数估计,需要合理化网络构建模型的时间延迟参数 τ 和嵌入维数参数 m。时间延迟 τ 的选取既要防止过小产生的相空间轨迹挤压,也要避免时间延迟过大造成的吸引子结构变化。而嵌入维数 m 过大会造成大量运算效率低下。因而,合理选择模型参数是构建交通流时间序列网络结构揭示内部关联的关键。第二方面是针对构建网络化模型的特征分析,时间序列网络化构建的目的是通过时间序列形态的变化,将轨迹经过拉伸和折叠,把决定时间序列的动力系统的吸引子恢复出来,从而分析其动力学性质。

4.3.4.2 算法参数选择

根据实验方案的设计,为实现交通流时间序列的相空间重构,下面对相空间重构模型涉及的参数进行估计。

1. 时间延迟 τ 估计

根据选定的实际交通流数据,从中提取交通流参数时间占有率的时间序列、交通流参数区域平均速度的时间序列和交通流参数交通流量的时间序列,分别对三类交通参量时间序列通过 C-C 算法分别计算不同时间延迟下的相关积分,并应用实例求解最优时间延迟。

针对获取的时间占有率时间序列,计算时间延迟时遍历下的相空间重构序列的 $S(m, N, r, t)$、$\Delta S(m, t)$ 和 $S_{cor}(t)$,指标曲线如图 4.3 所示。在图中比较对应的 $S(m, N, r, t)$、$\Delta S(m, t)$ 和 $S_{cor}(t)$ 曲线,选取最优值为 $\tau_O = 8t$。

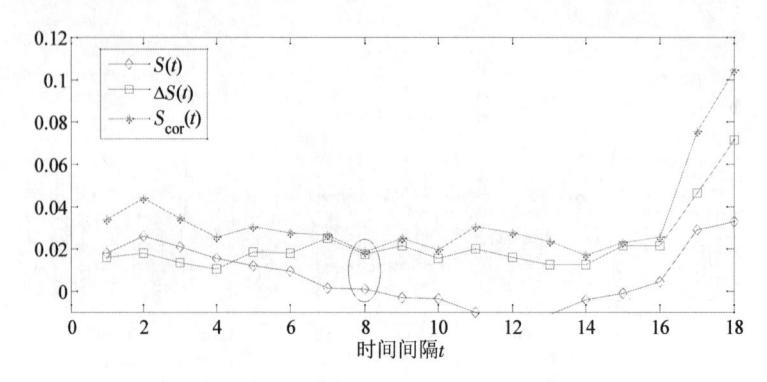

图 4.3 实例时间占有率的时间序列的指标曲线比较图

针对交通流量的时间序列,计算时间延迟时遍历下的相空间重构序列的 $S(m,N,r,t)$、$\Delta S(m,t)$ 和 $S_{cor}(t)$,指标曲线如图 4.4 所示。在图中比较对应的 $S(m,N,r,t)$、$\Delta S(m,t)$ 和 $S_{cor}(t)$ 曲线,选取最优值为 $\tau_Q = 11t$。

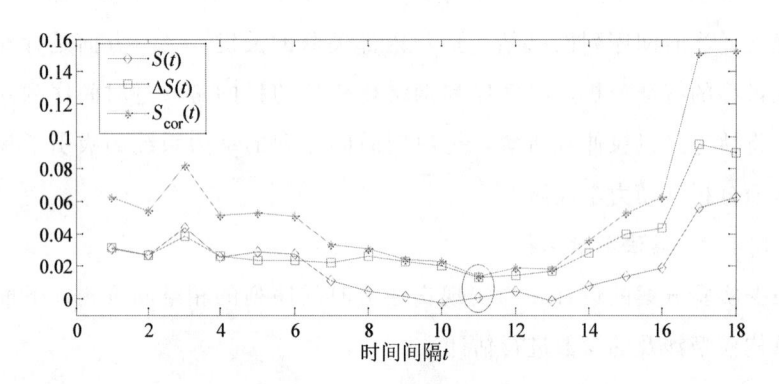

图 4.4 实例交通流量的时间序列的指标曲线比较图

针对区域平均速度的时间序列计算在时间延迟时遍历下的相空间重构序列的 $S(m,N,r,t)$、$\Delta S(m,t)$ 和 $S_{cor}(t)$,指标曲线如图 4.5 所示。在图中比较 $S(m,N,r,t)$、$\Delta S(m,t)$ 和 $S_{cor}(t)$ 曲线,选取最优值为 $\tau_V = 4t$。

2. 嵌入维数 m 估计

根据交通流参数时间占有率的时间序列、交通流参数区域平均速度的时间序列和交通流参数交通流量的时间序列利用 C-C 算法确定对应序列的时间

第4章 面向一阶数据张量的路段交通数据特征分析

延时,根据确定的对应时间延迟对相应序列计算关联积分 $C(r)$,通过 $\ln C(r)$ 与 $\ln r$ 相关曲线,利用 $D = \lim\limits_{r \to 0} \dfrac{\ln [C(r)]}{\ln r}$ 确定关联维数,即最优的嵌入维数 m 为 $D(m)$ 收敛到一个常数时,定义该维数为饱和嵌入维数。

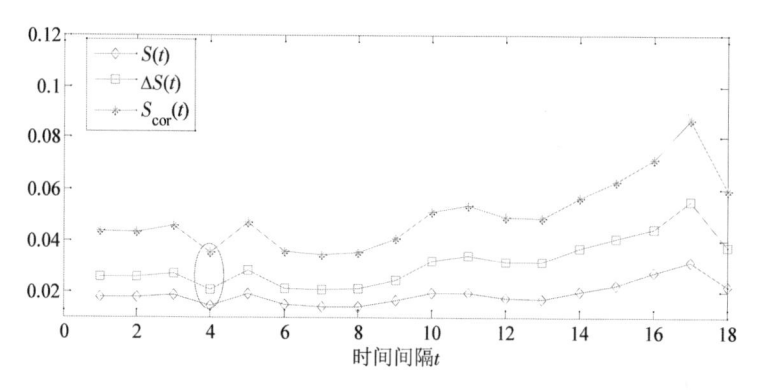

图 4.5 实例区域平均速度的时间序列的指标曲线比较图

实验应用 G-P 算法对时间占有率时间序列通过嵌入维数 m 的变化观察 $D(m)$ 趋势变化,图 4.6 表示该序列相空间重构时,维度 m 从 1 到 30 之间变化的 $\ln C(r)$ 与 $\ln r$ 相关曲线。图 4.6 中嵌入图表示随维度 m 变化中 D 值变化曲线,图中圈中的位置表征 D 大致趋于稳定的数值,从而确定饱和嵌入维数 $m_O = 7$。

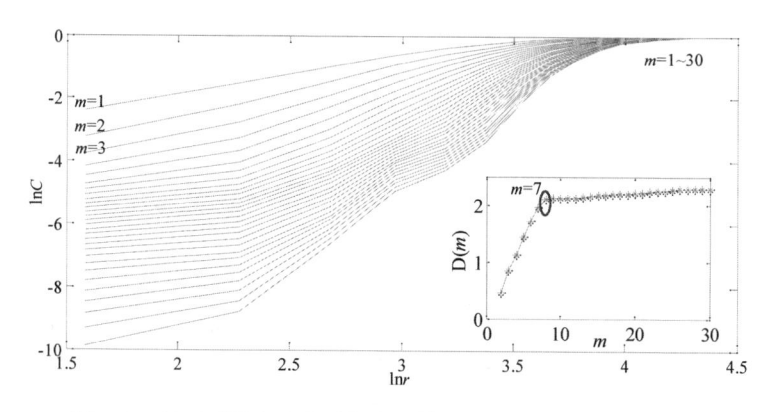

图 4.6 针对时间占有率时间序列的 $\ln C(r)$ 与 $\ln r$ 相关曲线图

图4.7表示交通流量时间序列相空间重构时，维度 m 从1到30之间变化的 $\ln C(r)$ 与 $\ln r$ 相关曲线。图4.7中嵌入图表示随维度 m 变化中 D 值变化曲线，图中圈的位置表征 D 值大致趋于稳定的数值，从而确定饱和嵌入维数 $m_Q = 6$。

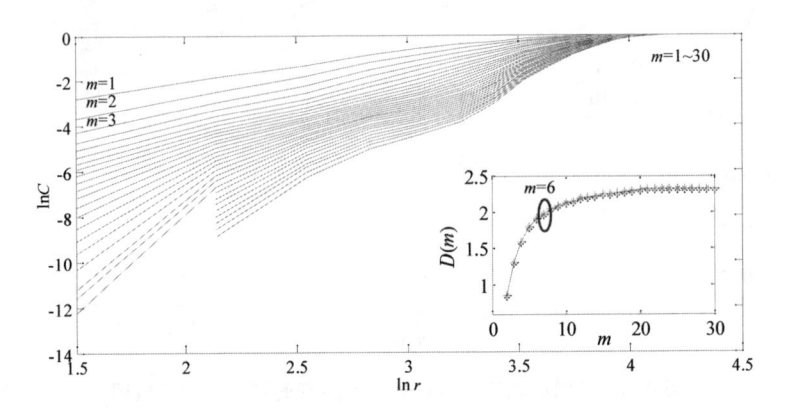

图 4.7　针对交通流量时间序列的 $\ln C(r)$ 与 $\ln r$ 相关曲线图

图4.8表示区域平均速度时间序列相空间重构时，维度 m 从1到30之间变化的 $\ln C(r)$ 与 $\ln r$ 相关曲线。图4.8中嵌入图表示随维度 m 变化中 D 值变化曲线，图中圈的位置表征 D 值大致趋于稳定的数值，从而确定饱和嵌入维数 $m_V = 6$。

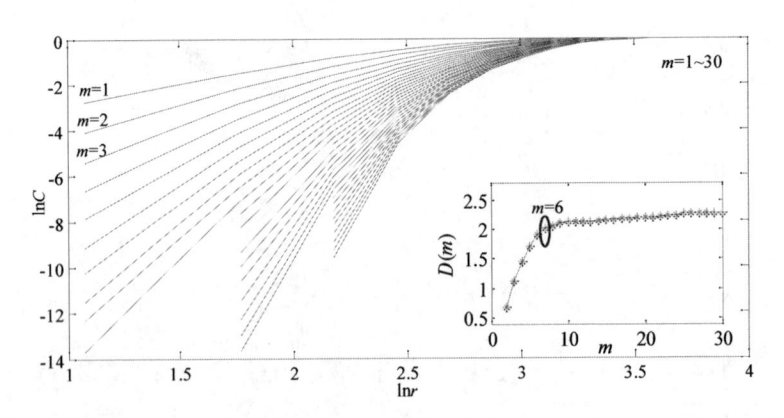

图 4.8　针对区域平均速度时间序列的 $\ln C(r)$ 与 $\ln r$ 相关曲线图

第4章 面向一阶数据张量的路段交通数据特征分析

4.3.4.3 实验数据特征分析

根据实验方案的设计,首先对不同交通参量时间序列构建估计相关构建参量,根据4.3.4.2小节对实际交通流序列的相空间重构中时间延迟 τ 和嵌入维数 m 的估计,选定合适的参数值如表4.1所示。

表 4.1 交通流时间序列相空间重构参数估计表

时间序列(交通参量)	时间延迟 τ	嵌入维数 m
时间占有率时间序列	$8t$	7
交通流量时间序列	$11t$	6
区域平均速度时间序列	$4t$	6

根据具体参数对实例中交通流时间序列进行相空间重构,为了清楚分析路段交通检测参量的交通流时间序列特征,分别对交通流时间占有率序列、交通流量序列和平均速度序列进行实验。

根据基于相空间重构的交通流时间序列网络构建流程,连接阈值 r_c 决定构建的网络结构,对于交通流时间占有率时间序列,选取 $r_c=0.60$、0.70、0.80 和 0.90,构造对应的参量时间序列网络的矩阵如图4.9所示。对于交通流量时间序列,选取 $r_c=080$、0.85、0.90 和 0.95,构造对应的参量时间序列网络的矩阵如图 4.11 所示。对于平均速度时间序列,选取 $r_c=0.80$、0.85、0.90 和 0.93,构造对应的参量时间序列网络的矩阵如图 4.13 所示。通过对比各序列不同阈值网络矩阵可以直观发现阈值越高,高关联节点越突出,从而研究发现合理地连接阈值有助于分析网络原有的聚类特征。

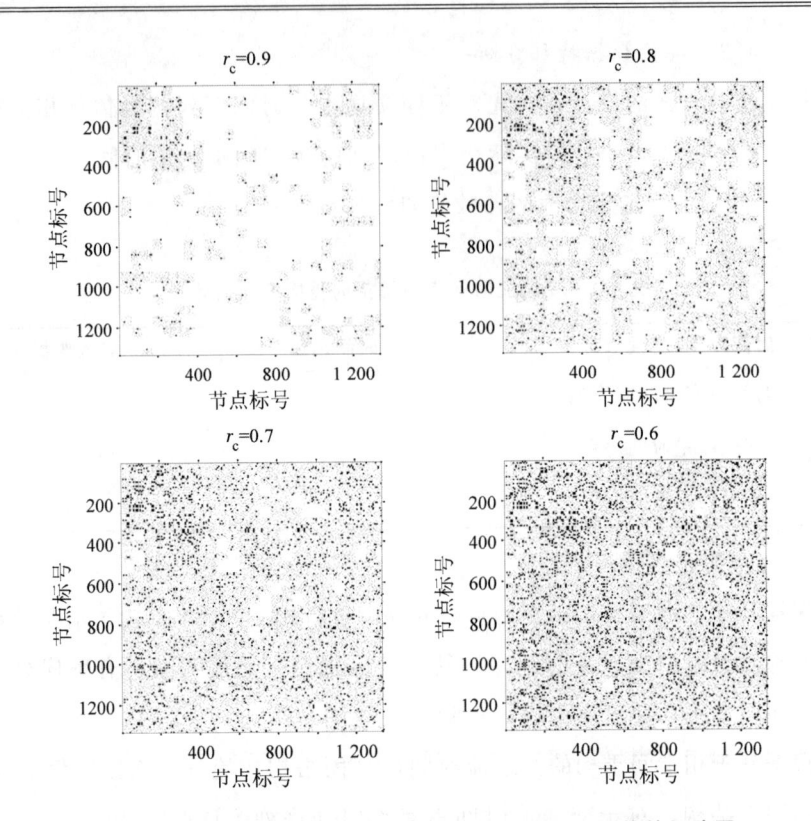

图 4.9　不同连接阈值 r_c 下交通流时间占有率序列网络的矩阵图

为确定每一类交通参量时间序列网络特征分析的阈值范围,对各交通流时间序列分析网络节点的度分布。

选取 $r_c=0.60$、0.70、0.80 和 0.90,交通流时间占有率时间序列网络节点度分布图,如图 4.10 所示。

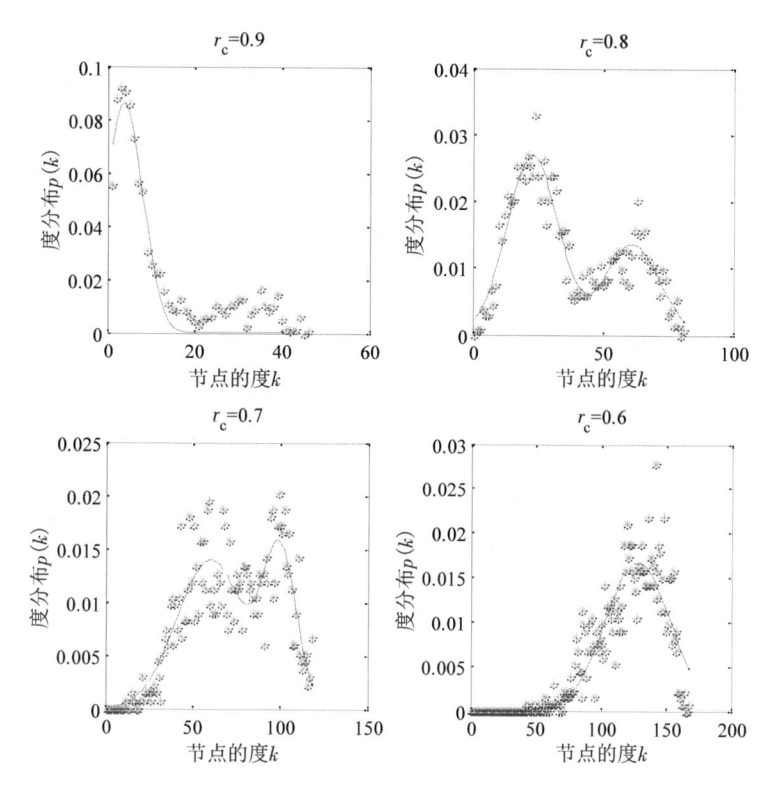

第4章 面向一阶数据张量的路段交通数据特征分析

图 4.10 不同连接阈值 r_c 下交通流时间占有率序列网络节点度分布图

在交通通流时间占有率序列网络中,图 4.9 中对应阈值 $r_c=0.60$ 的网络节点度分布拟合符合高斯分布,节点度分布拟合线得到 $y_1=0.0167\times\exp(-((d_1-128.1)/35)^2)$,拟合估计参数的置信区间为 [0.01565,0.01776], [126.2,130] 和 [32.12,37.88];图 4.9 中对应阈值 $r_c=0.70$ 的网络节点度分布曲线具有两个峰值不再符合单一高斯分布,所以选取由高斯分布的双重叠加进行拟合,节点度分布拟合线得到 $y_2=0.01408\times\exp(-((d_2-99.53)/13.63)^2)+0.01397\times\exp(-((d_2-59.98)/27.02)^2)$,拟合估计参数的置信区间为 [0.01201,0.01615], [97.74,101.3], [10.99,16.26], [0.01275,0.01519], [56.93,63.04] 和 [22.58,31.47];图 4.9 中对应阈值 $r_c=0.80$ 的网络节点度分布同样选取高斯分布的双重叠加进行拟合,节点度分布拟合线得到 $y_3=0.02693\times\exp(-((d_3-22.77)/13.93)^2)+0.01351\times\exp(-((d_3-61.03)/14.72)^2)$,拟合估计参数的置信区间为 [0.02525,

0.02861]，[22.02，23.53]，[12.77，15.1]，[0.01185，0.01516]，[59.47，62.58]和[12.23，17.21]；图4.9中对应阈值$r_c=0.9$的网络节点度分布拟合符合高斯分布，节点度分布拟合线得到$y_4=0.0864\times\exp(-((d_4-3.723)/6.045)^2)$，拟合估计参数的置信区间为[0.07862，0.09418]，[2.933，4.512]和[4.937，7.152]。上述估计均为95%置信度。

在交通流量序列网络中，图4.11中对应阈值$r_c=0.80$的网络节点度分布拟合符合高斯分布，节点度分布拟合线得到$y_1=0.03174\times\exp(-((d_1-42.25)/18.29)^2)$，拟合估计参数的置信区间为[0.02983，0.03365]，[41.36，43.15]和[17.01，19.57]；图4.11中对应阈值$r_c=0.85$的网络节点度分布拟合符合高斯分布，节点度分布拟合线得到$y_2=0.04463\times\exp(-((d_2-24.39)/12.8)^2)$，拟合估计参数的置信区间为[0.0418，0.04746]，[23.73，25.05]和[11.86，13.75]；图4.11中对应阈值$r_c=0.90$的网络节点

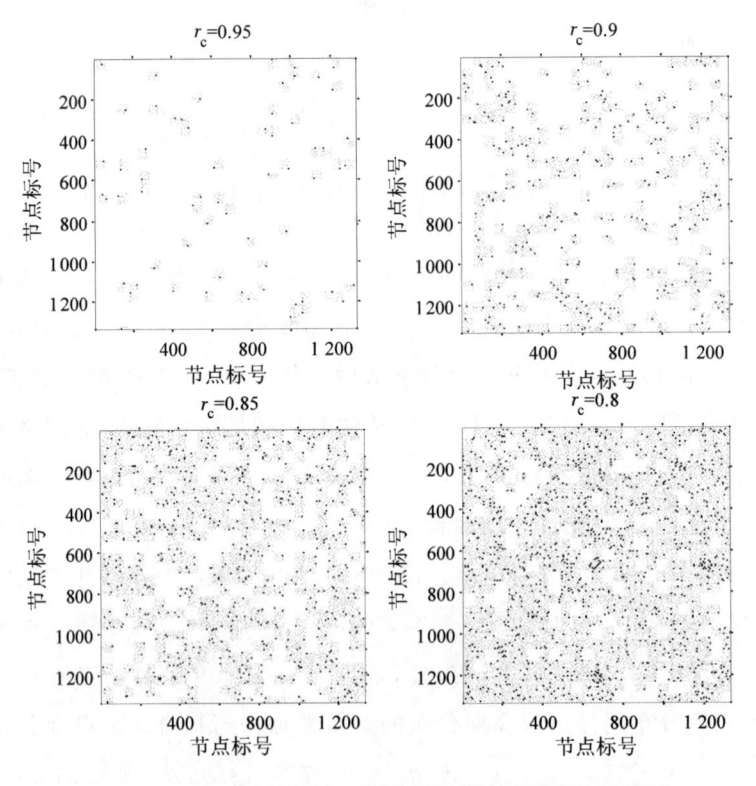

图4.11 不同连接阈值r_c下交通流量序列网络的矩阵图

第4章 面向一阶数据张量的路段交通数据特征分析

度分布同样选取高斯分布进行拟合，节点度分布拟合线得到 $y_3=0.07478\times\exp(-((d_3-11)/7.679)^2)$，拟合估计参数的置信区间为[0.0678,0.08175]，[10.41,11.59]和[6.811,8.548]；图4.11中对应阈值 $r_c=0.95$ 的网络节点度分布拟合符合高斯分布，节点度分布拟合线得到 $y_4=0.1852\times\exp(-((d_4-2.144)/3.854)^2)$，拟合估计参数的置信区间为[0.1762,0.1943]，[1.802,2.486]和[3.413,4.295]。上述估计均为95%置信度。

选取 $r_c=0.80$、0.85、0.90和0.95，交通流量时间序列网络节点度分布图，如图4.12所示。

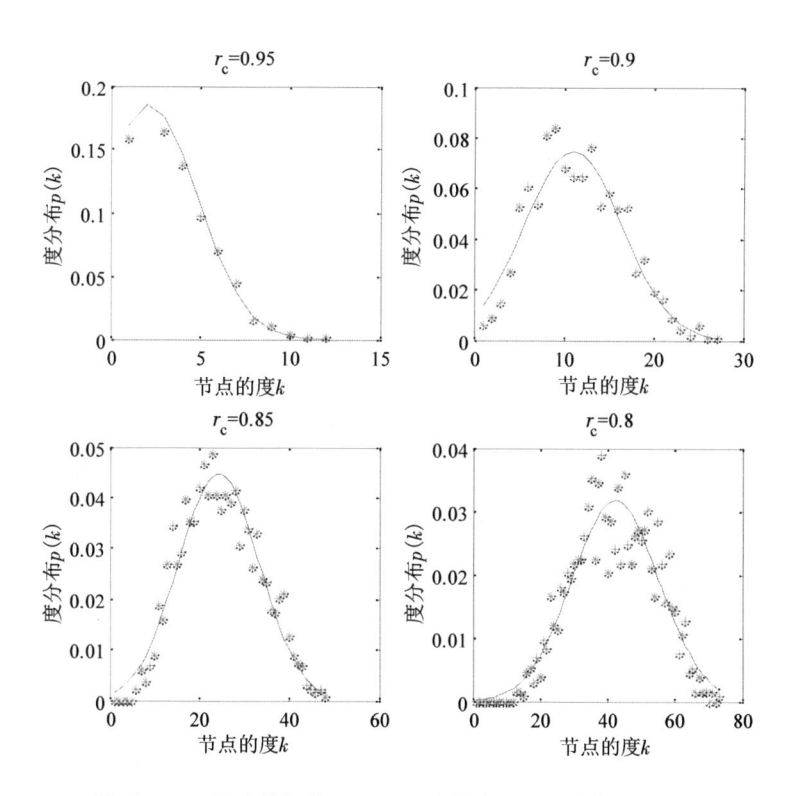

图 4.12 不同连接阈值 r_c 下交通流量序列网络节点度分布图

在交通区域平均速度序列网络中，图4.13中对应阈值 $r_c=0.80$ 的网络节点度分布拟合符合高斯分布，节点度分布拟合线得到 $y_1=0.07115\times\exp(-((d_1-37.94)/7.923)^2)$，拟合估计参数的置信区间为[0.06866，

0.07365]，[37.71,38.16]和[7.602,8.244]；图4.13中对应阈值$r_c=0.85$的网络节点度分布拟合符合高斯分布，节点度分布拟合线得到$y_2=0.0901\times\exp(-((d_2-21.53)/6.267)^2)$，拟合估计参数的置信区间为[0.08679，0.09342]，[21.35,21.72]和[6.001,6.533]；图4.13中对应阈值$r_c=0.90$的网络节点度分布同样选取高斯分布进行拟合，节点度分布拟合线得到$y_3=0.141\times\exp(-((d_3-9.534)/3.965)^2)$，拟合估计参数的置信区间为[0.1348，0.1472]，[9.392,9.676]和[3.764,4.166]；图4.13中对应阈值$r_c=0.93$的网络节点度分布拟合符合高斯分布，节点度分布拟合线得到$y_4=0.1932\times\exp(-((d_4-4.533)/2.933)^2)$，拟合估计参数的置信区间为[0.1792，0.2071]，[4.36,4.706]和[2.678,3.189]，上述估计均为95%置信度。

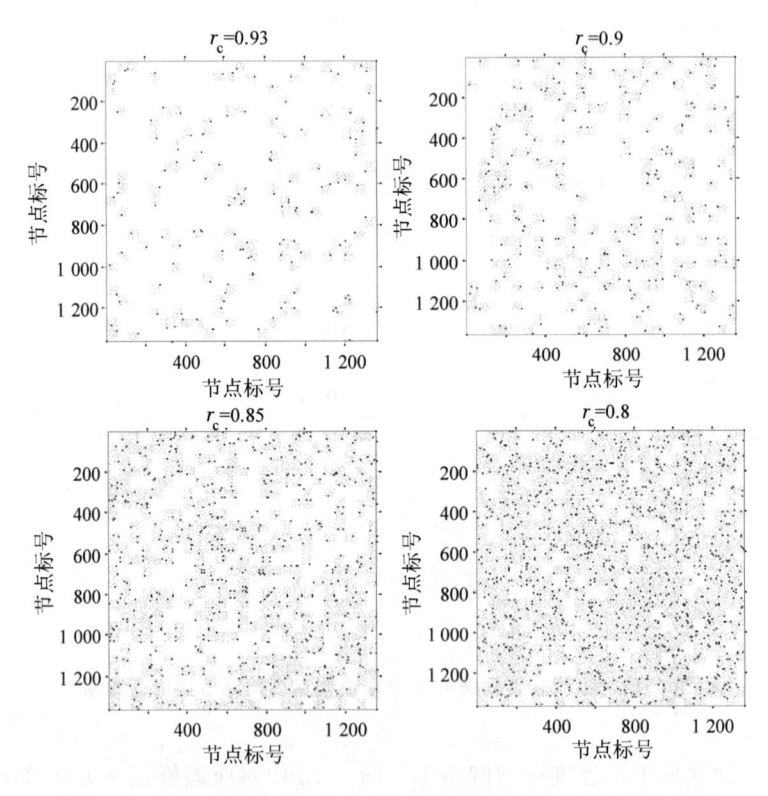

图4.13 不同连接阈值r_c下交通区域平均速度序列网络的矩阵图

在三种交通参量时间序列网络中，从图4.9、图4.11和图4.13中可以发

第4章 面向一阶数据张量的路段交通数据特征分析

现阈值 r_c 过大会破坏原始时间序列网络度分布的高斯分布特征,在适当阈值范围由小到大的变化过程中,各参量交通流时间序列网络度分布的波峰逐渐靠近 y 轴。具体每一类交通参量的时间序列特征如下:交通流时间占有率序列在阈值 $r_c \in (0.65, 0.80)$ 下的网络度分布具有明显的双高斯分布重叠特征,双峰值随阈值的变小而逐渐远离 y 轴,双峰中高峰值随阈值的变小而远离 y 轴的速度更快,而在阈值 $r_c \in [0.80, 1)$ 下的网络度分布的单高斯分布峰值渐近度为 0 的纵轴,且阈值 $r_c \in [0.90, 1)$ 时不满足完整的高斯分布特征;交通流量序列网络度分布具有明显的高斯分布特征,峰值随阈值 r_c 的减小而降低,阈值 $r_c \in [0.90, 1)$ 时不满足完整的高斯分布特征;交通区域平均速度序列网络度分布具有明显的高斯分布特征,峰值随阈值 r_c 的减小而降低,阈值 $r_c \in [0.93, 1)$ 时不满足完整的高斯分布特征。

选取 $r_c = 0.80$、0.85、0.90 和 0.93,平均速度时间序列网络节点度分布图,如图 4.14 所示。

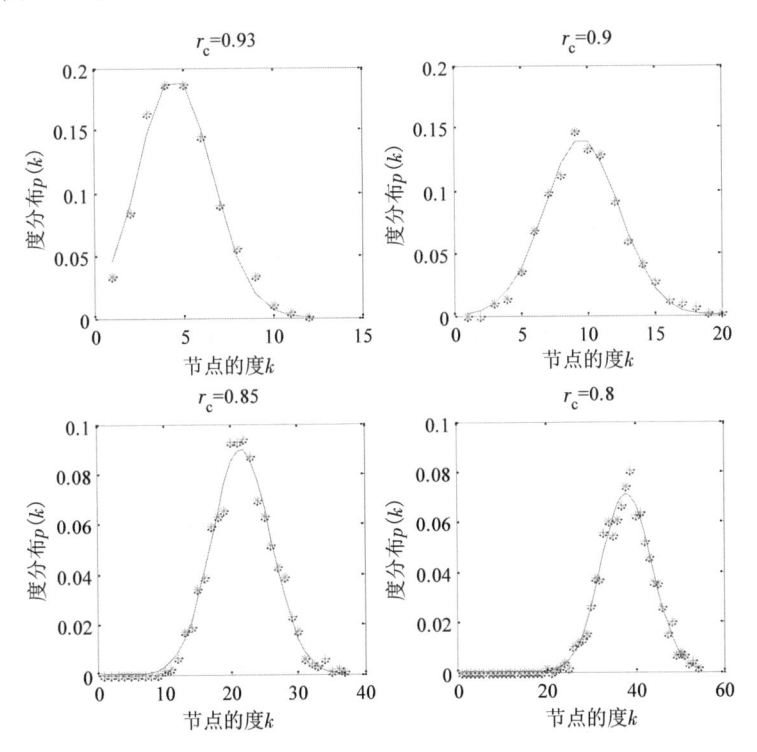

图 4.14 不同连接阈值 r_c 下交通流区域平均速度序列网络节点度分布图

聚类系数是其邻居节点中的连接数与最大可能连接数之比，是复杂网络局部性质的定量测量，如图 4.15 所示，三类交通参量时间序列网络的平均聚类系数随阈值的升高而减小，实例三类网络的平均聚类系数的整体趋势可描述为在一定平稳趋势后陡然下降。曲线的具体表现为时间占有率时间序列网络在阈值 $r_c=0.82$、交通流量时间序列网络在阈值 $r_c=0.93$、区域平均速度时间序列网络在阈值 $r_c=0.92$ 时，平均聚类系数陡然下降，表明重构序列的关联系数在这些阈值处所占比例最大。另外，在交通流量时间序列网络平均聚类系数曲线和交通流量时间序列网络曲线陡然下降前，出现一个回升过程，如图 4.15 所示的圆圈提示，在此范围的阈值仅限制了度为 1 的节点（重构序列），除去这些聚类系数趋于无穷大的节点，反而使得曲线升高。

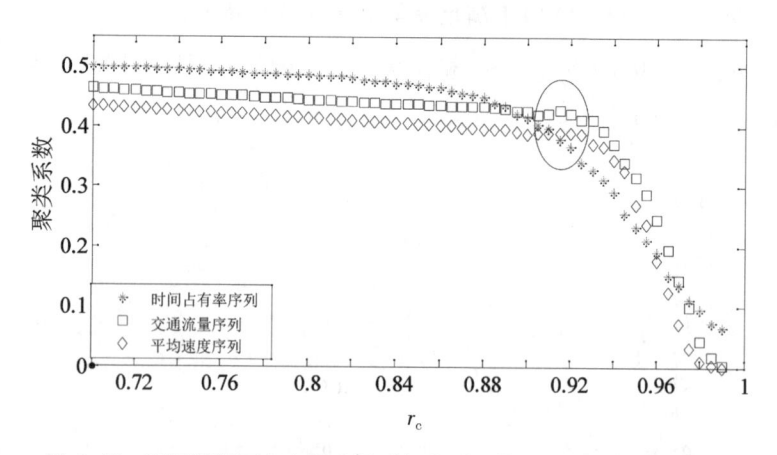

图 4.15 不同阈值下多交通参量时间序列网络平均聚类系数曲线图

结合不同连接阈值线下度分布的变化规律和不同连接阈值下平均聚类系数的变化规律，针对实例时间占有率时间序列网络选择合适的阈值为 [0.84, 0.87]，针对实例交通流量时间序列网络选择合适的阈值为 [0.90, 0.93]，针对实例平均速度时间序列网络选择合适的阈值为 [0.89, 0.92]。下面讨论交通流参量时间序列的模块化，以交通流时间占有率序列网络为例，选取连接阈值 r_c 分别为 0.81、0.84、0.87 和 0.89，对应网络呈现明显模块化特征，如图 4.16 所示，图中网络结构对应模块化系数分别为 0.744、0.765、0.793 和 0.830。

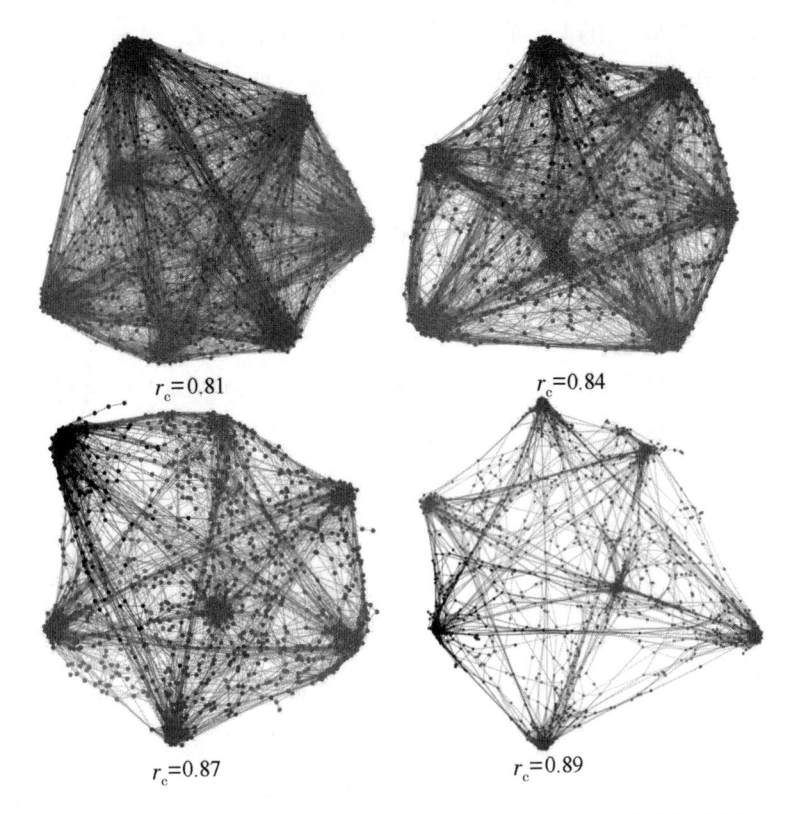

第 4 章　面向一阶数据张量的路段交通数据特征分析

$r_c=0.81$　　　　　　　　　　$r_c=0.84$

$r_c=0.87$　　　　　　　　　　$r_c=0.89$

图 4.16　不同连接阈值 r_c 下交通流时间占有率序列网络模块化结构图

通过相空间重构得到的交通流时间序列网络能够反映交通流动力学特性的信息空间,本节方法从空间网络角度分析了不同参量交通流时间序列网络的度分布高斯分布特征、平均聚类系数衰减特征和高模块化特征。然而原始时间序列所蕴含的物理意义被淡化,因而下一节将通过可视图法重新研究交通流时间序列网络特征。

4.4　基于可视图的多状态下时序交通流网络特征分析

时间序列的复杂网构建方法主要有可视图法、周期时间序列构建法和相空间重建法。其中后两种方法的机制是基于时间序列的相关系数完成的,所以必须估计临界阈值。实际获取的交通流时间序列不满足周期时间序列的分析要求,不适用周期时间序列构建法。而相空间重建法对于嵌入维度和时间窗参数的依赖性强，在 4.3 节中已经给出了全面的论述。结合上述考虑，本节利用可视图法构建针对交通流时间序列的复杂网络，利用复杂网络的表象对交通流时间序列重新"认识"，以复杂网络的分析方法来分析交通流时间序列的规律。

4.4.1 基于聚类分析的交通状态识别

4.4.1.1 k-中心点方法（k-medoids）聚类思想

为分析交通流时间序列的特征，研究实际数据发现交通状态不同对交通流参量时间序列幅度变化有相应的影响。考虑到这种影响，首先利用聚类分析方法对交通流分类，研究选用 k-medoids 方法进行交通状态的聚类分析。k-medoids 是一种常用的聚类方法，实质上是对常见的 k-均值方法（k-means 方法）的优化和改进。在 k-means 中，异常数据对其方法过程会有较大的影响。在 k-means 方法执行过程中，可以通过随机的方式选择初始质心，也只有初始时通过随机方式产生的质心才是实际需要聚簇集合的中心点，而后面通过不断迭代产生的新的质心，很可能并不是在聚簇中的点。如果某些异常点距离质心相对较大时，很可能导致重新计算得到的质心偏离了聚簇的真实中心。k-medoids 方法对属性类型没有局限性，且鲁棒性强[159,160]。它通过簇内主要点的位置来确定选择中心点，对孤立点和噪声数据的敏感性小，被应用到了很多领域[161,162]。

k-medoids 方法主要是以替换方式修正聚类，根据设定选择 k 个元素为各类的代表元，其他元素选择邻近的代表元归类。通过代价函数来估算聚类效果，反复替换代表元实现聚类最优，代价函数如公式（4.18）所示。

$$w(l) = \sum_{j=1}^{k} \sum_{d \in \text{Cluste} r_j} |d - P_i|^2 \tag{4.18}$$

式中，d 为类 Cluster_j 中的样本，P_i 为聚类中心，l 为重复次数。

为了判断一个非代表元 P_{random} 是否是当前一个代表元 P_j 的好的替代，有下图四种情况，如图 4.17 所示。

k-means 方法的取值范围可以是连续空间中的任意值，而 k-medoids 方法的取值却只能是数据样本范围中的样本。这就造成 k-means 对于数据样本的要求太高，要求所有数据样本处在一个欧式空间中，对于有很多噪声的数据

第4章 面向一阶数据张量的路段交通数据特征分析

就会造成极大的误差。同时对于非数值型数据样本，不能够计算平均值等实数型变量。k-medoids 方法控制聚类方法是由计算距离之和最小的点实现的，聚类划分更加符合实际状态。

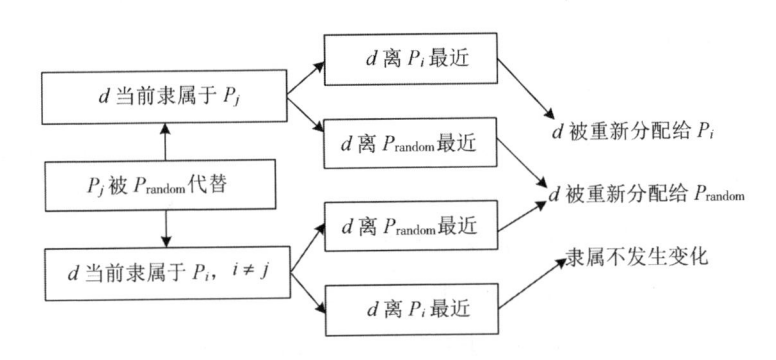

图 4.17 k-medoids 方法中替换代表元情况图

考虑到上述 k-means 方法和 k-medoids 方法两种聚类方法的优缺点，结合实际数据集数据特征，研究选用 Clustering LARge Applications(CLARA)算法进行交通状态聚类识别，CLARA 算法是对采用 k-medoids 基本思想的 Partitioning Around Medoids(PAM)算法的改进，利用抽取多个样本数据集，多次聚类以寻求最优输出，弥补 PAM 算法对大数据集的应用缺陷。

4.4.1.2 基于 CLARA 的交通状态聚类

交通流时间序列是经典的多变量时间序列之一，通常它包含三个传统变量的时间序列：交通流量的时间序列，占用率的时间序列和平均速度的时间序列。考虑到这三个变量之间的相关性，本节对流量状态进行量化和分类，针对不同状态结果的时间序列分析其对应特征。根据宏观基本图的理论，不同交通状态下的交通流量、占有率和速度之间存在着相应的关联。为了进一步研讨不同交通流状态下交通流时间序列的特征，根据《城市道路交通拥堵评价指标体系》中给出的道路中路段拥堵等级将数据分为 5 个等级。本节采用 k-medoids 方法对输入样本进行分类，包括向量 $x_i = (x_{i1}, x_{i2}, \cdots, x_{ij})$，$j = 1, 2, 3$，其中 j 表示样本数据数目，x_{1j} 表示向量中时间占有率，x_{2j} 表示路段交通流量，x_{3j} 表示区域平均速度。从数据集中选出平方差最小的 k 个聚类中心，并将数据集划分为 k 个聚类，根据指标体系的等级划分确定聚类数 k 选取为5。

基于CLARA的交通状态聚类算法的具体流程如下：

Step 1：给定采样的次数 S，并按采样次数 S 重复执行 Step 2 至 Step 4，l 表示已经重复执行的次数；

Step 2：随机从交通数据集 $\{(x_{11}, x_{12}, \cdots, x_{1j}), (x_{21}, x_{22}, \cdots, x_{2j}), \cdots, (x_{N1}, x_{N2}, \cdots, x_{Nj})\}$，$j=1,2,3$ 中，抽取 n 个样本作为采样数据集，调用 PAM 方法在本次采样数据集中寻找最优中心共 k 个。

Step 2.1：根据指标体系的交通状态等级划分，确定聚类的个数 $k=5$。

Step 2.2：初始化的各采样集中 k 个聚簇的中心点。

Step 2.3：计算采样数据集中 k 个中心点到其余各点的距离，其余各点寻找最近的中心点归入其聚簇。

Step 2.4：在每个聚簇内逐一排查选定新的中心点，计算每个点到现有聚簇内所有点的距离，若该点求得的所有距离之和最小，确定其为所求。

Step 2.5：重复 Step 2.2，Step 2.3 步骤，直到各个聚簇的中心点不再改变。

Step 3：将这 k 个中心点应用在数据集 $\{(x_{11}, x_{12}, \cdots, x_{1j}), (x_{21}, x_{22}, \cdots, x_{2j}), \cdots, (x_{N1}, x_{N2}, \cdots, x_{Nj})\}$ 上，以与样本集对象距离最近为依据，将待归类对象划分到所属聚簇。

Step 4：计算 Step 3 中得到的聚类的总代价 $w(l)$，如公式(4.18)所示。若 $w(l)$ 小于前 $l-1$ 的 $w(l)$，保留在第 l 次采样中得到的 k 个中心点作为到目前为止得到的最好的代表对象的集合，即，按照平方差函数值减少的方向，更新每个簇的中心点，重复执行到聚类不再发生变化。

Step 5：返回到步骤 Step 1，开始下一个循环。

Step 6：循环结束后，输出代表对象的集合的聚类结果。

4.4.2 基于可视图的多状态划分交通流时间序列网络模型

可视图法是一种将时间序列映射到网络的方法，算法主要借助构建复杂网络的方法表征时间序列的"网络结构"。本算法是时间序列的快捷映射方法，基本思想是以时间序列的数据为图中节点，节点间连线由时间序列数值对应

第 4 章 面向一阶数据张量的路段交通数据特征分析

的直方图数值柱顶端连线确定,如图 4.18 所示。经过网络映射后,时间序列的连续节点间网络特征联系最密切,因而在网络中通过连接映射关系。另外,时间序列的坐标轴尺度变化或者仿射变换均不影响网络映射的可视性。

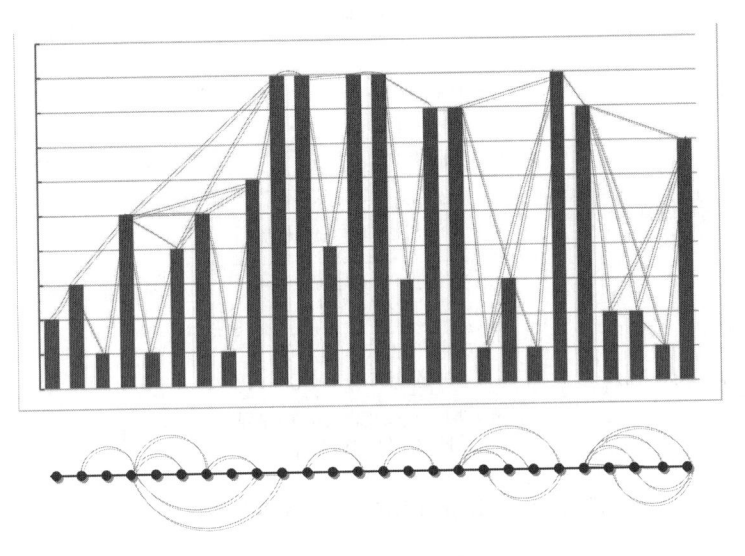

图 4.18 基于可视图的映射网络方法图

对交通流量时间序列 $\{y_Q(t_1), y_Q(t_2), y_Q(t_3), \cdots\}$、时间占有率时间序列 $\{y_O(t_1), y_O(t_2), y_O(t_3), \cdots\}$ 和区域平均速度时间序列 $\{y_V(t_1), y_V(t_2), y_V(t_3), \cdots\}$,提取每一类交通状态中三个交通参量的时间序列的柱状图,若时间序列中的两个任意数据值 $(t_a, y(t_a))$ 和 $(t_b, y(t_b))$ 之间的任何 $(t_i, y(t_i))$ $(t_a < t_i < t_b)$,使得公式(4.19)均成立,则这两个数据值 $(t_a, y(t_a))$ 和 $(t_b, y(t_b))$ 所构成的图节点间关联关系是可见的,即在映射的关联矩阵中对应位置表示为 1。

$$y(t_i) < y(t_a) + \frac{t_i - t_a}{t_b - t_a}(y(t_b) - y(t_a)) \tag{4.19}$$

根据上述方法得到每一类交通状态下交通参量对应映射网络的邻接矩阵。对每个交通状态分类下的三个交通参量时间序列的三个邻接矩阵进行矩阵叠加,使得矩阵可以最大化反映交通流时间序列的关联特征。由于每个矩阵都是布尔矩阵,所以每一类交通状态对应网络的邻接矩阵为 $\boldsymbol{M} = \boldsymbol{M}_Q \vee \boldsymbol{M}_O \vee$

M_V,即以矩阵表示法得到相应构造的复杂网络。对交通流序列中三个交通参量序列构建复杂网络的流程如图 4.19 所示。

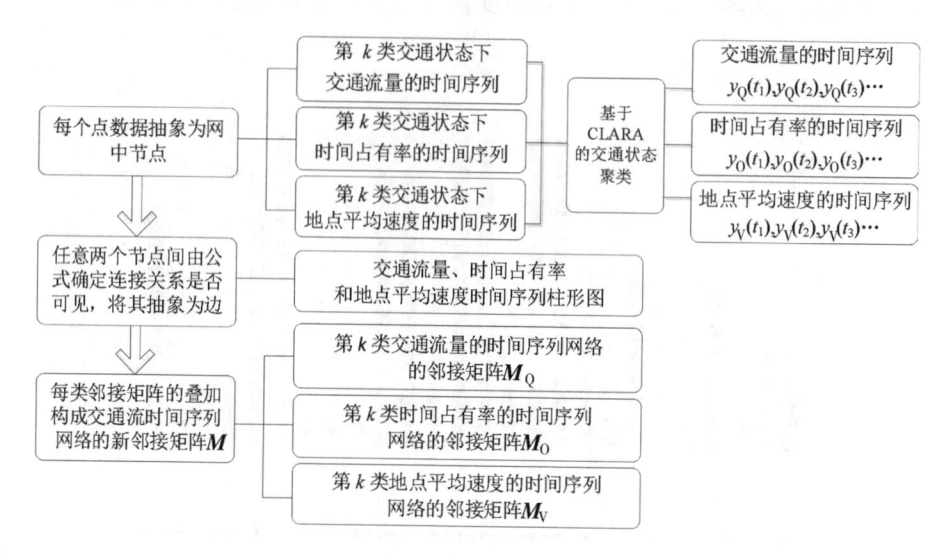

图 4.19 交通流时间序列的复杂网络构建流程

为了衡量和分析基于可视图算法构造交通流时间序列网络的特征,下面进行实际数据的对比分析与实际网络的特征分析。首先,同样利用交通数据预处理方法对实际交通数据进行校验和融合,得到唯一表征能力的交通流时间序列。由于交通检测中涉及多源交通参量描述交通状态,4.3 节已经通过相空间重构方法网络化了该数据集的时间序列,也分析了不同参量时间序列网络的特征。本节重新对不同交通状态下的时间序列进行提取,在多状态下利用可视图重新构建复杂网络,提取路段交通时间序列网络化特征。

4.4.3 可视图重构交通流时间序列的实例应用分析

4.4.3.1 实例数据集及方案设计

实验选取数据来源依托项目提供的交通示范区数据,利用多源交通检测数据校验方法筛除异常数据,并采用多源交通检测数据融合数据之后,得到针对检测位置的多参数交通流时间序列。同样采用 2015 年 1 月 24 日 00:00 至 23:00 时段之内典型路段 2075 的多源交通检测数据(包含感应线圈检测数据、地磁检测数据和卡口视频检测数据)。这些数据通过校验和融合后,获取

第 4 章　面向一阶数据张量的路段交通数据特征分析

得到的多交通参量流时间序列，交通数据时间单位为 1min，各参量时间序列如图 4.2 所示。

为了分析不同交通状态下交通流特征，实验方案主要由两方面组成，第一方面是城市道路交通拥堵评价指标体系的道路等级设定，采用 CLARA 算法思想为实际获取的城市交通流进行划分。第二方面是利用提取交通状态划分后的各参量时间序列，在多状态下利用可视图重新构建复杂网络，提取路段交通时间序列网络化特征。

4.4.3.2　实验数据聚类分析

为了研讨不同交通流状态下交通流时间序列的特征，根据《城市道路交通拥堵评价指标体系》中给出的道路拥堵等级将数据分为 5 级，并采用 CLARA 算法对输入样本进行分类。实验样本数据集分类结果如图 4.20 所示，图中数据点以时间占有率、区域平均速度和实时交通流量为坐标确定样本点位置，交通流的等级划分分别标记为 level 1 到 level 5，其中交通运行最畅通标记为 level 1，依次递推，交通运行过饱和标记为 level 5。

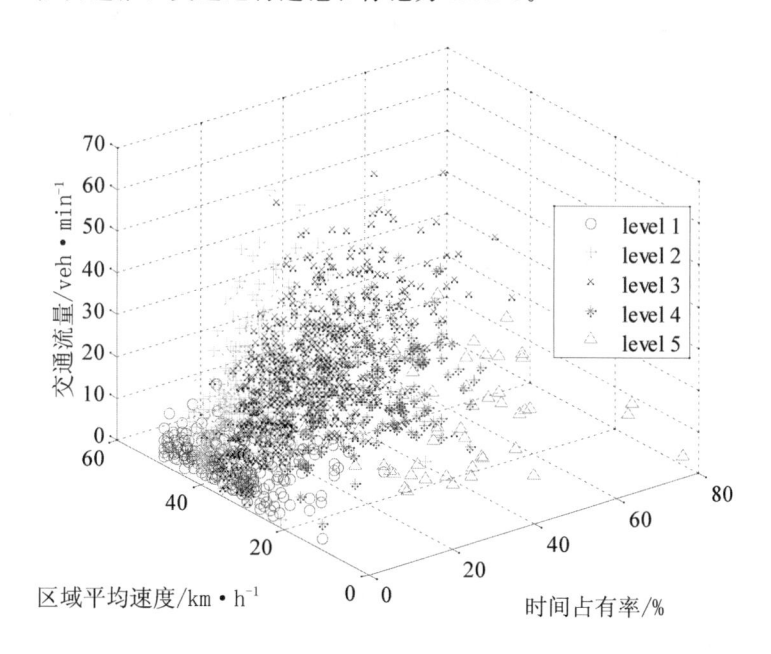

图 4.20　基于 CLARA 算法的交通流状态分类的三维数散点图

为清晰表示在不同交通流状态下变量之间的关系，根据宏观基本图理论构建任意两个交通流变量之间的关系模型,并进行数据拟合。

在图 4.21 表示时间占有率与交通流量之间的相互关系及基于时间占有率增长的交通流量散点拟合曲线,由数据拟合线得到

$$Q=-0.0234\,O^2+1.4979O+6.5924$$

其中,O 表示时间占有率数据,Q 表示交通流量,三个估计参数的置信区间为[-0.02399,-0.02281],[1.46934,1.52045]和[6.22742,6.95738]。

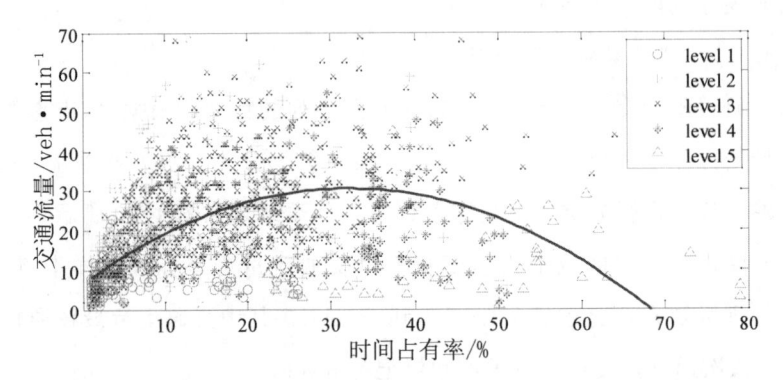

图 4.21 多交通状态分类下时间占有率与交通流量的关系散点图

在图 4.22 中时间占有率与区域平均速度之间相互关系及基于时间占有率增长的平均速度散点拟合曲线,由数据拟合线得到

$$V=-0.0334T+33.9681$$

其中,O 表示时间占有率,V 表示区域平均速度,三个估计参数的置信区间为[-0.03516,-0.03164]和[33.58776,34.34844]。

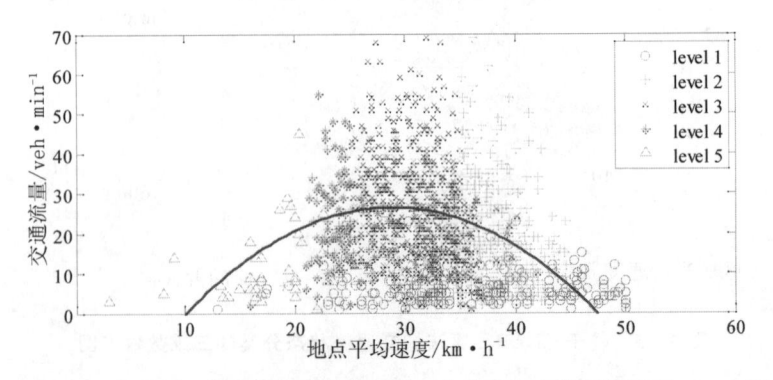

图 4.22 多交通状态分类下时间占有率与区域平均速度

第4章 面向一阶数据张量的路段交通数据特征分析

在图 4.23 中区域平均速度与交通流量之间相互关系及基于区域平均速度增长的交通流量散点拟合曲线,由数据拟合线得到

$$Q=-0.0281V^2+1.5126V+1.2703$$

其中,V 表示区域平均速度,Q 表示交通流量,三个估计参数的置信区间为 $[-0.03354,-0.02265]$,$[1.11743,1.90776]$ 和 $[0.46310,2.07749]$,上述估计的置信度均为 95%。

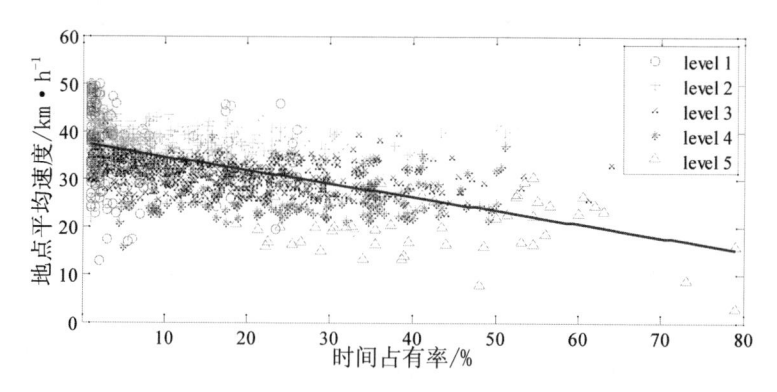

图 4.23 多交通状态分类下区域平均速度与交通流量的关系散点图

图 4.24 表示提取的 5 个级别状态划分中三个交通变量的时间序列图,I_1、I_2、I_3、I_4 和 I_5 对应交通非常畅通(level1)到交通严重拥堵(level5)交通状态下时间占有率的时间序列曲线,II_1、II_2、II_3、II_4 和 II_5 对应交通非常畅通(level1)到交通严重拥堵(level5)交通状态下交通流量的时间序列曲线,III_1、III_2、III_3、III_4 和 III_5 对应交通非常畅通(level1)到交通严重拥堵(level5)交通状态下区域平均速度的时间序列曲线。

图 4.24 的 I_1、II_1、III_1 均表示第 1 级(level1)状态下的交通非常畅通,从中可以发现交通流量与时间占有率变化较大,区域平均速度在 5 个级别状态中波动最大,表明在实际中车辆的数量不稳定且车辆行驶自由度较高。

图 4.24 的 I_2、II_2、III_2 均表示第 2 级(level2)状态下的交通畅通,从中可以发现交通流量与时间占有率变化自由度同 1 级相比幅度有所减小,交通参量的数值明显增大,区域平均速度保持平稳且数值较高,表明在实际中车辆的数量增多且车辆行驶状态趋于稳定。

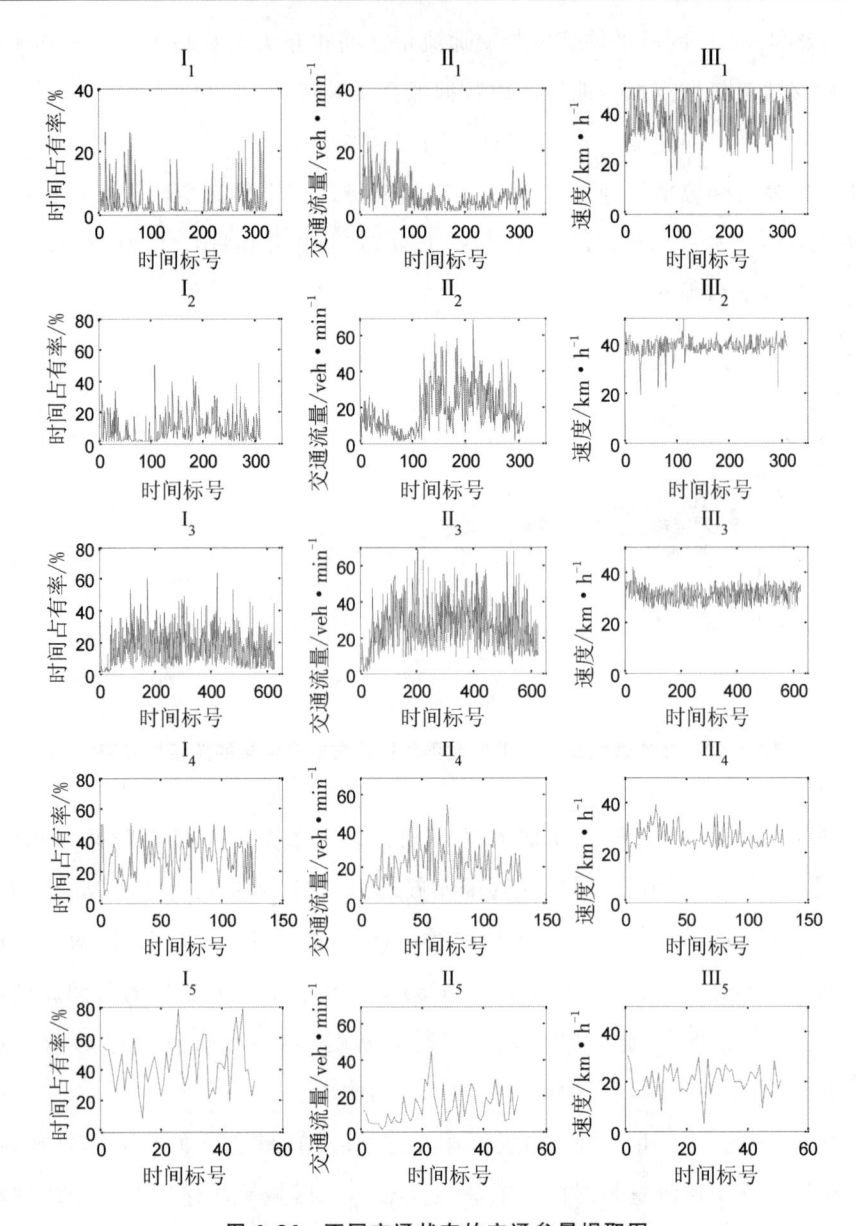

图 4.24 不同交通状态的交通参量提取图

图 4.24 所示的 I_3、II_3、III_3 均表示第 3 级（level3）状态下的交通轻度拥堵，此状态特点持续时间长且所有变量的值相对稳定，交通流量与时间占有率持续保持在较高位置，区域平均速度长时间保持平稳，表明在实际中车辆

第4章　面向一阶数据张量的路段交通数据特征分析

的数量继续增多且车辆行驶状态保持稳定。

图4.24的I_4、II_4、III_4均表示第4级(level4)状态下的交通中度拥堵，从中可以发现交通流量与时间占有率变化幅度同上一级相似，区域平均速度明显下降，表明实际中车辆行驶状态受阻且道路负荷呈现饱和态。

图4.24的I_5、II_5、III_5均表示第5级(level4)状态下的交通严重拥堵，从中可以发现交通流量与时间占有率保持相反变化状态，时间占有率明显上升而交通流量降至较低水平，区域平均速度明显下降，表明在实际中车辆行驶状态受阻严重且道路呈现过饱和态。

4.4.3.3　实验数据特征分析

利用可视图法分析实际交通数据集，对不同交通状态聚类提取交通流时间序列，将对应时间序列转变为网络形态，利用Gephi软件绘制的网络结构图。图4.25(a)表示交通流畅通状态下网络的矩阵图，图4.25(b)表示对应时间序列网络的复杂网络结构。图4.26(a)表示交通流轻度拥堵状态下网络的矩阵图，图4.26(b)表示对应时间序列网络的复杂网络结构。图4.27(a)表示交通流中度拥堵状态下网络的矩阵图，图4.27(b)表示对应时间序列网络的复杂网络结构。图4.28(a)表示交通流非常畅通状态下网络的矩阵图，图4.28(b)表示对应时间序列网络的复杂网络结构。图4.29(a)表示交通流严重拥堵状态下网络的矩阵图，图4.29(b)表示对应时间序列网络的复杂网络结构。

基于多阶数据张量感知的道路交通动态特征挖掘方法及应用

(a)

(b)

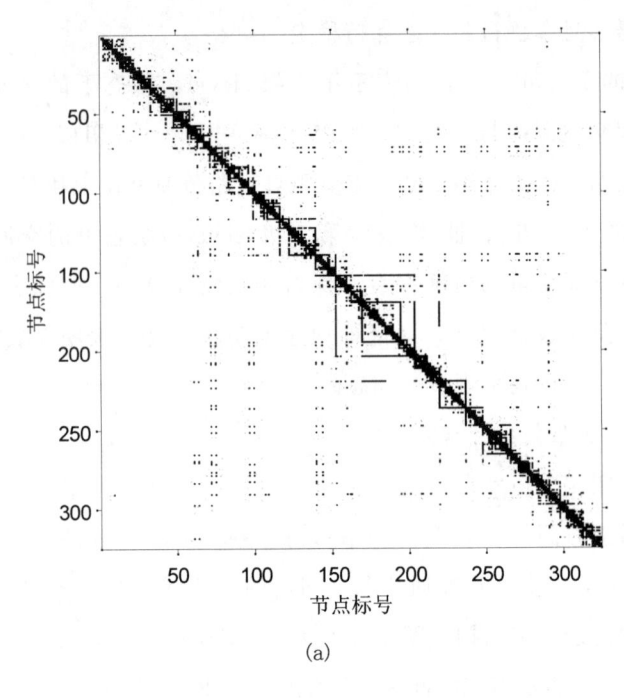

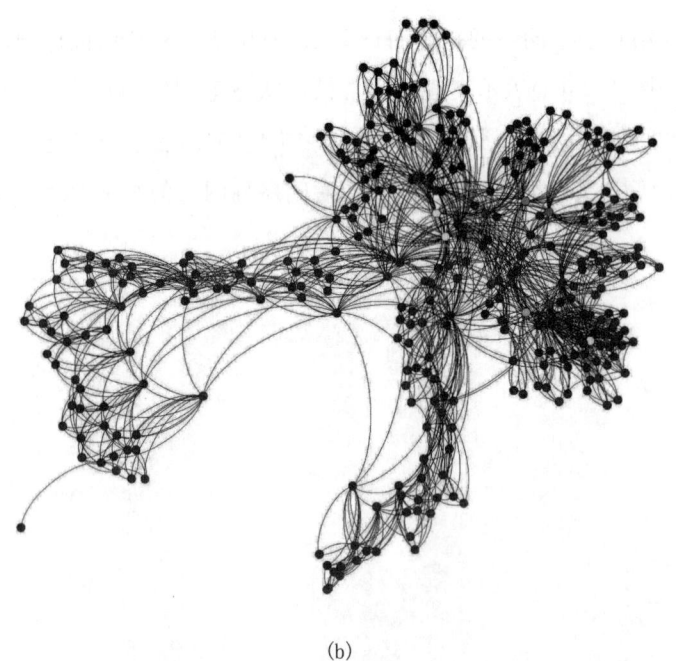

图 4.25 交通流状态 level1 对应网络的矩阵图及交通流时间序列网络

第4章 面向一阶数据张量的路段交通数据特征分析

(a)

(b)

图 4.26 交通流状态 level2 对应网络的矩阵图及交通流时间序列网络

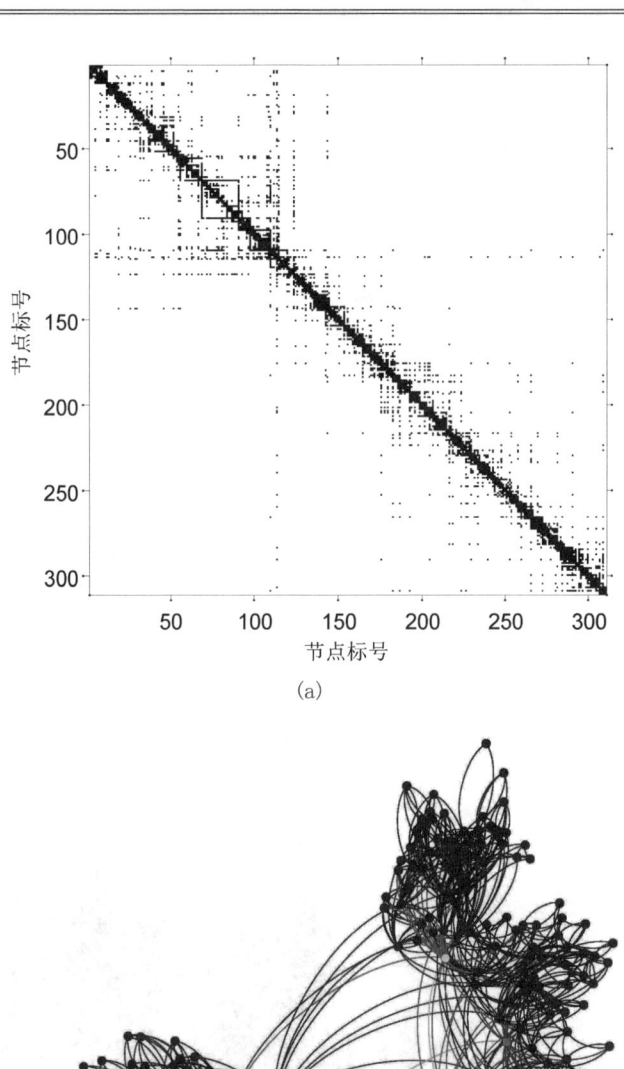

基于多阶数据张量感知的道路交通动态特征挖掘方法及应用

(a)

(b)

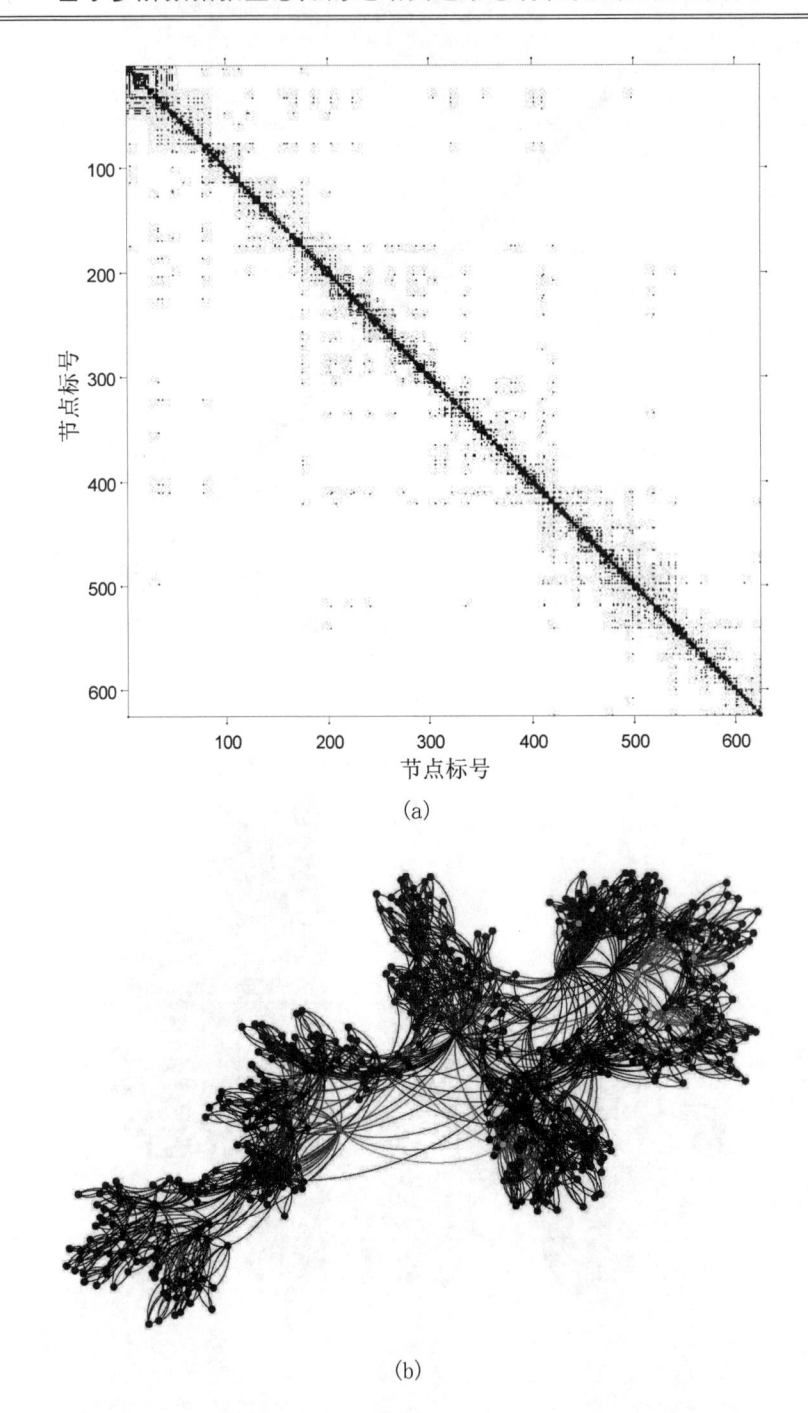

图 4.27 交通流状态 level3 对应网络的矩阵图及交通流时间序列网络

第 4 章 面向一阶数据张量的路段交通数据特征分析

(a)

(b)

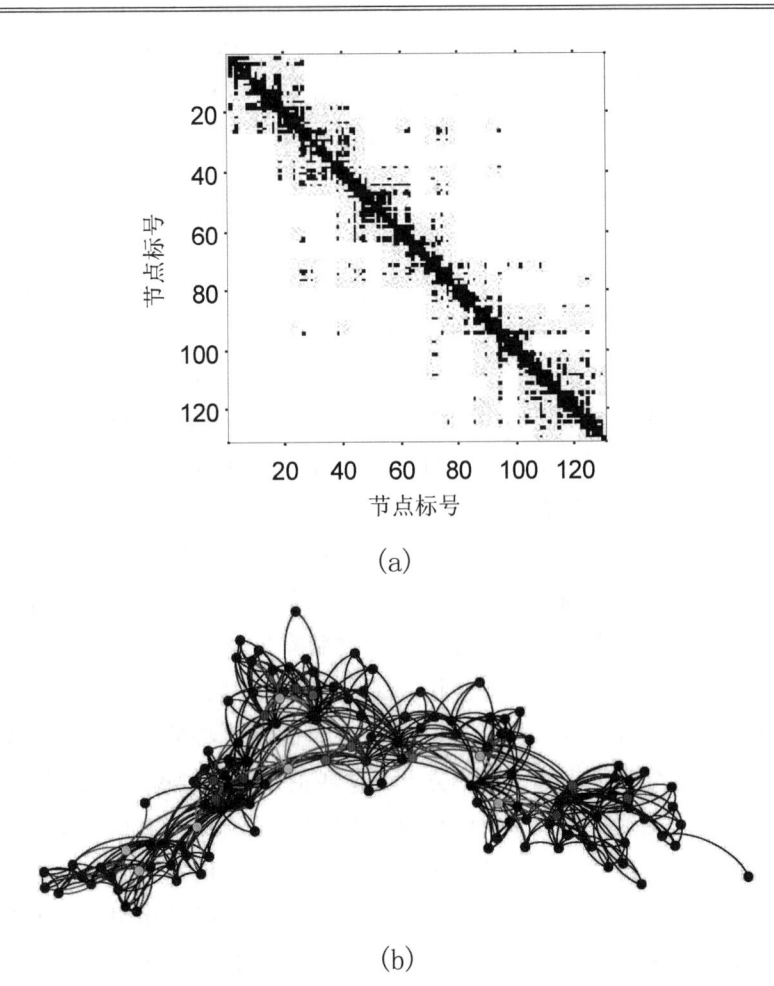

图 4.28 交通流状态 level4 对应网络的矩阵图及交通流时间序列网络

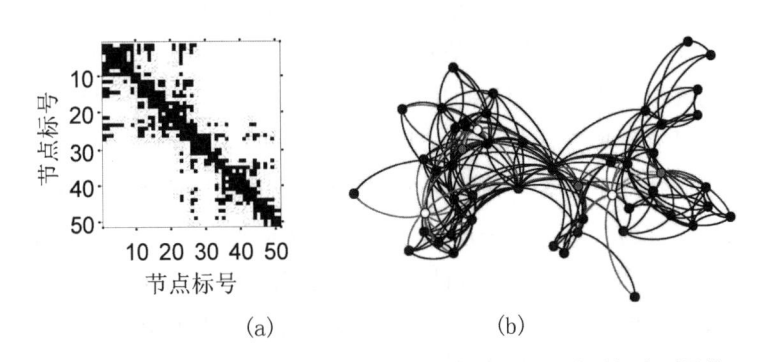

(a)　　　　　　　　(b)

图 4.29 交通流状态 level5 对应网络的矩阵图及交通流时间序列网络

利用可视图的方法构建的网络邻接矩阵有如下特征,在交通非常畅通的状态下,交通流中各参量时间序列的变化均较大且车流自由度较大(如图 4.24 中 I₁、II₁和III₁所示),反应在矩阵(即体现可见的边)中着色点分布呈现分散状,即沿着对角线方向重叠的大方形,如图 4.25(a)所示;同样在可见图中映射出的边与节点分布较均匀,仅在个别节点处(对应时间序列的结束阶段)显现出可见边密集的情况,如图 4.25 的(b)所示,表明在交通非常畅通的状态下,网络呈现均匀分布状态。在交通畅通的状态下,交通流中各参量时间序列的变化幅度趋缓,如图 4.24 中 I₂、II₂和III₂所示,反应在矩阵中着色点分布呈现沿着对角线方向成形的小正方形,如图 4.26(a)所示;同样在可见图中映射出的边与节点分布中出现集聚的特征,如图 4.27(b)所示,可见图中的集聚现象即出现彼此紧密连接的节点,其特征表示对应的原时间序列中的数据点相关性较高,且其矩阵中对应正方形越小网络的集聚特征越明显。在交通轻度拥堵的状态下,交通流中各参量时间序列的处于稳定状态,在各个交通参量时间序列中均没有明显的波动点,且此状态持续时间在整个采集时间中所占比例最长,如图 4.24 中 I₃、II₃和III₃所示,在矩阵中对应着最大的一个矩阵分布。由于矩阵较大,因而体现反应状态的表象特征比例略小,但依然可判断出着色点分布呈现成型的小方形且这些正方形分布密集,如图 4.27(a)所示;同样在可见图中出现非常明显的集聚特征,如图 4.27(b)所示,交通状态从非常畅通到畅通,再从畅通到轻度拥堵的状态变化过程中,网络中的集聚群落数目逐步增多,可视图中集聚群落特征也呈现得更加明显,由此网络的集聚群落特征可充分映射出对交通流时间序列的关联特性。在交通中度拥堵状态下,道路负荷呈现饱和状态,交通流中各参量时间序列依旧保持平稳状态,未呈现大幅度波动。但区域平均速度明显下降,如图 4.24 中 I₄、II₄和III₄所示。时间序列的局部峰值被映射到周边邻近的点,在矩阵中呈现沿着对角线方向成形的小正方形且同比可见边增多,如图 4.28(a)所示;同样在可见图中映射具有集聚特征的网络结构,但由于网络对应映射的时间序列点较少,可见图中特征不显著,如图 4.28(b)所示。在交通严重拥堵状态下,交通参量中交通流量与时间占有率时间序列呈现反向变化趋势,且呈现较大幅度的波动,如图 4.23 中 I₅、II₅和III₅所示。因而在多个交通参量时间序列的复合矩阵中反映出同样沿着对角线方向的形态明显的正方形,如图 4.29(b)所示;由于图 4.29(b)中网络对应映射的时间序列点偏少,可见图中特征不显著。通过上述分析表明,交通状态从非常畅通到中度拥堵,网络群落数目迅

第4章 面向一阶数据张量的路段交通数据特征分析

速增长;交通状态从中度拥堵到严重拥堵,网络群落数目缓慢减少。

研究构建的五个网络的节点度分布散点及拟合曲线图,如图4.30所示,其中图4.30的度分布分别对应图4.25(b)到图4.29(b)的交通流时间序列网络度分布图,在图4.30的对应图4.25(b)的散点拟合符合幂律分布,数据拟合线得到$y_1=9043d_1^{-2.143}$,其中y_1表示相同节点度的个数,d_1表示图中节点度数,拟合估计参数的置信区间为[−638.9,18720],[−2.522,−1.764]。在图4.30的对应图4.26(b)网络、图4.27(b)网络、图4.28(b)网络和图4.29(b)网络的散点拟合符合高斯分布,图4.26(b)网络的数据拟合线得到$y_2=17.29\times\exp(-((d_2-18.89)/10.02)^2)$,拟合估计参数的置信区间为[14.52,20.05],[17.5,20.27]和[7.851,12.18];图4.27(b)网络数据拟合线得到$y_3=40.75\times\exp(-((d_3-17.64)/8.262)^2)$,拟合估计参数的置信区间为[36.95,44.56],[16.99,18.29]和[7.25,9.273];图4.28(b)网络的数据拟合线得到$y_4=8.183\times\exp(-((d_4-18.31)/9.332)^2)$,拟合估计参数的置信区间为[6.687,9.678],[16.87,19.75]和[7.01,11.65];图4.29(b)网络的数据拟合线得到$y_5=2.938\times\exp(-((d_5-18.58)/12.72)^2)$,拟合估计参数的置信区间为[2.075,3.801],[15,22.16]和[5.283,20.16],上述估计均为95%置信度。

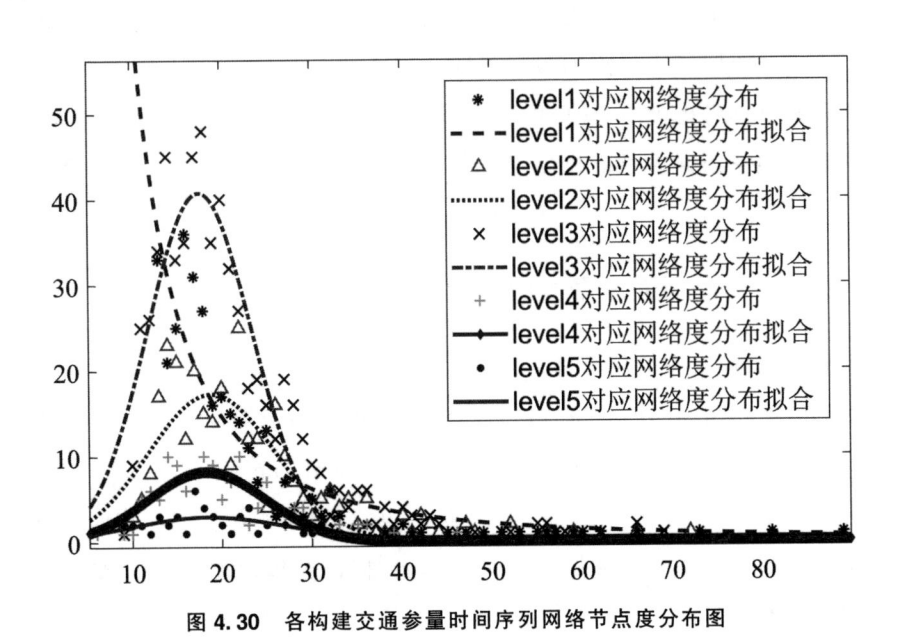

图4.30 各构建交通参量时间序列网络节点度分布图

研究通过统计网络的度分布、聚类系数、网络直径、模块化等描述和分析网络特征，并进一步研究其网络上的动力学特征。因此本实验分析了实例中构造的不同交通状态时间序列网络的聚类系数、网络直径、模块化、图密度和平均路径长度等统计特征，如表4.2所示。

表4.2 交通流时间序列的复杂网络统计特征

统计特征	图4.25(b)	图4.26(b)	图4.27(b)	图4.28(b)	图4.29(b)
聚类系数	0.337	0.321	0.314	0.320	0.358
网络直径	7	7	10	7	5
模块化	0.625	0.646	0.749	0.664	0.621
网络密度	0.037	0.042	0.019	0.083	0.192
平均路径长度	3.352	3.339	4.179	3.106	2.336

表4.2中比较不同状态交通流时间序列网络的统计特征，表现为网络直径基本保持同一水平。网络的聚类系数和模块化应结合时间序列可视化特性分析，表现为交通状态变化越趋近于中度拥堵，网络结构模块化越高。由于交通状态的网络时间序列点的数目不同，当序列点数量变少时则模块化呈现不足，而将整体考虑为一个模块，表现为体现整体关联关系的聚类系数增大，同样符合交通状态越拥堵，网络结构模块化（在小网络结构中表现为聚类系数）越高的特点。

4.5 基于预测强度聚类的行程时间预测

4.5.1 面向数据的高速公路行程时间提取

根据高速公路不同的收费方法，收费数据可分为两类：人工收费（MTC, manual toll collection）数据和电子收费（ETC, electronic toll collection）数据。本书采用2014年10月某省高速公路中提取收费ETC实际数据，数据记录了所有车辆进出高速公路的地点与时刻，每条数据记录包含车辆类型（VC）、车辆牌照（VLP）、车辆进入的收费站（ORGSNAMES_1）、进入高速收费站时间（EN）、车辆离开的收费站（ORGSNAMES_2）、离开高速收费站时间

第4章 面向一阶数据张量的路段交通数据特征分析

(EXTIME)。

由驾驶者遇到特殊情况数据导致行程时间异常需进行预先筛选。给定高速公路收费数据集为 U,其中记录表示为 $R_{i,j}(t_{en})$,t_{en} 为记录中车辆从收费站 i 到收费站 j 的进入时间。设时间区间左右邻域范围 t_w,确定一个时间单元 $[t_{en}-t_w,t_{en}+t_w]$,由于行程时间的非对称性数据分布,为行程时间确定分位界值 $\mu_{i,j}^-$ 和 $\mu_{i,j}^+$。

从收费数据记录提取行程时间。在时段 $[m \cdot t_w,(m+1) \cdot t_w]$ 内,其中 m 为选定时间段序号,从收费站 i 至收费站 j 的平均行程时间的计算式为

$$T_{i,j,m} = \frac{1}{N_{i,j,m}} \sum_{p=1}^{N_{i,j,m}} (t_{ex(p,i,j)} - t_{en(p,i,j)}) \quad (4.20)$$

式中,$t_{en(p,i,j)}$ 为提取数据中第 p 条记录中车辆从收费站 i 到收费站 j 的进入时间,属于选定时间段内;$t_{ex(p,i,j)}$ 为提取数据的第 p 条记录中车辆从收费站 i 到收费站 j 的离开时间;$N_{i,j,m}$ 为时段 $[m \cdot t_w,\cdots,(m+1) \cdot t_w]$ 内从收费站 i 到收费站 j 的车辆数目。计算时间单元 $[t_{en}-t_w,t_{en}+t_w]$ 内所有行程时间数据的方差 σ 并设定标准差临界值 σ_T。若 $\sigma > \sigma_T$,则搜索在时间单元 $[0,2t_w]$ 内不属于置信区间 $[\mu_{i,j}^-,\mu_{i,j}^+]$ 的记录剔除异常数据以保证后续行程时间估计的准确性。

4.5.2 基于预测强度聚类的行程时间预测

4.5.2.1 预测强度

引入预测强度 $ps(k)$ 的定义为

$$ps(k) = \min_{1 \leq b \leq k} \frac{1}{n_{kb}(n_{kb}-1)} \sum_{a \neq a' \in A_{kb}} I(\mathbf{D}[C(X_{tr},k),X_{te}]_{aa'} = 1) \quad (4.21)$$

式中,X_{tr} 和 X_{te} 分别为对原始数据随机划分所得到的训练集和测试集;$C(X_{tr},k)$ 为训练集的聚类过程,共聚成 k 类;$A_{k1},A_{k2},A_{k3},\cdots,A_{kk}$ 表示测试集自身聚成的 k 类;a 和 a' 为同一类中的样本点;n_{kb} 为 A_{kb} 中样本点的个数;$\mathbf{D}[C(X_{tr},k),X_{te}]$ 为一个 $k \times k$ 的矩阵,其第 a 行第 a' 列的元素有两种取值 0 和 1,取值为 1 表示用训练集对 a 和 a' 进行分类在同一类,取值为 0 表示不在同一类;$ps(k)$ 为聚类数为 k 时结果的预测强度,取值区间为 $[0,1]$。

对于预测强度的计算，首先将选定数据集随机分成训练集和测试集进行聚类分析；利用训练集的分类结果对测试集进行重判，比对两种类型的聚类结果中错误分类，并保留正确聚类划分的比例，在得到的所有比例中最小比例数为当前聚类数目下的预测强度。由于在上述过程中会受偶然因素影响，因而采用 5 折交叉验证计算平均的预测强度。

4.5.2.2　基于预测强度的高速公路行程时间预测方法

基于预测强度的 k-means 法是在给定聚类数 k 时，历史数据集通过二分 k-means 法利用最小化组内误差平方和来得到每一个样本点的分类，通过交叉验证的预测强度计算找到最优聚类数 k_p。设 tp_t 为 t 时段预测值，$\boldsymbol{X}_t$ 为 t 时刻预测值得到的特征向量。将 $\boldsymbol{X}_t$ 按最优聚类数 k_p 确定输入量归属类，对归属类中的历史数据集 T_p 平均估计，其表达式为

$$\mathrm{tp}_t = \sum \varphi(\boldsymbol{X}_t, \boldsymbol{X}_p) t_p \tag{4.22}$$

$$\varphi(\boldsymbol{X}_t, \boldsymbol{X}_p) = \frac{\exp[-d(\boldsymbol{X}_t, \boldsymbol{X}_{P_i})]}{\sum_{i=1} \exp[-d(\boldsymbol{X}_t, \boldsymbol{X}_{P_i})]} \tag{4.23}$$

式中，$\varphi(\boldsymbol{X}_t, \boldsymbol{X}_p)$ 为由两个特征向量 $\boldsymbol{X}_t$ 和 $\boldsymbol{X}_p$ 的距离归一化得到的权重；t_p 为比较确定所属类得到的历史值；$\boldsymbol{X}_{P_i}$ 为归属类中的历史数据的特征向量；$d(\boldsymbol{X}_t, \boldsymbol{X}_{P_i})$ 为相应特征向量中相关平均行程时间的欧几里德距离。该模型对行程时间的预测须要确定 3 类参量，分别是考虑历史数据集待定的分类、确定聚类数 k 和构造的特征向量。

为下面对 3 类参量分析方便，本书选择了山东高速公路 3 个方向不同距离的收费站记录，以第 1 类客车的行程时间作为预测主体数据，分析时间间隔为 15 min。

①考虑历史数据集待定的分类，由于从交通安全的角度考虑，长途客车和旅游客车凌晨 2 点至 5 点遵规停运。通过观察验证数据集的数据分布，得到 23：00 后高速公路车流量骤减，因而确定分析时间段为 5：00～23：00。

另外考虑工作日和公假日（包括公休及法定假日）的高速公路交通运行状态中的变化差异，以同一行程路径（即运行在相同起终点高速公路收费站之间）在公假日期间车辆行程时间随时间变化的曲线，将法定假日分为三个时间

第4章 面向一阶数据张量的路段交通数据特征分析

区域分别是前期、中期、后期；而公休日时间短，只包含前期和后期。例如图4.31中(a)、(b)、(c)所示分别为山东高速公路选定路段以同一行程路径（即运行在相同起终点高速公路收费站之间）上公假日前期时段、中期时段、后期时段行程时间图，图中实线表示散点趋势曲线，前期呈现出5:00～7:00时段为公假日晨高峰、10:00～12:00时段为公假日前期主高峰、其余为平稳时段，而中期呈现出皆为平稳时段，另外后期呈现出5:00～7:00时段为公假日晨高峰、13:00～15:00时段为公假日后期主高峰、其余为平稳时段；图4.31(d)所示为山东高速公路济南北至章丘段以同一行程路径（即运行在相同起终点高速公路收费站之间）上工作日期间车辆行程时间随时间变化的曲线，在工作日范畴内比较呈现出5:00～7:00时段为工作日晨高峰、8:30～10:00时段为工作日主高峰、其余为平稳时段。综上历史数据集，可分为公假日(5:00～7:00)晨高峰、公假日前期(10:00～12:00)主高峰、公假日(前期12:00～23:00、中期7:00～23:00、后期7:00～13:00、15:00～23:00)平稳段、公假日后期(13:00～15:00)主高峰、工作日(5:00～7:00)晨高峰、工作日(8:30～10:00)主高峰、工作日(7:00～8:30、10:00～23:00)平稳段。

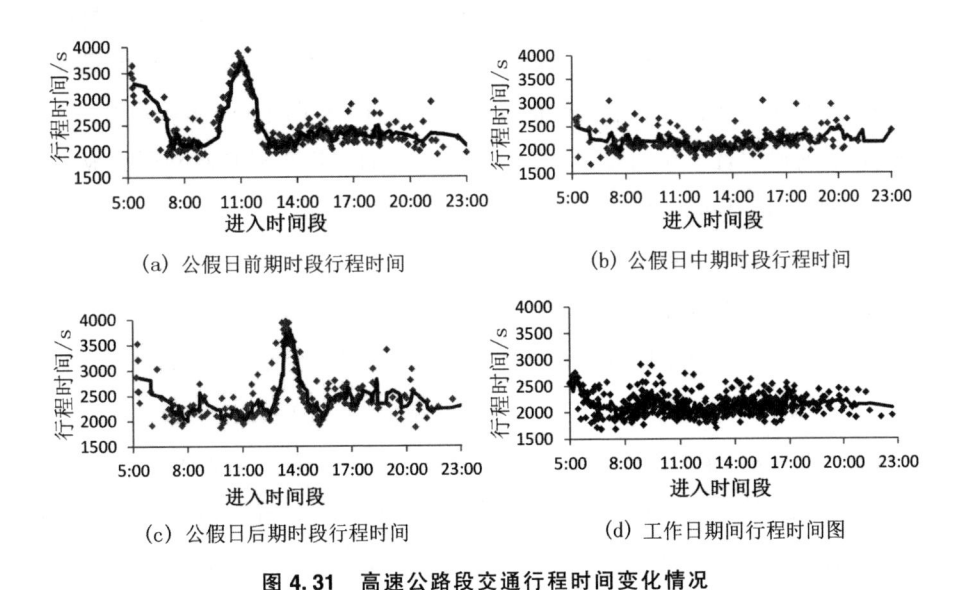

(a) 公假日前期时段行程时间

(b) 公假日中期时段行程时间

(c) 公假日后期时段行程时间

(d) 工作日期间行程时间图

图 4.31　高速公路段交通行程时间变化情况

②对于基于预测强度的k-means算法中k的确定先要给定待选值，综合

工作日和公假日的时段将其划分为 7 类。但是根据时段划分和交通行程时间变化情况可以看出有两类情况可以合并依次为工作日晨高峰和公假日晨高峰、在确定时间范围仅为公假日前期主高峰和公假日后期主高峰，因而不同情况下 k 可依次定为 5、6、7。为选定合适的 k 值，利用预测强度加以分析，具体步骤如下：

Step 1：给定聚类数 $ki(i=1,2,3)$ 取值依次为 5，6，7；

Step 2：以给定 ki 对数据集采用 5 折交叉验证，将数据集随机等分成 5 份，执行 5 次下述步骤，每次取其中 1 份作为测试集，并以其余 4 份作为训练集。对相应子数据集的两个部分进行聚类分析，采用确定聚类数 ki 计算出预测强度 $ps(ki)$；

Step 3：选定下一个 ki，重复执行步骤 2；

Step 4：遍历由聚类数目 ki 确定的预测强度 $ps(ki)$，搜索到最大数预测强度对应 ki，即为当前选择历史数据集对应的最优聚类数目。

③特征向量的确定决定了数据分类的特征，行程时间具有时间序列的特性（即包含历史信息）。根据上述分类特征时间段以 2h 为基本间隔，而分析时间间隔设定为 15 min，因而为预测时间间隔的行程时间与前邻的三个数据相关性更加紧密。因而记录中的对应历史数据集包含字段为进入高速公路收费站时间 t_{en} 所属时间段 t_w 的平均行程时间（为多路段衡量统一，实际采用 OD 平均速度）、时段属性、时间段 t_{w-1}、t_{w-2} 和 t_{w-3} 的平均行程时间共同构成进入高速公路收费站时间 t_{en} 的特征向量。

4.5.3 预测强度聚类的实例应用分析

4.5.3.1 实验数据集

实验选取 2014 年 5 月山东高速收费 ETC 原始数据 2097134 条作为历史数据集，以 2014 年 10 月 1 日至 7 日和 10 月 15 日至 21 日山东高速 3 个方向数据（如表 4.3 所示）作为测试数据，分别预测三个方向的行程时间。首先对收费数据预先处理，依次判别起点终点重合的数据记录、确定该数据点所处的时间单元内行程时间是否在可接受范围、从收费数据记录提取行程时间和逐点判断是否为异常数据，其中选取行程时间标准差临界值 σ_T 为 424.51，区间分位界值 $\mu_{i,j}^-$、$\mu_{i,j}^+$ 选择由区间时间特征确定。数据特征分析如表 4.4 所示。

第4章 面向一阶数据张量的路段交通数据特征分析

表4.3 选定高速公路路段特征分析

起始站	终到站	里程/km	平均行程时间/h
高青北	滨州	16.4	0.3185
济南北	章丘	51.2	0.6833
济南东	滨德鲁冀	146.6	2.5481

表4.4 预处理历史数据特征分析

里程分类	路径数	数据记录	可用率/%
短距	11	840135	94.2
中距	38	641032	93.8
远距	33	615967	89.6

4.5.3.2 实验结果分析

根据测试数据特征属性选定历史数据集分类 k 的值,为体现本书方法预测效果,由图4.32所示选取2号路段行程时间实测数据与预测值比较图,其中图4.32(a)为10月1日(公假日前期)的比较图;图4.32(b)为10月4日(公假日中期)的比较图;图4.32(c)为10月7日(公假日后期)的比较图。本书采用预测算法所得预测值与实测值相符合且预测误差较小。为对比分析预测强度聚类预测模型的有效性,本书采用多种算法对测试集行程时间预测结果误差进行对比,如公式

$$M_{\text{MAPE}} = \frac{1}{N_{(h)}} \sum_{h=1}^{N(h)} \left| \frac{T_{P(h)} - T_{A(h)}}{T_{A(h)}} \right| \tag{4.24}$$

计算平均绝对相对误差,式中:$T_{p(h)}$ 为所在 h 时段的预测行程时间;$T_{A(h)}$ 为所在 h 时段的实测行程时间;$N_{(h)}$ 为统计预测的时间段数。所得比较结果如表3所示。比较的算法分别有本书提出的基于预测强度的 k 均值分类历史数据集的预测方法(方法1)、与前一种方法一致且没有预测强度加强的算法(方法2)和基于滞后介数为3的自回归预测模型(方法3)[163]。

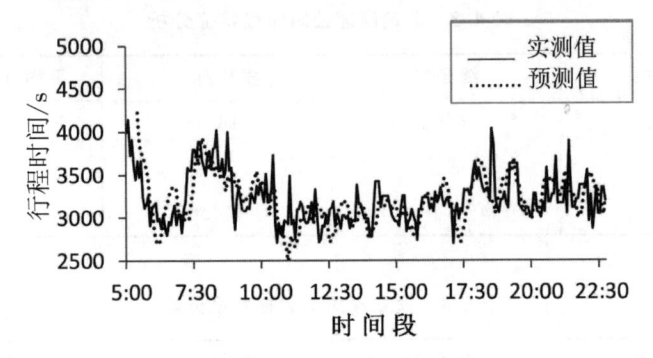

(a) 10月1日（公假日前期）

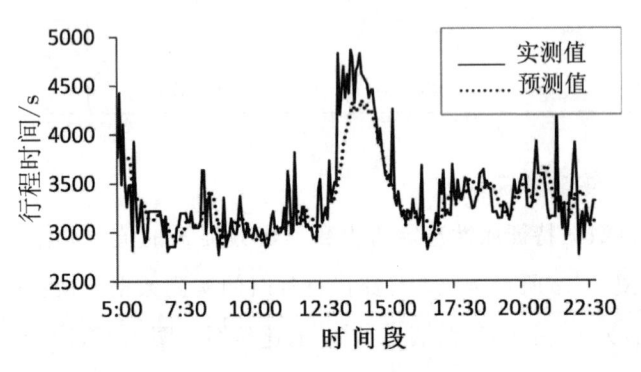

(b) 10月4日（公假日中期）

(c) 10月7日（公假日后期）

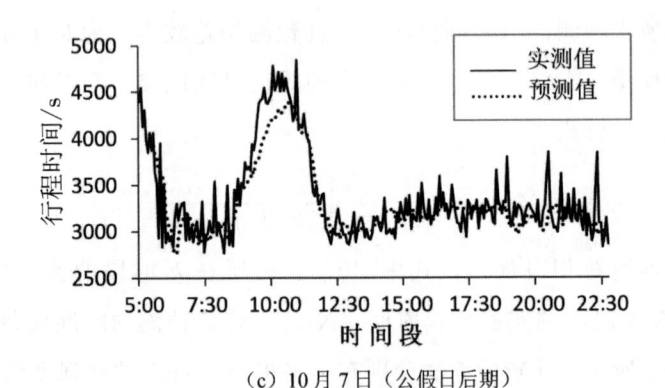

图 4.32 选取 2 号路段全天行程时间预测值与实际值对比

由表 4.5 的数据比较可知，总体特征表现为：①每一类方法路段行程时间的数据对比都体现出对于预测平均绝对相对误差随路程增长而增大；②路程越长在行程时间预测上体现出不稳定性特征越突出，也充分说明预测中不

第4章 面向一阶数据张量的路段交通数据特征分析

稳定因素的存在。在预测准确性衡量方面,方法1在总体预测准确性最高,在测试集时段中方法1与方法2对于工作日晨高峰和公假日前期主高峰的预测的 M_{MAPE} 值相比各路段平均低0.37%和2.18%;方法1与方法3对于工作日晨高峰和公假日前期主高峰的预测 M_{MAPE} 值相比在各路段平均低1.15%和1.96%。整体分析可知:方法1在预测准确性上优于方法2和方法3,而方法2在某些小范围分类不均的情况下会出现准确性低于方法3的情况。这是由于没有预测强度干预聚类和小范围分类偶然错误积累反而导致测试集特征无法并入正确的结果。方法1中预测强度在算法中主要起到修正的作用,在历史数据及多分类选择中给予择优的原则,从而有效提高预测的准确性。

表 4.5 各方法在中实测数据平均绝对误差 M_{MAPE} 比较

时间段		路段1			路段2			路段3		
		方法1	方法2	方法3	方法1	方法2	方法3	方法1	方法2	方法3
工作日	5:00~7:00	1.4893	1.8971	3.4291	2.0039	2.5153	3.4747	2.3952	2.5857	5.5259
	8:30~10:00	1.7794	3.1934	2.7262	2.3597	3.3223	3.0068	2.6960	3.3809	5.2777
公假日前期	10:00~12:00	1.4933	2.9231	3.3647	2.0058	2.9664	4.0834	2.5069	3.5745	4.4471
	13:00~15:00	1.8242	1.9054	3.4291	2.2401	2.8816	3.5087	2.7276	3.6963	4.4951
平稳段		2.2893	2.1976	2.7264	2.5650	2.7856	3.3434	2.6030	2.8319	4.1250

经过实测数据的实验验证和对比分析,得出如下结果:预测方法都存在对于预测平均绝对相对误差随路程增长而增大的特征;路程越长在行程时间预测上体现出不稳定性特征越突出;本节提出的预测方法可在降低数据采集成本的前提下,为高速信息服务提供可靠的行程时间预测,并为出行者制订出行计划和交通流诱导策略的实施提供数据基础。

4.6 本章小结

本章属于道路交通动态特征分析技术中的时序交通数据分析层的支撑技术,与传统的研究交通流序列的方法不同,研究主要采用复杂网络作为工具,利用网络分析统计特性的方式来分析交通流的属性。本章选取相空间重构法和可视图法构建交通流时间序列的复杂网络，并对实际采集的路段交通流检测数据进行特性分析。

考虑单参量交通流时间序列的相空间重构需求，分别对实例的三种交通参量时间序列的时间延迟 τ 和嵌入维数 m 进行估计，在合理的估计参数下对三种交通参量时间序列相空间重构网络进行网络特性统计（如网络结构的模块化、平均聚类系数和度分布）。通过相空间重构得到交通流时间序列网络，其结构能够反映交通流动力学特性的信息空间。实例分析得到不同参量交通流时间序列网络的度分布具有高斯分布特征、平均聚类系数具有衰减特征和模块化较高的特征。相空间重构分析交通流时间序列的优势是它能够将转化得到的系统的稳态从高维空间中恢复出来，然而原始时间序列所蕴含的物理意义被淡化。

在考虑现有实例数据对应交通状态差异的基础上，针对不同交通状态分类后的交通流时间序列，分析不同状态下交通流时间序列可视图网络的统计特性。由于衡量交通流状态需要多个参量，所以采用矩阵叠加的方式构建多参量的交通流时间序列网络矩阵，解决直接应用可视图法不能体现的交通流整体特征问题，为多参量交通流时间序列映射到网络提供了有效方式。通过宏观基本图分析交通流变量之间的相关性，进而对交通状态进行划分，分析了实例网络的网络特性（如网络结构的模块化、聚类系数和度分布）在不同状态下的不同模式。

现阶段初步利用相空间重构法和可视图法研究了交通流时间序列的信息空间特征，之后将继续探讨多时间粒度交通流序列网络的交通运行态势特征。

另外，针对一阶张量的行程时间预测方法都存在对于预测平均绝对相对误差随路程增长而增大的特征；路程越长在行程时间预测上体现出不稳定性特征越突出；本节提出的预测方法可在降低数据采集成本的前提下，为高速信息服务提供可靠的行程时间预测，并为出行者制订出行计划和交通流诱导策略的实施提供数据基础。

第 5 章　面向二阶数据张量的交通路网节点评估

5.1　概述

近阶段国内外研究侧重于研究城市交通网路均衡负载以合理化路网利用率的问题,研究主要针对城市路网所表现出来的行驶缓慢、拥堵,甚至大面积瘫痪的现状,这是现代城市交通网络急需解决的问题[164]。交通网络中网络节点是组成网络的基本要素,针对不同网络节点的异质性分析对动态分配交通流的合理性和有效性有重要意义。

在已有的城市交通网络要素重要性分析的研究中,研究主要通过分析城市交通网络关键要素,加强保护重要要素以保证整个网络的可靠性[165-167],通常根据交叉口交通流量、道路连接数等指标来衡量城市交通网络要素的重要程度。综合城市交通网络中重要要素发现,对网络要素重要程度的评估主要集中于三类方法。一是利用删除法,在网络中删除要素后分析其对网络造成的影响,从而得到相应的评估指数[168]。二是采用凝聚法,谭跃进等提出将网络中节点与其相邻节点及其邻接边抽象成节点或边,从而分析对网络的影响进而评估网络要素[169]。另外就是特性分析法,主要利用网络要素的特征如节点度、节点介数[170]和考虑级联效应[171]等特征评估交通网络要素的重要程度。目前对于交通网络要素的评估主要针对网络的拓扑结构上,忽视了交通本身流量特征、经济因素和环境因素等对复杂的城市交通网络交通状态的影响。

5.2 考虑交通数据空间关联的二阶交通数据张量

5.2.1 考虑检测器布设的二阶交通数据张量构建

城市交通是复杂、开放、自适应和具有突变特征的系统[172]。之前的研究主要集中于具体路段上的交通流特征规律的判别和预测，而整个网络的特性却不等于所有组成元素的简单求和。

本节中研究的城市交通网络模型（即空间结构描述交通数据间的关联，为二阶交通数据张量），以图论为基础理论，讨论适合交通特征提取的网络拓扑抽象方法。根据图论中基本定义[173]，图 $G=(V,E)$ 是由节点集 $V=\{p_1, p_2, \cdots, p_n\}$ 以及 V 中元素的序偶组成边集合 $E=\{e_1, e_2, \cdots, e_k\}$。若 $\langle e_i, e_j \rangle = \langle e_j, e_i \rangle$，则图中的边为无向边，即图 G 为无向图，否则图中的边为有向边，表示图 G 为有向图。若图中包含与 E 中元素相对应的边权集合 $W=\{w_1, w_2, \cdots, w_k\}$，则该类图称为加权图，记为 $G=(V,E,W)$。

本书以固定检测器数据为交通数据研究对象，而一般固定型交通检测器布设在断面流量发生变化的位置，常见布设位置为车流在交叉口和匝道的出入口。为方便交通数据加载，本节构建的交通网络拓扑主要由道路连接点通过有限长度的路段连接而成，即使用原始抽象法构建城市交通网络。实际交通运行中车流在交叉口和匝道的出入口处进行变换，使得城市规划中的街道中断面流量发生变化。交通流状态发生明显变化的固定地点作为路段与路段的连接点，即抽象为城市道路网络的节点。路段需要表示为交通网络中的单向行驶道路，即抽象为城市道路网络的边。双向的行驶道路需要拆分成两个具有相反方向的路段，因而网络模型在原始抽象法构建上选取有向图结构，如图 5.1 所示。本章拓扑提取中不考虑道路的等级、车道数和长度等设施条件。

第 5 章 面向二阶数据张量的交通路网节点评估

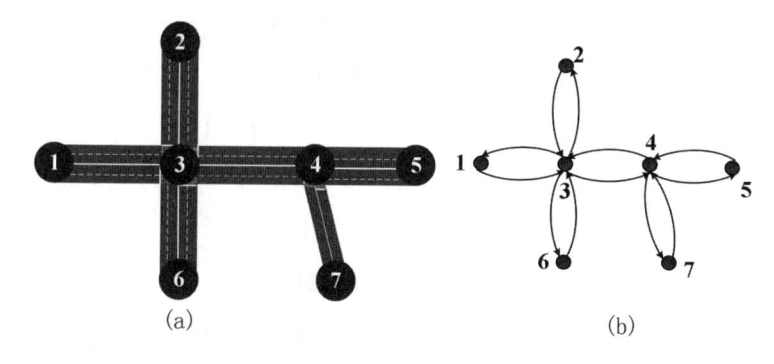

图 5.1 交通网络拓扑提取示意图

网络的动态性由道路中车流决定，具体体现为交通网络中的动态交通数据。由于实际交通检测具有多源性和多参性（即检测数据包含多交通参量数据），为获取准确表征路段交通状态的交通数据，可运用本书第三章的方法解决检测数据的校验和多源数据的融合的问题。

经预处理后的交通数据实体描述为：$\{t, \text{linkID}, \text{parameter}_1, \text{parameter}_2, \text{parameter}_3\}$，其中 t 表示检测数据采集时刻，parameter_i 表示该检测器中第 i 个交通参数，$i=1,2,3$（交通检测器可以获取的交通参量比较多，选取常见的 3 种交通参量）。常见预处理后的交通数据实体描述为：$\{t, \text{linkID}, v, q, o\}$，其中，数据对应时刻表示为 t，地点平均速度数据表示为 v，交通流量数据表示为 q，时间占有率数据表示为 o。

根据上述论述，采用有向加权图定义方式给出对应的交通网络拓扑描述：

令交通路网 $G=(V, E, W)$，其中 V 为节点集合，包含的元素 P_i ($i \leqslant n$) 为节点，P_i 表示实际道路交通流状态发生明显变化的位置；E 表示路段集合，包含的元素 e_j ($j \leqslant k$) 为边，e_j 表示交通网络中的单向行驶路段，对应检测设备采集数据对应的路段，$e_j = \langle p_{js}, p_{jo} \rangle$，其中 $p_{js} \neq p_{jo}$ 且 $p_{js}, p_{jo} \in V$；W 表示边权集合，包含的元素 w_j ($j \leqslant k$) 对应边 e_j 的边权，$w_j = w_{\langle p_{js}, p_{jo} \rangle}$ 表示对应路段 $\langle p_{js}, p_{jo} \rangle$ 匹配的交通参量数据。为清晰说明问题，本章选择三种不同表征交通状态的参量，构成参量动态变化的交通网络 $G=(V, E, W)$。若 $w_{\langle p_{js}, p_{jo} \rangle} = v_{限} - v_{\langle p_{js}, p_{jo} \rangle} (v_{\langle p_{js}, p_{jo} \rangle}$ 为相同时间区段内网络中 $\langle p_{js}, p_{jo} \rangle$ 序偶对应 linkID 路段上的地点平均速度，$v_{限}$ 表示路段区间限

· 125 ·

制最大速度），表示的网络为 $G=(V,E,W_v)$；若 $w_{\langle p_{jS},p_{jO}\rangle}=q_{\langle p_{jS},p_{jO}\rangle}$（$q_{\langle p_{jS},p_{jO}\rangle}$ 为相同时间区段内网络中 $\langle p_{jS},p_{jO}\rangle$ 序偶对应 linkID 路段上的交通流量），表示的网络为 $G=(V,E,W_q)$；若 $w_{\langle p_{jS},p_{jO}\rangle}=o_{\langle p_{jS},p_{jO}\rangle}$（$o_{\langle p_{jS},p_{jO}\rangle}$ 为相同时间区段内网络中 $\langle p_{jS},p_{jO}\rangle$ 序偶对应 linkID 路段上的时间占有率），表示的网络为 $G=(V,E,W_o)$。

5.2.2 考虑路段特征的二阶交通数据张量构建

本节以路段抽象为网络节点，以路段间的联系抽象为边，构建城市交通网路的对偶拓扑。之后辅以网络节点相似度、网络节点的交通波动性、交通强度和网络节点的凝聚度等评价指标，综合考虑与时变流量相关、与经济环境相关和与网络结构相关的交通特征，利用特征聚类的方式评价城市交通网络节点的动态影响程度的异质性，为提高交通运作效率和车流疏导提供可靠依据。

交通区域控制中为保证控制的有效性，一般分析的重点集中于交通网络中的交叉口节点的控制问题，因而选取的城市交通网络均是以城市固定交通检测器布设的交叉路口为交通网络节点，以城市街道或道路抽象为交通网络边来完成城市交通网络的提取。而从研究城市交通网路均衡且合理化路网的需求出发，研究城市交通路段相关特性才是核心问题，因而本书构建城市交通网络的拓扑以网络中路段为研究核心，将路段抽象为网络节点。

通过实际城市交通结构抽象网络拓 $G=(V,E)$，其中 G 是一个无向的连通图[174]；$V=\{v_1,v_2,v_3,\cdots,v_m\}$ 为节点集合，由城市交通路段抽象的 m 个节点组成；$E=\{e_1,e_2,e_3,\cdots,e_l\}\subseteq V\times V$ 为边的集合，定义为若任意城市交通路段 v_i 和 v_j 间车辆可行驶则在集合 E 中存在一条边连接 v_i 和 v_j，l 表示集合 E 由 l 条边组成。以厦门市获取的实际交通信息为数据依据，以上述方式抽象为拓扑结构，图 5.2 所示为以城市路段为抽象节点的厦门市城市交通拓扑结构。

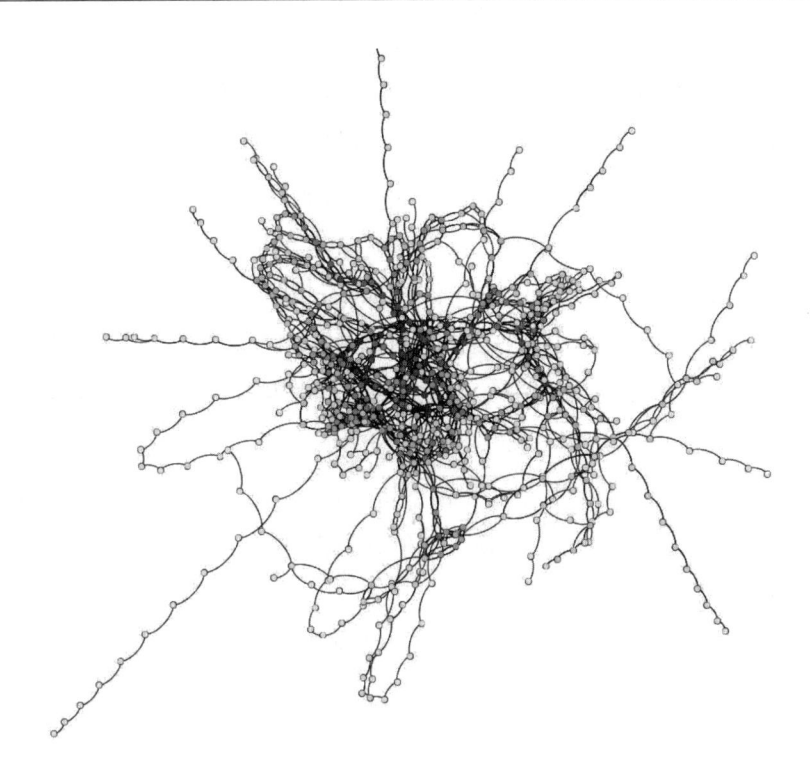

第 5 章　面向二阶数据张量的交通路网节点评估

图 5.2　以城市路段为抽象节点的实例城市交通网络图

5.3　基于二分 k-means 的路网节点评估

5.3.1　k-means 聚类思想

k 均值聚类算法（即 k-means 聚类算法）是一种典型的划分聚类方法，其思想是给定聚类数 k 时，通过最小化组内误差平方的来得到每个样本的分类。

k-means 聚类算法的基本流程为：

Step 1：从 n 个样本点中任意选择（随机分配）k 个作为初始聚类中心；

Step 2：对于剩下的其他样本点，根据它们与这些聚类中心的距离，分别分配给与其性质最相近的分类中；

Step 3：计算新类的聚类中心；

Step 4：不断循环 Step 2，Step 3，直至所有样本点的分类中心或者分类不再发生改变为止。

此算法不需要计算任意两个点之间的距离，对于大规模的数据的分类问题收敛速率更快，但容易陷入局部最优的困境。此外，初始点的选择对于分类结果影响较大，会受到异常数据影响，因此本节在选择此分类算法的基础上，选用了二分 k-means 解决本节的应用问题。

5.3.2 基于二分 k-means 的节点交通特征评估算法方法

二分 k-means 聚类算法是典型划分聚类方法 k-means 算法的改进，与基本 k-means 算法[175]相比，它主要降低了初始点选取对聚类算法的影响。本算法的主要思想是假设要将样本数据分为 k 簇时，先用基本 k-means 算法将所有的数据分为两个簇（通过最小化组内误差平方和来得到每一个样本点的分类），从结果中选择一个较大的簇，继续使用基本 k-means 算法进行分裂操作，直到得到 k 个簇，算法终止。

对应节点聚类的样本集由网络拓扑中交通网络节点组成 $X = \{x_1, x_2, x_3, \cdots, x_m\}$，其中 m 是节点数据的数量；每个样本均通过多个交通特征对样本点进行描述。每个样本点 $x_i = \{x_{i1}, x_{i2}, x_{i3}, \cdots, x_{id}\}$，$x_{id}$ 表示第 i 个节点的第 d 个属性值，$x_{i1}, x_{i2}, x_{i3}, \cdots, x_{id}$ 选择节点的属性分别为网络节点相似度 S_i、网络节点平均相似度 $\overline{S_i}$、网络节点交通波动性 A_i、网络节点平均交通波动性 $\overline{A_i}$、网络节点交通强度 I_i、网络节点凝聚度 CEN_i。

5.3.2.1 节点交通特征聚类分析中的属性参数

节点属性参数设定来源于文献[176, 177]，设每个交通网络节点 v_i（$i = 1, 2, \cdots, m$）在第 t 个时段的交通量 $q_i(t)$，选取一天内的 n 个时段。每个网络节点 i 的网络节点相似度 S_i，如式（5.1）所示。

$$S_i = \frac{1}{n-1} \sum_{j=1}^{n} r_i(j) (j = 1, 2, \cdots, n) \tag{5.1}$$

其中，$r_i(j)$ 相关系数表示网络节点 i 与网络节点 j 在 n 个时段交通流量的相关系数。

每个网络节点 i 相对总体的波动指数 A_i，如式（5.2）所示。

$$A_i = \sqrt{\frac{1}{n} \sum_{t=1}^{n} [W_i(t) - U(t)]^2} \tag{5.2}$$

第5章 面向二阶数据张量的交通路网节点评估

其中，$W_i(t)$表示城市交通网络节点交通量涨幅为$W_i(t)=[q_i(t)-q_i(t-1)]/q_i(t-1)$，$U(t)$表示路网内交通量涨幅$U(t)=[\sum\limits_{i=1}^{m}q_i(t)-\sum\limits_{i=1}^{m}q_i(t-1)]/\sum\limits_{i=1}^{m}q_i(t-1))$。

每个网络节点i的交通强度I_i(pcu/h/km)，如式(5.3)所示

$$I_i = A\exp(-\sqrt{r/a}) \tag{5.3}$$

其中，r为距商业中心区的距离(km)，A和a为待定参数。

每个网络节点i的网络节点凝聚度CEN_i，如式(5.4)所示。

$$\begin{aligned}\text{CEN}_i &= \sum_{F_{ik}\geqslant F_{ij}}\frac{F_{ik}}{\sum\limits_{k}\text{count}(F_{ik}\geqslant F_{ij})}\times d_i\times I_i \\ &= \frac{1}{\sum\limits_{k}\text{count}(F_{ik}\geqslant F_{ij})}\sum_{F_{ik}\geqslant F_{ij}}F_{ik}\times d_i\times I_i, \\ & F_{ij}\leqslant [\sum_{k}\text{count}(F_{ik}\geqslant F_{ij})]/d_i\end{aligned} \tag{5.4}$$

其中，F_{ij}为两节点i和j间相互影响力$\left|\sum\limits_{k=1}^{2}\sum\limits_{j=1}^{2}\|y_j^{(k)}-c_j(I)\|^2-\sum\limits_{k=1}^{2}\sum\limits_{j=1}^{2}\|y_j^{(k)}-c_j(I-1)\|^2\right|\geqslant\xi$，$\left|\sum\limits_{k=1}^{2}\sum\limits_{j=1}^{2}\|y_j^{(k)}-c_j(I)\|^2-\sum\limits_{k=1}^{2}\sum\limits_{j=1}^{2}\|y_j^{(k)}-c_j(I-1)\|^2\right|\geqslant\xi$，$\left|\sum\limits_{k=1}^{2}\sum\limits_{j=1}^{2}\|y_j^{(k)}-c_j(I)\|^2-\sum\limits_{k=1}^{2}\sum\limits_{j=1}^{2}\|y_j^{(k)}-c_j(I-1)\|^2\right|\geqslant\xi$ 为满足条件$\left|\sum\limits_{k=1}^{2}\sum\limits_{j=1}^{2}\|y_j^{(k)}-c_j(I)\|^2-\sum\limits_{k=1}^{2}\sum\limits_{j=1}^{2}\|y_j^{(k)}-c_j(I-1)\|^2\right|\geqslant\xi$下的交通网络节点$v_i$邻接点的个数。

5.3.2.2 基于二分k-means的节点聚类算法

因而给定样本集合X的矩阵描述如下式：

$$X=\begin{bmatrix}x_1\\x_2\\\vdots\\x_m\end{bmatrix}=\begin{bmatrix}S_1 & \overline{S_1} & A_1 & \overline{A_1} & I_1 & \text{CEN}_1\\S_2 & \overline{S_2} & A_2 & \overline{A_2} & I_2 & \text{CEN}_2\\\cdots & \cdots & \cdots & \cdots & \cdots & \cdots\\S_m & \overline{S_m} & A_m & \overline{A_m} & I_m & \text{CEN}_m\end{bmatrix} \tag{5.5}$$

其中，x_i为一维数据单元，m为选择输入样本的样本数目。

基于二分k-means聚类的节点聚类分析基本步骤：

输入：训练数据集X，二分次数为b，目标簇数为k。

Step 1：初始化簇集S，它只含一个包含所有样本的簇N，将簇k'初始化为1；

Step 2：从S中取出一个最大的簇N_i；

Step 3：从簇N_i的样本点中任意选择（随机分配）2个$c_1(I)$和$c_2(I)$作为初始聚类的中心，令I初为1；

Step 4：对于簇N_i剩下的样本点y_j，计算到2个簇中心的欧式距离$d(y_j, c_k(I))(k=1,2)$，找到样本y_j归入到与$c_k(I)$相同的簇中。

Step 5：遍历簇N_i剩下的样本点，计算每个新的聚类中心的$c_k(I)$，新簇的中心应为簇内所有点的均值；

Step 6：计算误差平方和变化值满足式(5.6)则$I++$，并跳转Step 4；

$$\left| \sum_{k=1}^{2} \sum_{j=1} \| y_j^{(k)} - c_j(I) \|^2 - \sum_{k=1}^{2} \sum_{j=1} \| y_j^{(k)} - c_j(I-1) \|^2 \right| \geqslant \xi \quad (5.6)$$

式中，$y_j^{(k)}$为第k簇中的样本；j的取值范围为1到第k簇中的样本个数。

Step 7：对簇N_i重复Step 3~Step 6操作b次，即对簇N_i进行b次二分聚类操作；

Step 8：分别计算这b对子簇的误差平方和SSE的大小，如式5.7所示，将具有最小总SSE的一对子簇$N_{\min}$添加到S中，执行$k'++$操作；

$$\text{SSE} = \sum_{k=1}^{2} \sum_{j=1} \| y_j^{(k)} - c_j \|^2 \quad (5.7)$$

式中，$y_j^{(k)}$为第k簇中的样本；c_j为已经确定的第k簇的中心；j的取值范围为1到第k簇中的样本个数。

Step 9：如果$k'=k$，算法结束，否则跳转Step 2。

输出：簇集$N=\{N_1, N_2, N_3, \cdots, N_k\}$

5.3.3 节点异质性评估

对节点集进行节点异质性分析，首先要确定交通控制的节点等级数目，保证交通网络的可靠性并权衡动态交通分配可操作性，一般将城市网络节点影响重要程度分为"微度""轻度""中度"和"重度"四类。城市网络节点影响程度分布并不均，为衡量节点重要度符合分布特征，采用信息熵来衡量节点重要度分布的异质性，熵值大的节点，它的重要度分布的异质性越大。

在节点通过二分 k-means 的节点聚类之后，采用重要度分布熵和聚类集中节点平均度来衡量构建的城市交通网络中节点的重要度分布的异质系数 H，如式(5.8)。对聚类集异质性 H 由大到小排列，按照相应的顺序分配节点集的影响程度为"微度""轻度""中度"和"重度"，从而确定节点集内相应节点的异质性。

$$H_k = -\ln\frac{\text{num}(N_k)}{m} \cdot d_k \tag{5.8}$$

式中，$\text{num}(p_k)$ 表示路网节点聚类第 N_k 簇中节点的数量，d_k 表示第 k 个聚类集的节点平均度。

5.3.4 聚类节点评估的实例应用分析

5.3.4.1 实例数据集及方案设计

选取厦门市实际数据按上述方式抽象城市交通网路拓扑，构建的城市交通网络由 782 个节点和 2180 条边组成，获取的城市交通网络节点度分布双对数曲线如图 5.3 所示。采用 2015 年 1 月中三个工作日四个时间段的相关 738023 条交通数据记录提取交通特征，选取四个时间段分别是早高峰(7:00～9:00)、午平峰(11:00～14:00)、晚高峰(16:00～18:00)和夜平峰(19:00～22:00)。实验根据实际数据提取交通特征如网络节点相似度、网络节点的交通波动性、交通强度和网络节点的凝聚度等，以这些交通特征作为网络抽象节点属性，进行节点聚类分析。对节点集进行节点聚类后的异质性分析，首先要确定聚类算法的二分 k-means 的分类数 k。为保证动态交通分配的可操作性，城市网络节点影响重要程度分为四类，因而选定二分 k-means 的分类

数 $k=4$。

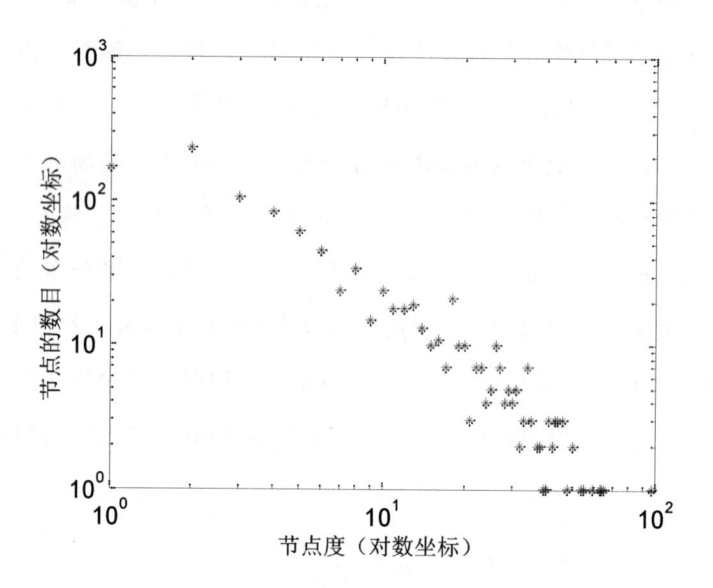

图 5.3　实例城市交通网络的节点度分布

5.3.4.2　实验聚类分析

通过 Matlab 实现基于二分 k-means 的节点聚类算法,分类数 $k=4$,由文献[12]的研究和实际路网数据确定交通强度计算中参数 A,a 的选定如表 5.1 所示。聚类结果如表 5.2 所示。

表 5.1　交通强度计算中参数表

时间段	A	a
早高峰	428	0.071
午平峰	523	0.059
晚高峰	489	0.065
夜平峰	571	0.053

第 5 章 面向二阶数据张量的交通路网节点评估

表 5.2 实例交通网络的节点聚类结果分析

类别 k	早高峰 平均度	早高峰 高峰流量(pcu/h)	H	午平峰 平均度	午平峰 高峰流量(pcu/h)	H	晚高峰 平均度	晚高峰 高峰流量(pcu/h)	H	夜平峰 平均度	夜平峰 高峰流量(pcu/h)	H
1	5.36	964	9.842	8.54	892	55.007	5.84	724	8.593	8.37	868	17.872
2	6.87	1978	12.001	5.16	912	10.278	7.15	1108	11.559	6.63	536	9.756
3	3.63	652	5.511	3.09	572	3.846	10.93	1656	55.606	3.07	660	3.958
4	10.38	2172	39.217	8.86	924	17.622	2.87	564	5.214	7.39	876	63.635

由表 5.2 可知，由于网络节点流量和交通网络特征分别对不同时间段如早高峰(7:00—9:00)、午平峰(11:00—14:00)、晚高峰(16:00—18:00)和夜平峰(19:00—22:00)的 782 个节点进行聚类分析，聚类后采用重要度分布熵和聚类集平均度来衡量节点类的异质系数 H 结果如表 5.2 所示。其中每个时期各分类的异质系数 H 体现该分类节点的重要程度，由于每次分类中节点数目不同，因而异质系数 H 并没有随高峰流量正比例变化，如早高峰时段高峰流量 964 pcu/h 对应的 H 为 9.842，然而到午平峰时段的分类中，高峰流量 892 pcu/h 对应的 H 值突然增到 55.007，体现该时段具体分类所包含节点数增多，相对交通网络中拥挤程度更为严重。按分类计算得到异质系数 H 的大小排序，对网络节点集进行染色，以系数从大到小分为四类，对应不同节点染色深浅四个不同程度，实例城市交通网络的早高峰、午平峰、晚高峰和夜平峰四个节点聚类染色效果图分别如图 5.4、图 5.5、图 5.6 和图 5.7 所示。

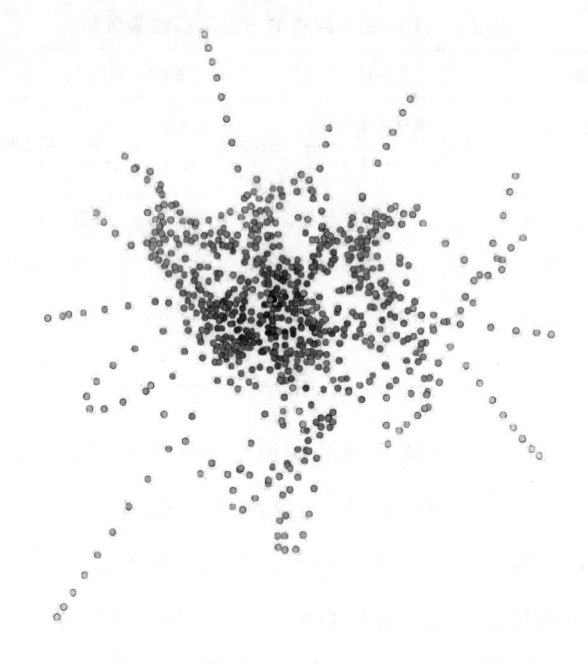

图 5.4 实例城市交通网络的早高峰节点聚类染色效果图

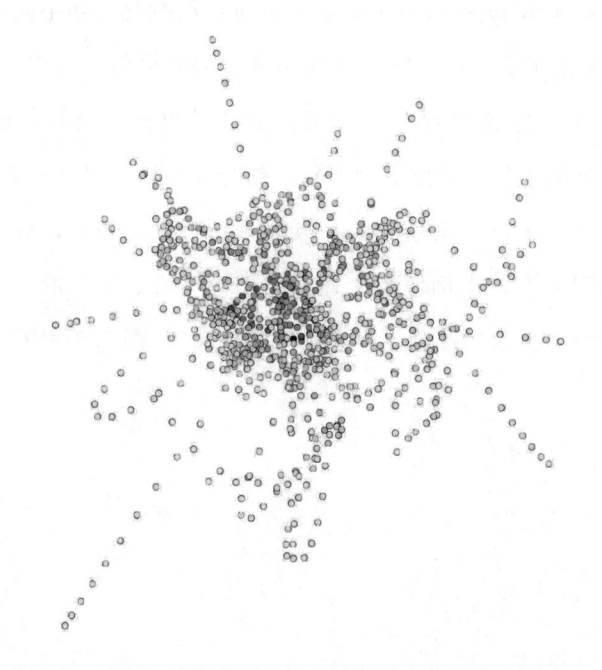

图 5.5 实例城市交通网络的午平峰节点聚类染色效果图

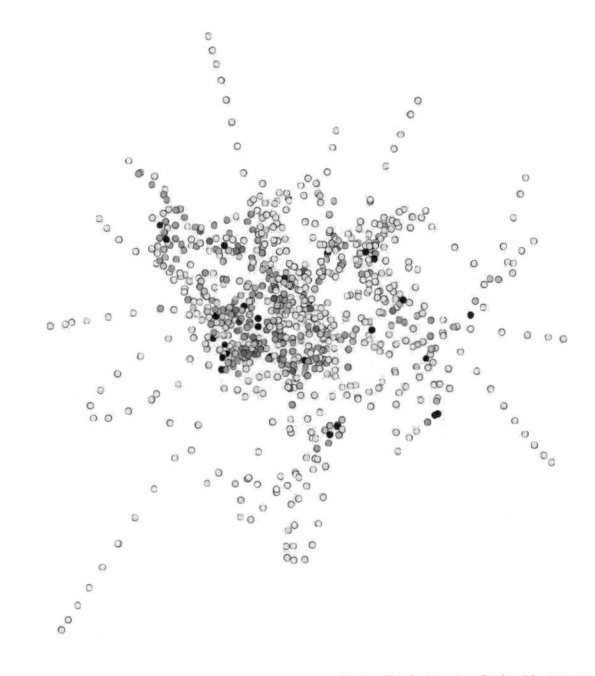

第 5 章　面向二阶数据张量的交通路网节点评估

图 5.6　实例城市交通网络的晚高峰节点聚类染色效果图

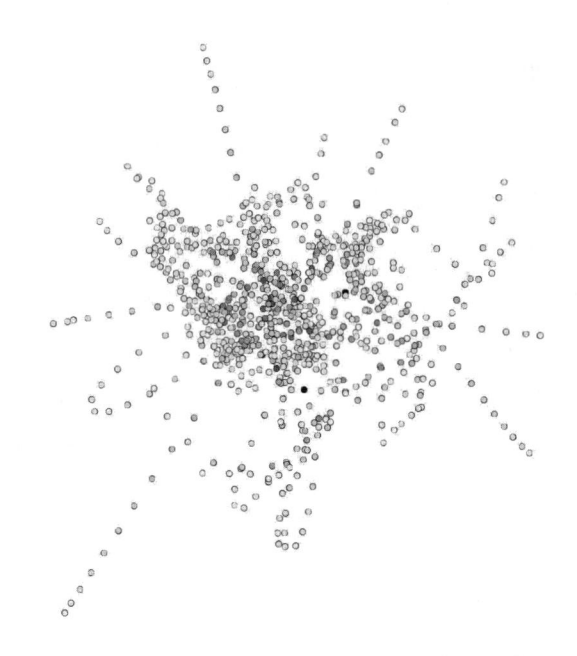

图 5.7　实例城市交通网络的夜平峰节点聚类染色效果图

5.3.4.3 实例数据特征分析

本书在构建以路段抽象为网络节点,构建城市交通网络的拓扑,根据拓扑结构结合交通特征,选取网络节点相似度、网络节点的交通波动性、交通强度和网络节点的凝聚度等评价指标,采用二分 k-means 聚类算法对节点聚类。基于不同考察时段的聚类分类的不同,采用重要度分布熵和聚类集中节点平均度来衡量构建的城市交通网络中节点的重要度分布的异质系数,得到基于二分 k-means 聚类的交通网络节点的异质性评估算法,综合考虑与时变流量相关、与经济环境相关、与网络结构相关的交通特征,利用特征聚类的方式评价城市交通网络节点的动态影响程度的异质性,为提高交通运作效率和车流疏导提供可靠依据。

通过对厦门市实际数据的实证分析,验证了该方法可以动态评估网络中网络节点在不用时段的重要程度。也就是说,每个网络中的评价目标的重要程度也是随着时间和交通参量的变化而改变的。交通管理部门可针对动态评估出的交通网络节点的重要程度加强管理和监控,算法为提高交通管控效率和车流疏导提供可靠依据。

5.4 本章小结

本章属于道路交通动态特征分析技术中的空间交通数据特征分析层的支撑技术,其主要针对交通数据张量提取的切片数据,为实现交通空间数据的关联特征分析,应用网络解析交通网络的对偶拓扑各节点之间的动态关联关系。之后辅以网络节点相似度、网络节点的交通波动性、交通强度和网络节点的凝聚度等评价指标,综合考虑与时变流量相关、与经济环境相关、与网络结构相关的交通特征,利用特征聚类的方式评价城市交通网络节点的动态影响程度的异质性,为提高交通运作效率和车流疏导提供可靠依据。

第6章　面向三阶数据张量的路网时空交通拥堵态势预测

6.1　概述

一定周期内城市的交通流变化周而复始，城市路网的基本结构在较长时期内固定不变，所以城市路网交通流变化与出行者选择息息相关。这些选择随路网交通态势变化而变化，因此分析及预测道路网络层次上的交通态势显得尤为重要。为适应智能交通发展需求，现阶段迫切需要从原有单个路段上的交通数据特征分析，扩展到网络层面上的整体交通状态特征提取。为了给公众交通出行、政府决策提供有价值的理论参考，本章研究以城市交通网络整体作为分析对象，利用深度学习技术对网络进行特征提取和态势预测。

研究以城市交通网络为整体，分析交通网络的运行规律。以检测器布设位置及关联关系为基础，抽象交通网络的拓扑结构。考虑到较长时期内的路网结构是固定不变的，那么表征城市交通网络变化特征的就是时变的交通流，具体存储对象就是不断产生的交通数据。固定检测设备因位置固定，其获取的交通数据也同样可匹配相应的空间信息，获取的不断变化的检测数据可以刻画城市交通网络的动态特征。因此，考虑到现阶段大量交通数据的实际情况，本章结合前文构建的城市交通网络模型和描述的交通数据张量形式，确定动态路网的时空状态矩阵，从时间和空间两个角度接续完成对网上拥堵态势的预测。从时间分析的角度，交通时间序列中存在着较强的相关性，其中先前的交通状况可能对未来的交通状况具有很大的影响。传统基于模型的方法依赖于交通流理论或复杂网络来模拟交通拥堵演变，通常涉及过多的假设。由于大数据和深度学习的出现，丰富的传感器数据和深层架构中的层次化表示，使预测大规模网络的交通变化变得可行。

6.2 深度学习基本思想

深度结构学习(deep architecture of learning，或称为分层学习方法)是基于神经网络发展起来的一类机器学习方法。随着深度学习研究的不断深入，深度学习已经超越了目前机器学习模型的神经科学观点，多层次组合的设计原则更具潜力。"深度"的概念是相对于传统机器学习技术(非神经网络模型，如支持向量机、决策树、逻辑回归等)而言。传统机器学习在复杂问题处理时泛化能力受约束，在样本有限的情况下表示复杂函数的能力也受局限。深度学习具有深层神经网络的结构，因而弥补了这些传统机器学习技术的不足。随着深层神经网络层次设计的不断递增，在各应用领域均展现了强大的复杂函数拟合能力[178]。"学习"则是机器学习技术中"智能"的体现，通过估计模型参数的过程来实现模型的任务要求。在机器学习技术领域中反映原始数据本身特性的一系列抽象数据称为"特征"，在传统机器学习中的特征主要由领域专家经验设定，机器学习效果的优劣受到特征设定的直接影响。深度学习的分层结构由输入层和输出层之间的若干层组成，这些层次结构构成的非线性信息处理单元可以实现特征学习[179]。从这个因素考虑，深度学习从原始数据中透过深度神经网络进行特征提取，摆脱原始方法的经验设定，大量实例研究表明只要训练数据充足，利用深层神经网络提取的高层特征效果更好。

现阶段随着硬件技术的不断提升，使得具有高数据处理能力和计算能力的处理器逐步提高着学习模型的训练速度，不断推动着深度学习算法的改进。随着交通大数据技术的发展，以数据为首要地位的机器学习成为解决交通数据特征分析的重要途径，每日产生的大量交通数据也为提高深度模型的泛化能力起到了关键作用。

6.3 城市道路网的交通拥堵评价

交通拥堵状态一般为衡量选定区域范围内交通拥堵的类别，以体现交通参与者的主观感受或满足管理机构的决策需求，具体的等级划分由常见的指标变量或者交通参量的对应分段来进行划分描述。交通拥堵状态本身是客观存在的，但由于选择衡量的参量不同或者描述的主体不同，目前的道路交通状态划分上没有形成统一的标准。

美国交通研究委员会出版的《道路通行能力手册》中，根据选定参量对交通服务水平划分成六个等级，如表 6.1 所示，表中 E、F 级别对应提供交通服务状态为拥堵状态。德国提出以交通流密度为指标对快速干道交通状态划分，按流量密度的区间将交通状态划分为五个级别[180]。

表 6.1 美国道路服务水平等级表

服务等级	车流状态	交通量/道路通行能力	平均速度 /km·h^{-1}
A	自由车流	<0.6	>48
B	车流稳定，稍延迟	<0.7	>40
C	车流稳定，有延迟	<0.8	>32
D	车流不大稳定，延迟可接受	<0.9	>24
E	车流不稳定，延迟不可接受	<1.0	≈24
F	拥塞流态	—	<24

2016 年北京交通发展研究中心提出《城市道路交通拥堵评价指标体系》，其中分别提出了针对不同类型路段的交通状态等级划分和道路网络拥堵等级划分。在此体系中路段的交通等级划分主要以路段平均速度为依据。针对道路网络的拥堵程度划分为非常畅通、畅通、轻度拥堵、中度拥堵和严重拥堵，以日交通拥堵指数为划分依据。日交通拥堵指数定义为在一日(具体分工作日和节假日)统计间隔内，城市整体或区域道路网总体拥堵程度的相对指数，可

从宏观角度反映道路网交通拥堵水平。

根据上述列举的交通拥堵等级划分，拥堵状态的识别有助于交通参与者和决策者对交通状态变化量化掌握，并可针对变化采取相应的路径选择、道路规划和交通控制决策。各种规范标准中存在两个问题，一是规范划分时衡量指标单一，缺乏状态识别的全面性；二是针对道路网络交通状态等级划分标准较少，而日交通拥堵指数也忽视了道路网络每个统计日内的变化规律。因而本节选择城市道路网的交通拥堵等级划分，即指标体系中道路网络拥堵评价的五级划分。但在对应指标中增加两方面的侧重，第一方面是加大状态衡量的全面性，以常见的三类交通参量为衡量依据，三者联合分析拥堵状态情况；第二方面是以 15 min 路网拥堵里程百分比为衡量标准，如表 6.2 所示，方便分析每日道路交通网络的拥堵变化。

表 6.2 道路网络拥堵等级划分表

级别	道路网络拥堵等级	15 min 路网拥堵里程百分比
1	非常畅通	[0%，20%]
2	畅通	(20%，40%]
3	轻度拥堵	(40%，60%]
4	中度拥堵	(60%，80%]
5	严重拥堵	(80%，100%]

15 min 路网拥堵里程百分比的计算方法：①以 15 min 为统计间隔，根据三个交通参量联合判断各路段所处运行等级，具体算法如 4.4.1.2 小节；②计算路网中以严重拥堵状态运行的路段里程所占百分比（路段里程为系数计入）；③利用车公里数加权（选取指标体系中车公里数比例推荐值），计算 15 min 路网拥堵里程百分比。

6.4 基于 GRU-CNN 的交通网络时空拥堵态势预测

6.4.1 基于 GRU 的交通网络的时间特征提取

第二章中建立的交通数据张量实质上是时空结合的交通数据描述方式，

第6章　面向三阶数据张量的路网时空交通拥堵态势预测

本节主要为提取交通数据中的时间特征，因而首先从时间维出发提取出交通数据保留时序关系、忽略空间关系的数据，提取结果转化为时空交通数据张量压缩矩阵。

6.4.1.1　循环神经网络

循环神经网络(Recursive Neural Network，RNN)是一种时间递归神经网络，能够编码动态时间行为，因为其在单元之间的连接形成有向循环，因而它是一类包含内部状态的神经网络。RNN 的内部状态可以被视为存储器状态，其包含当前输入和先前存储器的信息，RNN 具有"记住"先前输入和输出历史的能力。对数据 $\{x_t \in \mathbb{R}^n, y_t \in \mathbb{R}^m\}_{t=1}^T$，其中 x_t 表示 t 时刻的输入，该时间序列的长度为 T。循环神经网络模型如公式(6.1)所示，结构关系如图 6.1 所示[181]。

$$\begin{cases} s_t = \sigma(U \cdot x_t + W \cdot s_{t-1} + b) \\ o_t = V \cdot s_t + c \in \mathbb{R}^m \\ y_t = \mathrm{softmax}(o_t) \in \mathbb{R}^m \end{cases} \tag{6.1}$$

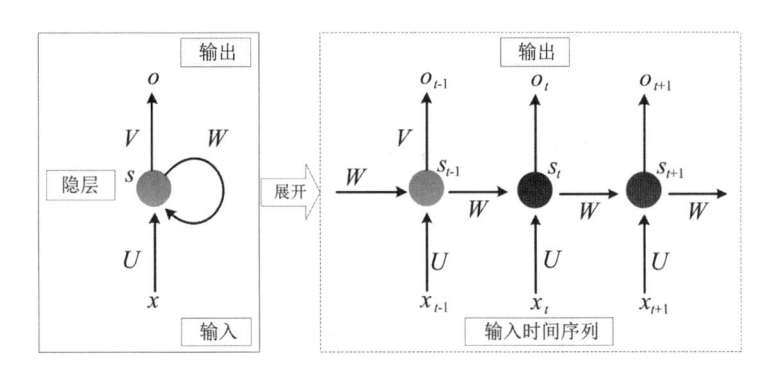

图 6.1　循环神经网络结构展开图

RNN 在应用中出现了梯度消失或者梯度膨胀的问题，长短时记忆神经网络(Long Short Term Memory Neural Network，LSTM)通过增加三个门控，使得自循环的权重是变化的，在模型参数固定的情况下，积分尺度可以动态改变，从而避免了该问题。门控循环单元神经网络(Gated Recurrent Unit Neural Network，GRU)是长短时记忆神经网络的变体，它在改进中既保持了

LSTM 的效果同时又使结构更加简单[182]。总体效果上 GRU 比 LSTM 消耗资源少，但几乎有相同的效果。

6.4.1.2 基于管纤维提取的时空交通数据张量压缩

交通数据张量的管纤维提取保持交通数据的时序关系，因而从时空交通数据三阶张量中提取每条单向路段对应管纤维，然后将这些提取的管纤维平铺后重组图像（即形成时空交通数据二阶张量）。以每个数据重组的行坐标为依照张量管纤维顺序标号，以每个数据重组的列坐标为张量正面切片顺序标号，提取形式示意如图 6.2 所示。

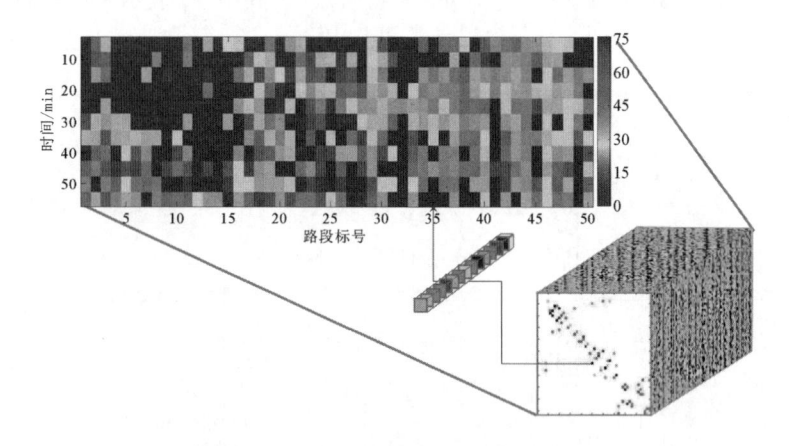

图 6.2 时空交通数据二阶张量提取图

时空交通单参量数据三阶张量正面切片本为交通网络对应的邻接矩阵的图像，邻接矩阵元素表示如公式（2.8）所示。为提取时空交通数据二阶张量，设 e 表示有向交通路网 $G=(V,E,W)$ 中 E 中序偶个数，s 表示时空交通数据三阶张量正面切片总数，则时空交通数据二阶张量 $B=(b_{j,k})\in \mathbb{R}^{e\times s}$，元素 $b_{j,k}$ 表达如公式（6.2）所示。

$$b_{j,k} = \frac{255 \times w_{<p_{jS},p_{jO}>,k}}{w} \tag{6.2}$$

式中，第 j 路段对应 $\langle p_{jS},p_{jO}\rangle$ 编号，即按交通网络邻接矩阵中以行为主序，列为次序的边次序编号 j；k 表示对应的时空交通数据三阶张量正面切片数，$w=\max(W)$。为方便图像化处理，$b_{j,k}$ 经过标准化处理。

6.4.1.3 基于 GRU 的交通网络的交通流参量预测

本节选取门控循环单元神经网络处理时间序列预测问题。GRU 是由 Cho 等[183](2014)提出的 LSTM 变体,它将原来 LSTM 模型中的输入门和遗忘门合并成了更新门(update gate),变体模型中仅包含更新门和复位门(reset gate),结构示意如图 6.3 所示。更新门主要决定前一个时刻的隐藏层信息有多少可以直接传递到当前时间片。复位门决定前一个时间段的隐藏层信息对于生成当前的存储有多大的贡献。同 LSTM 一样,GRU 包含调节单元内部信息流的门控单元,利用隐藏状态取代了原有的自更新存储状态单元,这使得 GRU 在训练数据时更有效。

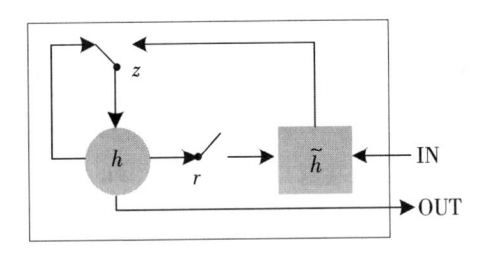

图 6.3 GRU 循环结构示意图

GRU 的计算执行主要为输出每个单元隐藏状态,则第 j 个 GRU 单元在时刻 t 的隐藏状态 h_t^j,如公式(6.3)所示,其中 f 对输入向量 $\boldsymbol{X} = (x_1, x_2, \cdots, x_T)$ 的线性变换。具体包含四个重要组成部分。

$$h_t^j = f(h_{t-1}, x_t)^j \tag{6.3}$$

①第 j 个 GRU 单元中复位门 r_t^j,如公式(6.4)所示,其中,$\boldsymbol{W}_r$ 表示输入的权重向量,$\boldsymbol{U}_r$ 表示复位门的循环权重向量,$\boldsymbol{b}_r$ 表示偏置向量,$\boldsymbol{x}_t$ 表示 t 时刻的输入向量,σ 表示 sigmoid 激活函数($\sigma(z) = \dfrac{1}{1+e^{-z}}$)。

$$r_t^j = \sigma(\boldsymbol{W}_r \boldsymbol{x}_t + \boldsymbol{U}_r h_{t-1} + \boldsymbol{b}_r)^j \tag{6.4}$$

②第 j 个 GRU 单元中候选状态 $\tilde{h}_t^j$,如公式(6.5)所示,其中 tanh 表示双曲正切函数($\tanh(z) = \dfrac{e^{+z} - e^{-z}}{e^{+z} + e^{-z}}$),$\odot$ 表示矢量乘法。

$$\tilde{h}_t^j = \tanh(\boldsymbol{W} \boldsymbol{x}_t + \boldsymbol{U}(r_t \odot h_t) + \boldsymbol{b}_s)^j \tag{6.5}$$

③第 j 个 GRU 单元中更新门 z_t^j，如公式(6.6)所示，其中，W_z 表示输入的权重向量，U_z 表示更新门的循环权重向量，b_z 表示偏置向量，x_t 表示 t 时刻的输入向量，其中 σ 表示 sigmoid 激活函数。

$$z_t^j = \sigma(W_z x_t + U_z h_{t-1} + b_z)^j \qquad (6.6)$$

④得到该单元的输出 h_t^j，如公式(6.7)所示，其中

$$h_t^j = (1 - z_t^j) h_{t-1}^j + z_t^j \tilde{h}_t^j \qquad (6.7)$$

交通数据具有明显的时间依赖性，之前的交通流状态可能仍对当前状态具有长期影响。为对交通拥堵态势有预先的掌握，确定应急预案的部署需要比预测时刻提前一定时间。为保证决策的预留时间和预测值的精确，预测方法的应用上采用多步迭代方法，即如公式(6.8)所示，其中 m 表示数据的嵌入维，每个方程式左侧为 GRU 的输入，右侧表示预测输出值，x_i 表示矩阵 B 的第 i 行向量，即 $(b_{1,i}, b_{2,i}, \cdots, b_{e,i})$。由于交通参量包含多种类型，因而 X_v、X_q 和 X_o 分别表示平均速度数据、流量数据和时间占有率数据。

$$\begin{aligned} X(t-m+1) &= (x_t, x_{t-1}, \cdots, x_{t-m+1}) \to x_{t+1} \\ X(t-m+2) &= (x_{t+1}, x_t, \cdots, x_{t-m+2}) \to x_{t+2} \\ X(t-m+g) &= (x_{t+g-1}, x_{t+g-2}, \cdots, x_{t-m+h}) \to x_{t+g} \end{aligned} \qquad (6.8)$$

模型训练中前向传播输出如公式(6.3)所示。反向传播计算每个门控单元的误差项，当 $t=T$ 时，GRU 中第 $j+1$ 个单元误差反向传递为 δ_T^j，当 $t \in [0, T)$ 时 δ_t^j 可表示为公式(6.9)所示。

$$\delta_t^j = \begin{cases} \Delta \delta_t^{j+1} & t = T \\ \dfrac{\partial E}{\partial h_t^j} = \Delta \delta_t^{j+1} + \Delta \delta_{t+1}^j & t \in [0, T] \end{cases} \qquad (6.9)$$

其中，E 为样本损失，由所有时刻的损失函数求得。

由公式(6.9)和门控单元流程，可得各时刻的误差如公式(6.10)所示，其中 $\delta_{z,t} = \delta_t \odot (g_t - h_{t-1}) \odot z_t \odot (1-z_t)$，$\delta_{g,t} = \delta_t \odot z_t \odot (1-\tilde{h}_t^2)$，$\delta_{t,t} = \delta_{s,t} \odot (U h_{t-1}) \odot r_t \odot (1-r_t)$。

$$\delta_{t-1} = \Delta \delta_{t-1}^{j+1} + \delta_{z,t} U_z + (\delta_{s,t} \odot r_t) U + \delta_t \odot (1-z_t) \qquad (6.10)$$

第6章 面向三阶数据张量的路网时空交通拥堵态势预测

将各时刻梯度累计得到公式(6.11)、公式(6.12)和公式(6.13)，可得到更新的权重和偏置梯度。

$$\begin{cases} \Delta U_z = \sum_{t=1}^{T} \delta_{z,t} h_{t-1} \\ \Delta U_r = \sum_{t=1}^{T} \delta_{r,t} h_{t-1} \\ \Delta U = \sum_{t=1}^{T} \delta_{s,t} h_{t-1} \end{cases} \quad (6.11)$$

$$\begin{cases} \Delta W_z = \sum_{t=1}^{T} \delta_{z,t} x_{t-1} \\ \Delta W_r = \sum_{t=1}^{T} \delta_{r,t} x_{t-1} \\ \Delta W = \sum_{t=1}^{T} \delta_{s,t} x_{t-1} \end{cases} \quad (6.12)$$

$$\begin{cases} \Delta b_z = \sum_{t=1}^{T} \delta_{z,t} \\ \Delta b_r = \sum_{t=1}^{T} \delta_{r,t} \\ \Delta b_s = \sum_{t=1}^{T} \delta_{s,t} \end{cases} \quad (6.13)$$

通过损失函数的偏导计算后向传递的误差项，如公式(6.14)所示。

$$\delta_t^{j-1} = \frac{\partial E}{\partial h_t^{j-1}} = (\delta_{z,t} W_z + \delta_{r,t} W_r + \delta_{s,t} W) \odot f'(h_t^{j-1}) \quad (6.14)$$

6.4.2 基于CNN的交通网络拥堵的空间状态特征提取

6.4.2.1 卷积神经网络

从深度前馈神经网络开始，一些实际问题中最基本的问题就是可用训练数据量远小于模型中的参数量，容易出现过拟合现象。为了解决这个问题，通过深度卷积神经网络通过约减参数量间接提升数据量的方式降低过拟合现象的发生。卷积神经网络(convolutional neural network，CNN)是一种模仿人类识别图像多层过程的神经网络算法，它的基本结构包括输入层（input layer）、卷积层（convolutional layer）、池化层（pooling layer）、全连接层（fully-connected layer）和输出层（output layer）。

1. 卷积层

卷积运算主要利用卷积核对输入图片进行特征抽象，卷积核类似于神经元，每一层得到特征面中的每一个点都是由上层经神经元处理提取而来。通过多层叠加的方法将每个单层提取的部分特征迭代，从而获取图像的复杂特征[181]。CNN中每个层卷积层由若干卷积单元构成，通过反向传播算法优化得到每个卷积单元的参数。卷积层的基本形式表达如公式(6.15)所示，其中，f表示激活函数，l表示当前层，M_j表示在第j个卷积核对应的卷积窗口，K表示卷积核，b表示当前层的偏置。

$$x_j^l = f(\sum_{i \in M_j} x_i^{l-1} K_{ij}^l + b_j^l) \qquad (6.15)$$

在卷积神经网络中包含一个非线性操作（激励函数），常用的激励函数有：ReLU、常用于最后一层的Softmax、Softplus、tanh-sigmoid系函数[181]。常见激励函数对应公式，如公式(6.16)所示。

$$\begin{cases} \text{sigmoid}(x) = \dfrac{1}{1+e^{-x}} \\ \tanh(x) = \dfrac{e^x - e^{-x}}{e^x + e^{-x}} \\ \text{ReLU}(x) = \max(0, x) \\ \text{Softplus}(x) = \ln(1 + e^x) \\ \text{Softmax}(x_i) = e^{x_i} / \sum_{x_j} e^{x_j} \end{cases} \qquad (6.16)$$

2. 池化层

池化操作执行空间或特征类型的聚合，降低空间维度，即在一个小区域内，取一个特定的采样值作为输入值，如公式(6.17)所示，其中down()表示采样函数，β表示当前层的乘性参数，b表示当前层的偏置。通常在卷积层之后会得到维度很大的特征，将特征切成几个区域并取其最大值或平均值（即最大池化和平均池化，对应相应的采样函数），得到新的、维度较小的特征，从而达到减少整个神经网络参数的目的。

第 6 章　面向三阶数据张量的路网时空交通拥堵态势预测

$$x_i^l = f(\beta_j^l \mathrm{down}(x_j^{l-1}) + b_j^l) \tag{6.17}$$

3. 全连接层

全连接的每一个节点均与上一层的所有特征相连，综合提取到的所有特征。基于分类任务的全连接层主要负责训练一个分类器，学习到的特征作为输入，输出结果对应分类结果。

6.4.2.2　考虑多参量数据组合的交通数据张量提取

根据实际检测情况和计算复杂度，本节选择三个参量共同描述时空交通数据。根据上节的提取方法，每一个参量均可以描述成一个时空关系的二阶张量 B，对每个 k 时刻可提取行向量 N_k，则 $\boldsymbol{B} = [\boldsymbol{N}_1, \boldsymbol{N}_2, \boldsymbol{N}_3, \cdots, \boldsymbol{N}_s]$。考虑到深度学习理论中的卷积神经网络对图像处理的高性能特性，构建基于 k 时刻的交通数据的「sqrt(e)」×「sqrt(e)」矩阵 $\boldsymbol{N}'$，矩阵数据由向量 $\boldsymbol{N}_k$ 提供，若原 $G = (V, E, W)$ 中 E 中个数 e 少于矩阵元素个数，故在矩阵的末位进行相应的补 0 操作。

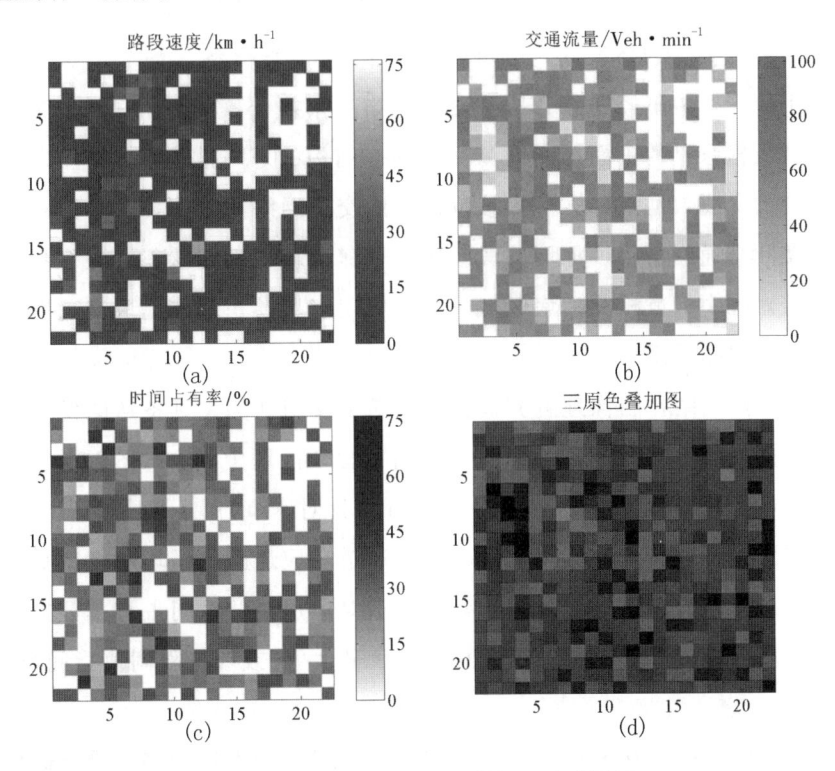

图 6.4　某时刻空间交通数据三阶张量图

交通状态的分析多为单参量数据识别和评判,如日交通拥堵指数,该指数主要通过道路网中各路段的平均行程速度判断各路段所处运行等级。仅使用单参量评判计算方法是简单的,但单参量评判和识别交通状态并不可靠,例如实际状态道路车流为自由态,以驾驶者主观决策的行驶速度判决的交通拥堵状态并不一定符合实际情况,因而结合常用多交通参量评价交通状态更加合理。基于时间的多参量交通数据图像提取为 $C = (C_{i,j,h}) \in \mathbb{R}^{\lceil sqrt(e) \rceil \times \lceil sqrt(e) \rceil \times 3}$,其中,$h$ 表示图像的颜色通道,即 $h=1$ 表示红色通道(对应交通平均速度参量),$C_{:,:,1} = N'_v$;$h=2$ 表示绿色通道(对应交通流量参量),$C_{:,:,2} = N'_q$;$h=3$ 表示蓝色通道(对应交通时间占有率参量),$C_{:,:,3} = N'_o$。如上所述的 RGB 图像化如图 6.4 所示,按不同交通参量分别分配红、绿、蓝颜色的空间交通数据如图 6.4(a)(b)和(c),三个通道叠加图片如图 6.5(d)。通过 RGB 图像的三层通道叠加实现了多交通参量的"叠加",利于在之后的研究中通过图像处理方法识别多交通参量表征的网络交通状态。

6.4.2.3 基于 CNN 的交通网络的拥堵特征提取模型

本书第二章中已经详细分析了交通网络的拓扑抽象问题,实际上本书构建的交通数据张量的正面切面即为交通网络结构的矩阵描述形式,本节参量数据组合的交通数据张量恰由多参量加权的交通网络的矩阵描述形式扩展组成。在实际交通网络中,拥堵路段会影响邻接路段的拥堵状态,在多参量加权的邻接矩阵中形成相关拥堵区域。本节应用多层卷积形式提取交通网络结构中多路段空间关系。

卷积神经网络在图像理解方面具有显著的学习能力,具备从图像中提取关键特征的优势[184]。在 CNN 处理图像特征提取问题中,输入图像通常具有三个通道(即 RGB),取值的范围为 0 到 255。针对本节的实际问题,三个通道分别对应常见交通参量数据,具体为红色通道对应道路的平均速度数据,绿色通道对应道路的交通流量数据,蓝色通道对应道路的时间占有率数据。每个通道中图像的像素范围为从零到网络参量最大值(或参量限制值指间)的标准化值。

拥堵空间特征提取按图 6.5 所示 CNN 的结构,对获取的多参量交通数据图像进行分类,模型由输入层、卷积层、池化层、全连接层和输出层组成。

第6章 面向三阶数据张量的路网时空交通拥堵态势预测

模型的输入层的输入图像为交通网络多参量RGB图,即上一小结提取的交通网络多参量信息张量。输出层对应的输出为单位时间交通拥堵指数。训练过程需要先将不同的样本所属类别对应训练,采用Softmax实现交通网络拥堵指数的分类,实质输出为输入所属各个类别的概率。

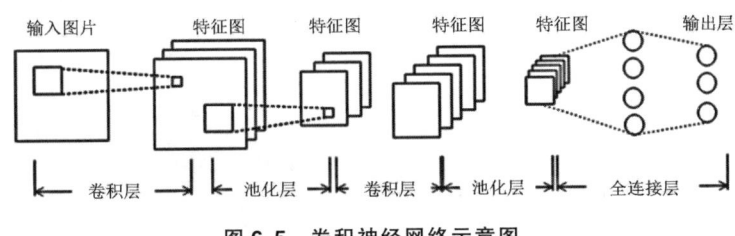

图6.5 卷积神经网络示意图

在模型的训练过程主要依靠前向传播和反向传播实现优化。卷积神经网络延续神经网络的前向传播形式,前向传播为实现层级顺序的特征信息传递,在卷积层的前向传播输出为 $x_j^l = \text{ReLU}(\sum x_j^{l-1} K_{ij}^l + b_j^l)$。池化层没有激活函数,在前向传播时本模型选取最大池化对输入进行压缩。在输出层的前向传播中利用Softmax激活函数得到分类概率。反向传播主要服务于权重变量和偏置向量的更新。基于本节研究内容主要基于图像分类问题,使用交叉熵成本函数作为损失函数。损失函数主要衡量网络预测与真实之间的偏差,损失函数越小,模型的鲁棒性越强。本模型主要采用梯度下降法针对损失函数修正优化参量取值,在训练过程中使得损失函数趋近较低值。

6.4.3 基于GRU-CNN的时空拥堵状态预测模型

前面的循环神经网络实现对交通网络参量的预测,在预测值的基础上对空间交通网络拥堵状态进行识别,以便实现对交通网络整体态势的预测。根据前面两方面的具体阐述,基于GRU-CNN的时空拥堵态势预测模型如图6.6所示,模型由两部分组成,基于GRU的交通网络的时间特征提取和基于CNN的交通网络的拥堵特征提取。

第一部分是通过门控循环单元神经网络实现对路网交通参量的预测,由于拥堵特征的提取方面需要综合考虑多参量共同评价路网交通状态,因而从多个参量的交通数据时空张量中提取基于路段的对应参量时间序列,采用多步迭代方法并行 GRU 提取数据的时间特征，多步预测多参量的路网交通数据。预测后的交通参量数据服务于交通网络状态的拥堵状态的识别。考虑拥堵评价的基础时间间隔和交通拥堵持续扩展的时间规律，确定模型时滞 m。另外对于预测拥堵状态中 a、b 和 c 的值，对应本部分预测结果的三个时间步 a、b 和 c，即以历史数据预测当前时间之后的 a、b 和 c 个时间步的交通参量值。

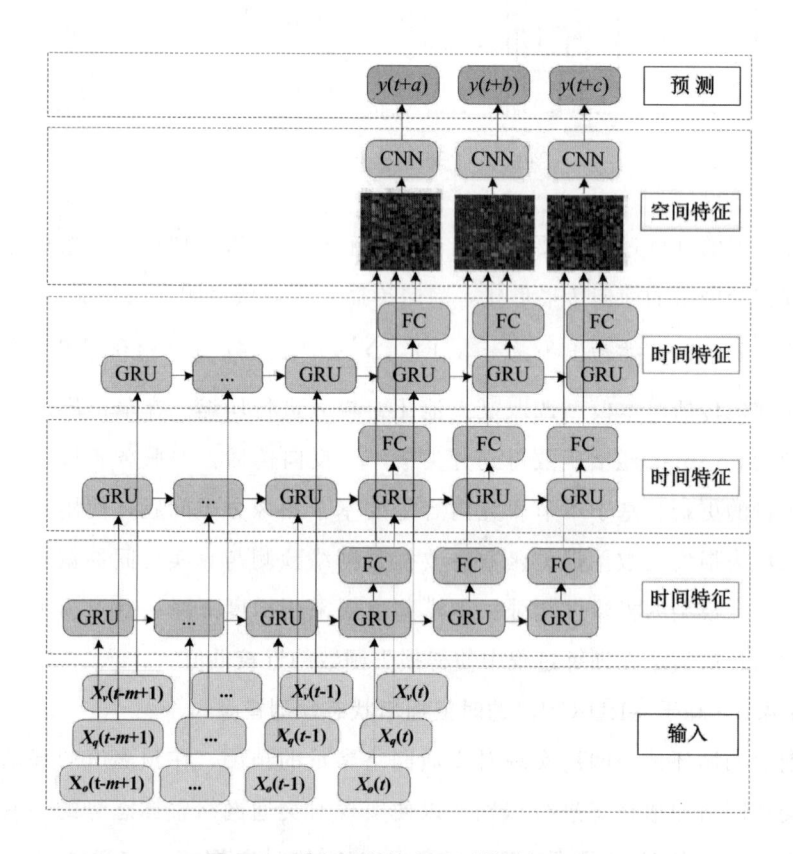

图 6.6 时空拥堵状态预测模型框架图

第二部分主要是识别路网的交通状态，根据原有日均的评价规则细化衡量每日内道路网络拥堵等级划分。以单位时间 15 min 为考察基准，在预测参量的基础上对整个路网的时空交通拥堵状态进行识别，以达到对时空交通拥堵态势预测的目的。通过预测数据形成多参量交通数据图像，按不同交通参

第6章 面向三阶数据张量的路网时空交通拥堵态势预测

量分别分配红、绿、蓝颜色的空间交通数据,三个通道叠加对应形成RGB图像。利于CNN方法识别图像即对多交通参量表征的网络交通状态进行状态预测。根据6.3节中15 min交通拥堵指数对应交通网络拥堵状态的划分,$y(t)$对应识别的类别设置为5。

基于GRU-CNN模型的具体步骤如下:

Step 1:选择交通态势识别的基础交通参量,根据常见的平均速度、流量和时间占有率三个参量确定为实现交通态势识别的基本参量。

Step 2:分别从三类交通参量对应形成的三阶张量中提取每个路段(路网中路段数目为e)的管纤维(即交通参量时间序列),确定针对GRU模型参量m、a、b和c,对每个路段获取时间序列按模型时滞m分组。

Step 3:分别从三类交通参量对应形成的三阶张量中提取每个时间间隔Δt的正面切片。

Step 3.1:以15分钟为统计间隔,根据三个交通参量联合判断各路段所处运行等级;

Step 3.2:$k=15/\Delta t$,计算k个正面切片内以5级状态运行的路段里程所占百分比;

Step 3.3:利用车公里数加权后计算15 min路网拥堵里程百分比;

Step 3.4:根据表6.2规则,对应出历史数据中每个分组的对应的路网交通状态。

Setp 4:对路网中各路段数据测试集中一个分组利用GRU交通参量进行预测估计。

Step 4.1:初始化单元个数和网络结构,$j=1$,输入向量$\boldsymbol{X}=(x_1, x_2, \cdots, x_T)$为训练集中各分组数据。

Step 4.1.1:确定第j个GRU单元的输入。

Step 4.1.2:第j个单元中复位门r_j^i,按照公式(6.4)计算执行;

Step 4.1.3:第j个单元中候选状态$\tilde{h}_j^i$,按照公式(6.5)计算执行;

Step 4.1.4:第j个GRU单元中更新门z_j^i,按照公式(6.6)计算执行;

Step 4.1.5:得到该单元的输出h_j^i,按照公式(6.7)计算执行。

Step 4.1.6：$j=j+1$，重复执行 Step 4.2.1，重复次数为单元个数。

Step 4.2：根据 Step 4.1 得到训练模型，对测试集中分组执行得到预测估计值。

Step 4.3：重复执行 Step 4.1，重复次数为 2，每类参量均得到相应估计值。

Step 5：将得到的路网预测估计值按公式(6.2)计算执行，并利用路段形式提取出「sqrt(e)」×「sqrt(e)」矩阵 N'，叠加三个参量对应的矩阵 N' 获得路网的交通状态图像。

Step 6：对测试集数据分组得到的叠加交通状态图像利用 CNN 进行路网交通状态的识别。

Step 6.1：网络进行权值的初始化，确定网络层级结构，并按交通网络拥堵的状态划分，将识别的类别设置为 5。

Step 6.1.1：根据网络层级结构，输入数据分别经过卷积层、平化层、全连接层和 Softmax 层，得到输出值。

Step 6.1.2：计算网络的输出值与目标值之间的误差。

Step 6.1.3：当误差大于期望值时，将误差传回网络中，依次求得各层的误差；当误差等于或小于期望值时，执行 Step 6.2。

Step 6.1.4：根据求得误差进行权值更新，执行 Step 6.1.2。

Step 6.2：根据 Step 6.1 得到训练模型，对测试集数据分组得到的叠加交通状态图像执行得到路网交通状态的分类。

Step 7：输出路网交通状态的分类，即通过预测数据得到路网交通状态态势。

6.5 时空拥堵预测方法的实例应用分析

6.5.1 实例数据集

实验方案验证选择我国某中等城市的交通检测数据集进行模型验证，数据集包含 2014 年 12 月 1 日到 12 月 31 日的各路段交通检测数据(2763066 条检测记录)，数据集包含该城市路网中 484 条路段(单向行驶)的交通检测记录，实例路网整体拓扑结构如图 6.7 所示。首先利用 MySQL 软件从原始交通

第6章 面向三阶数据张量的路网时空交通拥堵态势预测

数据库中提取实验所需的实例数据集，筛选得到数据集记录包括路段 ID、采集时间、关联交叉口、关联方向、平均速度、交通流量和时间占有率。实例数据集分成训练集和测试集两个部分，实例数据集中前 25 天的数据集合作为训练集，另外 6 天的数据集合作为测试集。

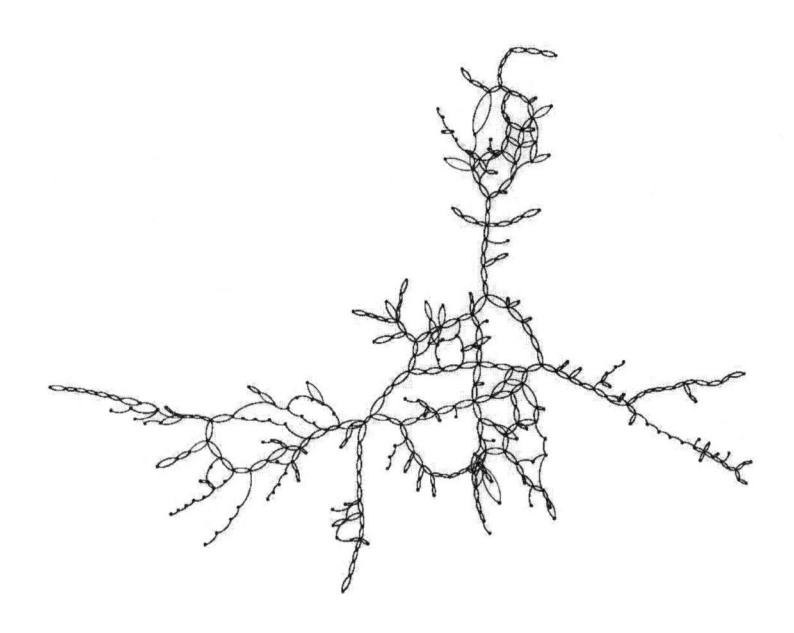

图 6.7　实例城市路网拓扑结构图

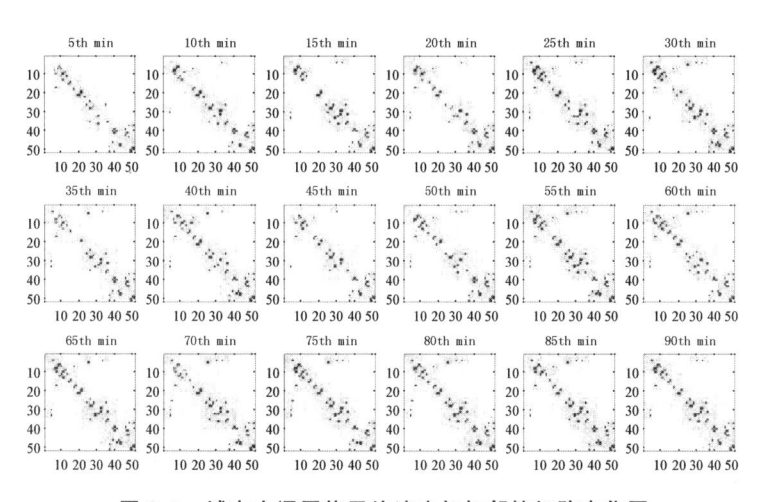

图 6.8　城市交通网络平均速度加权邻接矩阵变化图

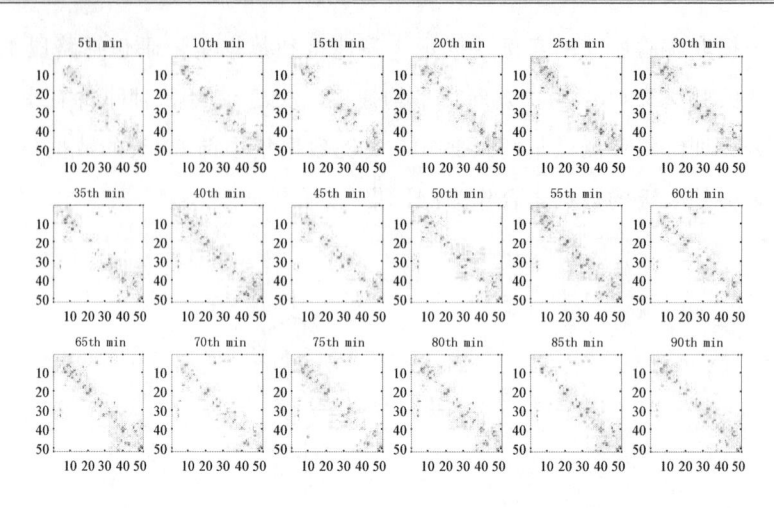

图 6.9　城市交通网络交通流量加权邻接矩阵变化图

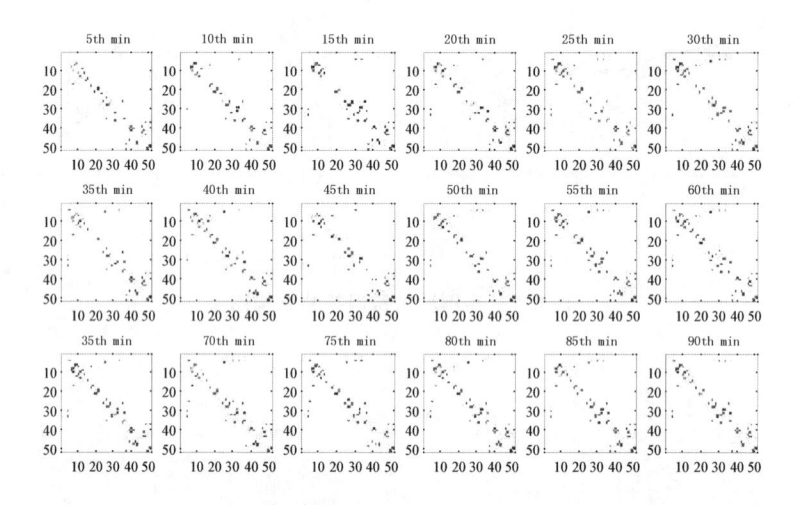

图 6.10　城市交通网络时间占有率加权邻接矩阵变化图

根据实际数据具体情况，提取数据记录中每一类交通参量数据为独立数据文件，并采用交通数据预处理中校验方法对提取的各个独立参量数据集进行了筛查和剔除。考虑到城市道路交叉口上的信号灯影响，在预处理数据集时取融合数据的时间间隔为 5 min，城市交通网络交通流参量加权邻接矩阵变化图如图 6.8、图 6.9 和图 6.10 所示，图中节选实验数据集中 12 月 1 日的 50 个交叉口间路段 6：00－7：30 的交通平均速度、交通流量和时间占有率变化。

6.5.2 实验方案设计

为验证本节基于 GRU-CNN 交通网络时空拥堵预测模型的有效性，根据模型设计的两个结构部分依次验证模型。

① 模型设计首先对交通网络中各路段参量进行预测，预测的准确度决定了后续交通拥堵状态识别的可靠性。为验证模型预测部分的准确性，将本模型与常用预测方法进行实例数据验证比较，如差分整合移动平均自回归模型（autoregressive integrated moving average model，ARIMA）、支持向量机和循环神经网络等。对于所有方法，考虑拥堵评价的基础时间间隔和交通拥堵持续扩展的时间规律，利用预测时间的前 30 min 交通参量变化预测未来值。在算法的评价方面，选取平均绝对百分比误差对预测性能进行评价，主要比较测试集数据中每组数据各路段交通流参量数据预测值的平均绝对百分比误差。平均绝对百分比误差是绝对误差百分比的平均值，如公式（6.18）所示，可以更好地反映预测差值的实际占比情况。其中，y_i 表示对应测试数据组第 i 个路段的真实值，$\tilde{y}_i$ 表示对应测试数据组第 i 个路段的参量预测值，m 表示实验路网中的路段数目。

$$\mathrm{MAPE} = \frac{1}{m}\sum_{i=1}^{m}\left|\frac{y_i - \tilde{y}_i}{y_i}\right| \tag{6.18}$$

② 模型第二部分主要是对交通网络整体进行状态识别，以多参量预测值按照 6.4.2.2 小节方法提取图像，将其各组对应图像作为本部分模型的输入。为验证模型分类部分的准确性，将本模型与常用分类方法进行实例数据验证比较，如模糊聚类方法（fuzzy clustering means，FCM）[185]、k 最近邻分类方法（k-nearest neighbor，KNN）[186]、支持向量机[187]等。

实验为验证本部分模型的识别准确度，选用分类指标的准确率（Accuracy）、精确率（Precision）、灵敏度（Sensitivity）和特异度（Specificity）指标来评价，相关定义如公式（6.19）、公式（6.20）、公式（6.21）和公式（6.22）所示。其中，TPi 表示实际分类为 i 的样本中被正确分类的样本数目；TNi 表示实际分类为非 i 的样本被识别分类为非 i 的样本数；FPi 表示实际分类为非 i 的样本被识别为分类为 i 的样本数；FNi 表示实际分类为 i 的样本被识别为其他分类的样本数。

$$\text{Accuracy}_i = \frac{\text{TP}_i + \text{TN}_i}{\text{TP}_i + \text{TN}_i + \text{FP}_i + \text{FN}_i} \qquad (6.19)$$

$$\text{Precison}_i = \frac{\text{TP}_i}{\text{TP}_i + \text{FP}_i} \qquad (6.20)$$

$$\text{Sensitivity}_i = \frac{\text{TP}_i}{\text{TP}_i + \text{FN}_i} \qquad (6.21)$$

$$\text{Specificity}_i = \frac{\text{TN}_i}{\text{TN}_i + \text{FP}_i} \qquad (6.22)$$

6.5.3 模型的参量

实验使用 Python 环境，应用 TensorFlow 框架进行实际数据的训练和测试。在模型的第一部分中，由于选用的实验数据集中时间间隔为 5 min，因而根据本模型基于历史数据的提取将时滞参数设置为 $m=6$。根据模型设置 $(a, b, c) = (1, 2, 3)$，由于数据时间间隔为 5 min，实验的预测交通参量分别为提供历史数据时间之后 5、10 和 15 min 的交通参量预测值。为了满足预测的需求，将训练集和测试集数据按每日可提取的每 30 min 为一组，即针对网络结构的每日交通参量可提取数据 283 组。

在模型的第二部分中，根据实际路网提取数据确定本卷积过程中首层输入为多参量数据组合的交通数据张量（RGB 图像），卷积过程的设置如表 6.3 所示。

表 6.3 基于多参量交通数据图像的 CNN 模型层级表

层数	层	通道(过滤器个数)	过滤器尺寸	输出
0	输入层	3		22×22
1	卷积层	16	3×3×3	20×20×16
	最大池化层	16	2×2	10×10×16
	激励(ReLU)	—	—	
2	卷积层	32	3×3	8×8×32
	激励(ReLU)	—	—	

第6章 面向三阶数据张量的路网时空交通拥堵态势预测

续表

层数	层	通道(过滤器个数)	过滤器尺寸	输出
3	卷积层	64	3×3	6×6×64
	最大池化层	64	2×2	3×3×64
	激励(ReLU)	—	—	—
4	平化层			576×1
5	全连接层	—	—	192×1
6	全连接层	—	—	60×1
7	Softmax层	—	—	5×1

模型的训练过程主要依靠前向传播和反向传播实现优化,前向传播为实现层级顺序的特征信息传递;反向传播主要服务于权重变量和偏置向量的更新。门控循环单元神经网络的前向传播输出如公式(6.3)所示。门控循环单元神经网络的反向传播利用损失函数的偏导计算后向传播的误差项和权重梯度,利用权重梯度使用梯度下降法更新权重。卷积神经网络延续神经网络的前向传播形式,在卷积层的前向传播输出为 $x_j^l = \text{RELU}(\sum x_j^{l-1} K_{ij}^l + b_j^l)$。池化层没有激活函数,在前向传播时本模型选取最大池化对输入进行压缩。在输出层的前向传播中利用Softmax激活函数得到分类概率。卷积神经网络的反向传播同上,损失函数主要衡量网络预测与真实之间的偏差,损失函数越小,模型的鲁棒性越强。本节研究内容主要基于图像分类的问题,因而使用交叉熵成本函数作为损失函数,采用梯度下降法针对损失函数修正优化参量取值,在训练过程中使得损失函数趋近较低值。

6.5.4 实验结果分析

根据本章涉及交通数据张量的提取方式,对训练集和测试集数据进行基于管纤维的时空交通数据张量。图6.11所示为实例城市交通网络中所有路段12月1日24小时时空交通数据张量图像,其中图6.11(a)为平均速度数据对应的红色通道图像,图6.11(b)为交通流量数据对应的绿色通道图像,图6.11(c)为交通时间占有率数据对应的蓝色通道图像,图6.11(d)为三通道的时空交通数据张量图像。

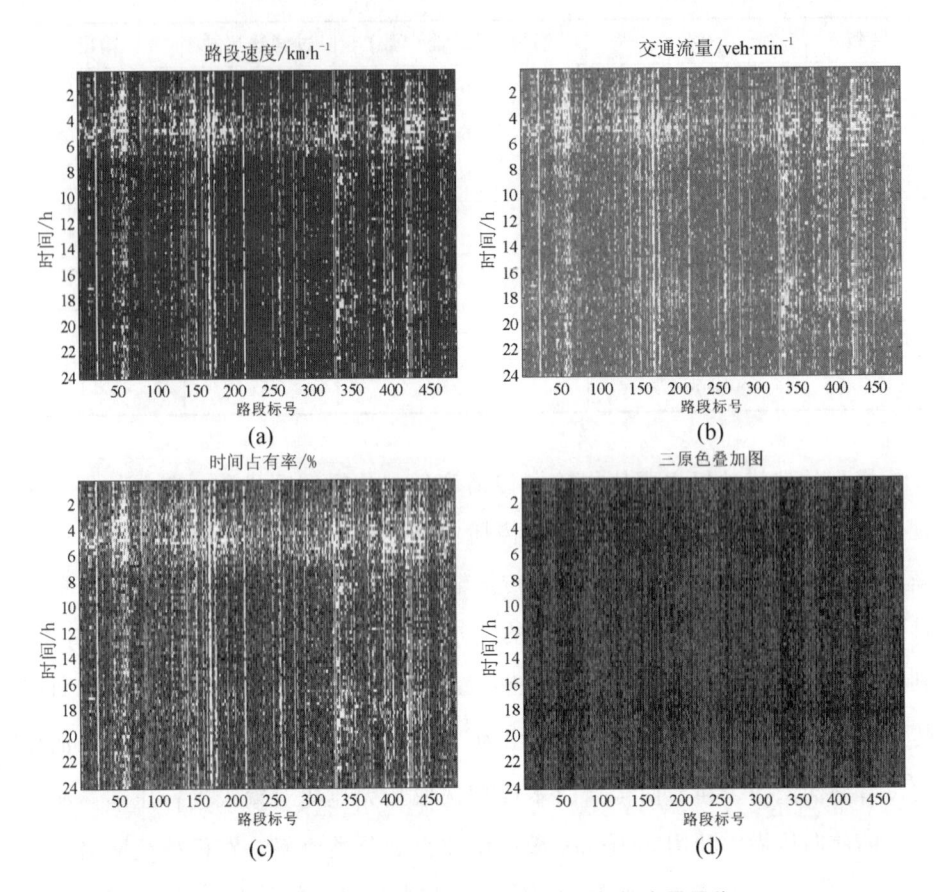

图 6.11 实例数据中提取的时空交通数据张量图像

根据本节方案设计,首先对实验数据集中484条单向交通路段数据进行交通流参量预测模型的验证。比较针对实验数据的本模型使用方法和ARIMA、SVM、RNN和LSTM方法的预测效果,根据每类交通参量的测试集数据,分别预测对应的5min、10 min和15min的交通参量预测值,分别计算每类参量(根据模型设计涉及的交通参量包括平均速度、交通流量和时间占有率)的每组数据的平均绝对百分比误差。

统计各参量的实验数据 MAPE 线箱图,如图 6.12 所示。图 6.12(a)(b)和(c)表示各路段测试集数据平均速度预测结果的平均绝对百分比误差线箱图,图 6.12(d)(e)和(f)表示各路段测试集数据交通流量预测结果的平均绝对

第6章 面向三阶数据张量的路网时空交通拥堵态势预测

百分比误差线箱图，图6.12(h)(l)和(k)表示各路段测试集数据时间占有率预测结果的平均绝对百分比误差线箱图。在对每个交通参量评价时，将预测评估的MAPE按5 min、10 min和15 min的预测结果分别统计，图6.12(a)(d)(h)对应5 min预测结果的平均绝对百分比误差线箱图，图6.12(b)(e)(l)对应10 min预测结果的平均绝对百分比误差线箱图，图6.12(c)(f)(k)对应15min预测结果的平均绝对百分比误差线箱图。

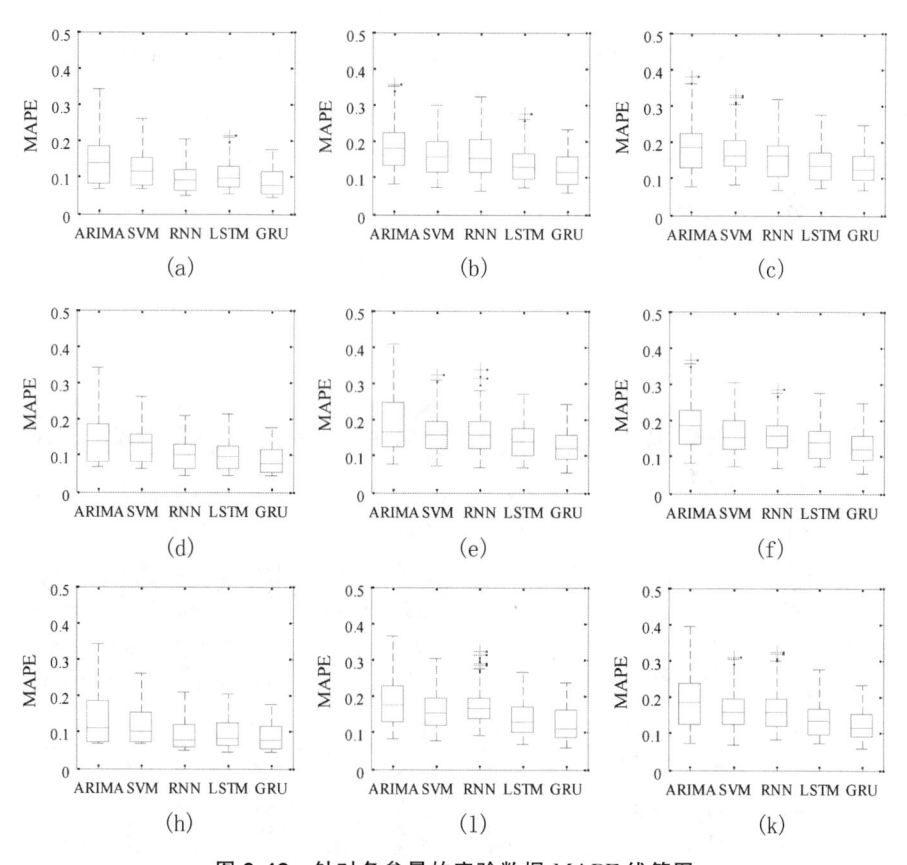

图 6.12 针对各参量的实验数据 MAPE 线箱图

通过统计图比较可以发现，基于循环神经网络类的模型的实验整体误差波动小于使用 ARIMA 模型和 SVM 模型，5 min 预测的实验整体误差要低于预测时间更长的误差。下面具体分析循环神经网络类的模型效果，对 RNN、LSTM 和 GRU 三种方法的实验数据进行对比，5 min 预测的 MAPE 数据表

基于多阶数据张量感知的道路交通动态特征挖掘方法及应用

明三类交通参量数据在使用三种方法进行预测时，循环神经网络类模型的三类算法并没有较大的差别，实际上循环神经网络类的方法均适用；对比10 min和15 min预测的MAPE数据表明，三类交通参量数据在使用三种方法进行预测时，循环神经网络变体的预测稳定性要优于RNN模型，即LSTM和GRU在预测效果上均具有优势。从预测时长和预测的交通参量的类别上看，本模型使用的方法是实际的交通时序数据预测的平均绝对百分比误差波动范围最稳定的，适合实际应用的需要。

根据本节方案设计，根据训练集数据对卷积神经网络构建训练模型，利用获取测试集的多参量15 min预测值完成多参量交通数据图像提取，通过CNN的图像识别实现路网交通状态的预测。基于预测值的多参量交通数据提取的图像例如图6.13所示，图中为实例测试集中12月29日6：00－11：00中72×3组数据对应的15 min预测参量叠加组成的72组大小为22×22×3的图像。

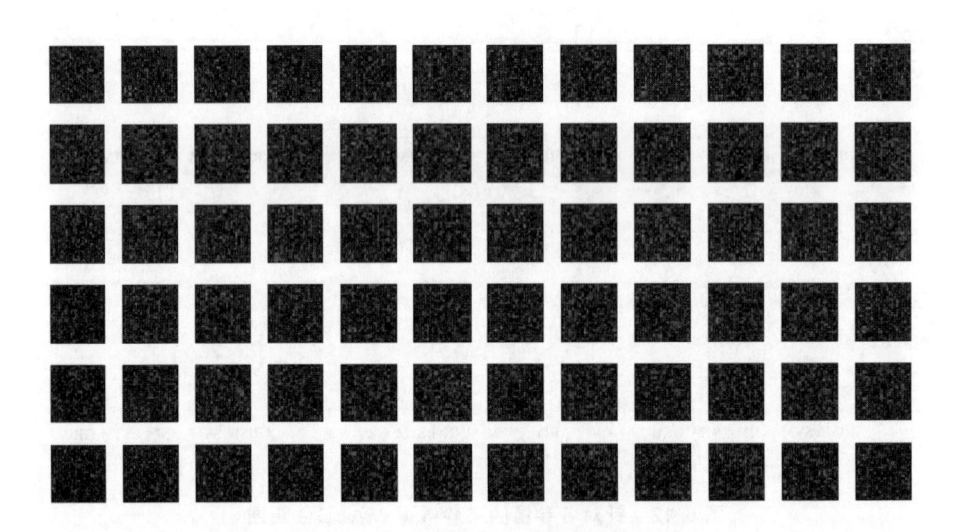

图 6.13 基于预测值的多参量交通数据提取的图像

按模型层次参量设计，对实例多参量交通预测数据提取的图像进行交通拥堵类型的状态识别，主要评估状态识别的准确率(accuracy)、精确率(precision)、灵敏度(sensitivity)和特异度(specificity)。根据模型第一部分测

第6章 面向三阶数据张量的路网时空交通拥堵态势预测

试集运行结果进行第二部分的评价。将本章描述方法与 FCM、KNN 和 SVM 进行实例交通状态识别,本章方法使用参数在 6.5.3 小节已经说明。应用文献[152]中的 FCM 模型,针对本节实验数据选定流量(veh/min)、速度(km/h)、时间占有率(%)聚类中心分别为[19 34 5242 37],[22 41 34 23 13],[7 15 30 41 72],对应 5 类路网交通状态的隶属度分别为[0.72 0.1 0.09 0.06 0.03],[0.24 0.6 0.1 0.04 0.02],[0.11 0.21 0.55 0.1 0.03],[0.02 0.08 0.1 0.65 0.15],[0.02 0.14 0.09 0.19 0.56]。应用文献[153]中的 KNN 模型设置参量邻近点个数范围为 5 至 20 之间,针对本节实验数据选定设置参量邻近点个数为 15。应用文献[154]中 SVM 模型选用 RBF 核函数,优化的 RBF 核函数参数为 2.4 和惩罚系数为 11.7。根据上述参数训练并测试模型,得到基于每类模型的混淆矩阵,如图 6.14 所示,其中图 6.14(a)(b)(c)和(d)分别对应采用 CNN 模型的分类混淆矩阵、采用 FCM 模型的分类混淆矩阵、采用 KNN 模型的分类混淆矩阵和采用 SVM 模型的分类混淆矩阵。

混淆矩阵实际反映模型分类的具体情况,矩阵中主对角线突出显示为青色的,其中数值表示正确分类的数目和对应的百分比,其余数值对应的行列分别为所在行分类被分配到列分类中的数目和百分比。每行和每列中灰色格子对应每种分类的判别率和误判率。而矩阵右下角中数据为模型所有状态分类的总体准确率和误判率。以图 6.14(a)为例,5 种路网交通状态被正确分类数目分别为 730、333、257、136 和 88,对应的百分比为 43.0%、19.6%、15.1%、8.0% 和 5.2%,而本节采用模型的整体路网交通状态判决的准确率和误判率分别为 90.9% 和 9.1%。

由图 6.14 对比各个混淆矩阵可知,在拥堵状态判别方面,KNN 模型和 SVM 模型的总体准确率相距 1.3%,FCM 模型和 SVM 模型的总体准确率相距 0.3%,而 CNN 模型在总体准确率方面相对最高。在路网交通状态的误判率比较方面,误判类型数目上虽然占比不高,CNN 模型和 FCM 模型的类别误判均与原类别接近,与此相较,KNN 模型和 SVM 模型的类别误判较分散,属于严重的类别误判。由此表明,本章提出模型在路网交通状态判别上具有更好的稳定性。四种模型的对比结果中,在中度拥堵和严重拥堵的分类时,各类算法模型的误判率均较高,这是由于实际网络的分类中该类别的训练集数据占比较少而导致的。整体实验参量的预测结果表明，基于 GRU-CNN 的时空拥堵态势预测模型可以在预测网络的交通参量的基础上，对整个网络交通态势给出准确率较高的判定。与其他模型相比，进一步提高了路网交通状态（即路网交通态势）判别的精度，而且具有较好的鲁棒性。由于实例数据集中采集数据样本的局限，本模型存在训练数据不充足的问题，模型的精度和准确度还有待提高。

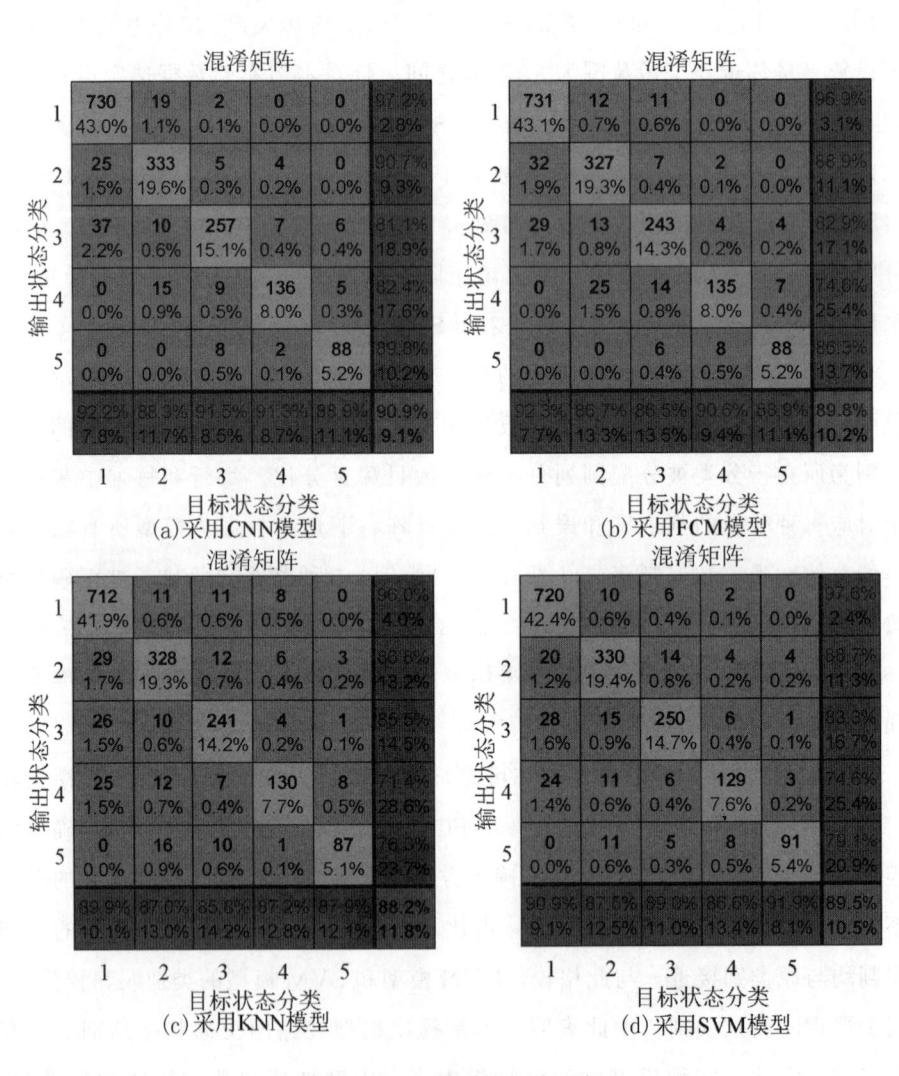

图 6.14 各模型的混淆矩阵

第 6 章 面向三阶数据张量的路网时空交通拥堵态势预测

6.6 本章小结

本章属于道路交通动态特征分析技术中时空交通数据预测层的支撑技术，研究以城市交通网络整体作为分析对象，利用深度学习技术对网络进行特征提取，实现城市交通网络拥堵态势方面的预测。

研究结合城市交通网络模型和交通数据张量，确定动态路网的时空状态矩阵，从时间和空间两个角度接续完成对路网拥堵态势的预测。从时间角度来看，交通时间序列中存在较强的相关性，选用门控循环单元神经网络并通过历史数据对交通网络参量进行预测。从空间角度来看，拥堵常发生的位置具有常态性，因而在预测值的基础上利用卷积神经网络对空间交通网络拥堵状态进行识别，以便实现对交通网络整体态势的预测。通过有效预测交通网络运行趋势，有助于交通管控的预案部署、信息服务系统的预警和诱导信息的发布。

第 7 章 总结与展望

7.1 总结

本书研究主要以交通数据模型构建为出发点，对数据模型中提取的不同对象进行交通特征层面的技术分析，应用集成学习、复杂网络和深度学习的理论解决道路交通动态特征分析的关键问题。

7.1.1 本书的研究工作

7.1.1.1 道路交通动态特征分析技术框架

本研究的核心对象是城市道路交通网络，根据检测数据的空间特性确定城市交通网络结构模型。在考虑交通数据时空属性的基础上，提出基于网络结构和时序关系的交通数据张量描述。根据数据模型中提取的不同对象（包括数据元素、纤维、切片和张量）进行交通特征层面的技术分层，包括离散交通数据预处理层、时序交通数据分析层、空间交通数据特征分析层和时空交通数据预测层，确定了道路交通动态特征分析技术框架。

7.1.1.2 面向零阶数据张量的交通数据预处理

离散交通数据预处理层主要针对交通数据张量的元素数据，提出基于优化随机森林的多源检测数据校验方法和基于滤波估计的多源检测数据融合方法，解决了固定检测器采集交通数据的预处理问题。考虑到交通检测的离群特征，加强训练集采样中相应样本的感知权重，引入决策树关联机制优化随

第7章　总结与展望

机森林，通过训练的决策树集合实现交通数据校验。与此同时，又提出了保留原始 AdaBoost 算法中训练加权优势的改进模型，模型引入代价敏感方法来强化非平衡特性，改进的 AdaBoost 的决策过程，避免了非平衡检测数据导致的分类性能下降的问题。结合实际交通数据获取来源的多样性，利用多检测源数据联合估计的方法获取融合交通数据。选取多组实际示范区路段检测数据进行模型验证，表明提出的方法可有效提高数据的准确度，并为后续时序分析提供了可靠的交通数据。

7.1.1.3　面向一阶数据张量的路段交通数据特征分析

时序交通数据分析层主要针对交通数据张量提取的纤维数据，为实现交通时序数据的状态特征分析，应用相空间重构方法和可视图法解析交通流动力学特性的信息空间。考虑网络构建需求，对交通参量时间序列进行时间延迟 τ 和嵌入维数 m 估计，并通过构建相空间重构的交通流时间序列网络分析网络结构的模块化、平均聚类系数和度分布等结构特征，选取不同参量交通流时间序列实例进行验证分析，分析实例构建网络的度分布具有高斯分布特征，平均聚类系数具有衰减特征，且结构模块化较高。考虑交通流时间序列具有交通状态差异性，提出分解不同状态下的交通流时间序列构建复杂网络的方法。利用 CLARA 算法对交通状态进行划分，并采用多参量矩阵叠加的方式获取交通流时间序列的网络邻接矩阵。分析了实例交通流时间序列的网络模块化、聚类系数和度分布在不同状态下的模式，挖掘了交通的实际状态变化与时间序列网络结构的可视化关系。另外，针对高速公路行程时间的特点，研究提出基于预测强度的交通流时间序列预测方法，针对高速公路行程时间的具体时间分段性质，分时段加强预测的准确性。

7.1.1.4　面向二阶数据张量的交通路网节点评估

空间交通数据特征分析层主要针对交通数据张量提取的切片数据，为实现交通空间数据的关联特征分析，应用网络解析交通网路的对偶拓扑各节点之间的动态关联关系。之后辅以网络节点相似度、网络节点的交通波动性、交通强度和网络节点的凝聚度等评价指标，综合考虑与时变流量相关、与经济环境相关和与网络结构相关的交通特征，利用特征聚类的方式评价城市交通网络节点的动态影响程度的异质性，为提高交通运作效率和车流疏导提供可靠依据。

7.1.1.5 基于深度学习的路网时空交通状态分析及预测

时空交通数据预测层主要针对时空交通数据张量，为实现交通网络时空拥堵态势预测，提出基于 GRU-CNN 的时空交通拥堵态势预测方法。考虑到交通数据的时间属性和空间属性，对交通数据三阶张量从时间域角度提取管纤维，利用 GRU 对其进行交通网络的交通流参量预测；然后，从空间结构角度将多源时空交通数据三阶张量压缩为交通数据图像，利用 CNN 的图像特征提取技术对其进行拥堵特征提取和识别。选取实际城市交通网络数据进行模型验证，采用实际已分类数据集训练交通流多步预测模型和交通拥堵状态识别模型，验证结果表明模型可有效保证预测的精度，并可利用预测值对网络态势进行有效识别。

7.1.2 本书的创新点

上述总结了前期的研究工作与成果，本书的创新点如下：

①结合交通检测数据的时空属性，从交通数据张量的数据模型中提取不同对象(包括数据元素、纤维和张量)逐一分析，利用分层思想确立了交通网络动态特征分析的技术框架。

②在离散交通数据预处理层，提出了基于随机森林优化的交通数据校验方法和基于滤波估计的多源交通检测数据融合方法。综合考虑了交通筛查数据的离群性和采集的多源性，引入 boosting 方法优化随机森林校验交通数据，并采用多源联合估计融合交通数据，有效提升基础交通数据的准确性。

③在时序交通数据分析层，分析了基于复杂网络构建的交通时间序列网络的结构特征，分别建立了基于相空间重构的交通流单参量时间序列网络和基于可视图的多状态下交通流多参量时间序列网络，实例分析了交通流特征与对应网络结构的特征属性之间的关系，提取了交通流时间序列网络的结构特征。

④在时空交通数据预测层，提出了基于深度学习的交通网络拥堵预测模型。应用门控循环单元神经网络对交通网络参量进行预测，在多参量预测值的基础上提取交通数据图像，利用卷积神经网络对空间交通网络拥堵状态进行识别，提高了预测路网整体的交通拥堵态势的能力。

第7章 总结与展望

7.2 研究展望

针对城市交通网络动态运行特征的研究，本书重点从固定检测器获取的交通数据进行的分析，针对不同结构的交通数据张量选取相应的技术分析手段，取得了一些研究成果。但是由于受到实验条件、数据采集途径和自身学识水平的限制，没有全面地对研究问题进行深入的剖析，研究中还存在一定的不足之处。因此，在后续研究中，需要对欠缺之处进行完善和改进，具体如下：

①在后续研究中，针对移动检测数据的特点，将对这类数据扩展补充预处理和特征分析模型。

②在实际的交通网络运行中，交通信号控制对交通网络运行起着重要的调节作用。在后续研究中，将补充考虑交通信号控制和交通网络运行特征之间的相互协调关系。

③路网交通特征的分析中，由于研究可获取的数据样本有限，模型训练不充足导致验证模型的精度还有欠缺。在后续研究中将继续补充训练数据，修正模型设计层级结构，对模型进一步优化。

参考文献

[1] 张弘. 2017年全国机动车和驾驶人保持高位增长[N]. 人民公安报, 2018-01-16(第04版要闻).

[2] 高德地图大数据. 2017中国主要城市交通分析报告[EB/OL]. [2018-01-18]. http：//report. amap. com/share. do？id＝8a38bb8660f910910 1610835e 79701bf.

[3] 高德地图大数据. 2018Q2中国主要城市交通分析报告[EB/OL]. [2018-07-18]. http：//report. amap. com/share. do？id＝8a38bb866442003 30164b707 a96a0a22.

[4] 太平洋安防网. 城市交通大数据行业发展现状剖析[EB/OL]. [2018-06-30]. https：//toutiao. 1688. com/article/1042953. htm.

[5] 滴滴大数据. 滴滴出行大数据绘制的中国400城24小时出行"热力图" [EB/OL]. [2017-12-30]. https：//www. udparty. com/index. php/ detail/orgdetails/？id＝3926.

[6] Zhu N, Fu C, Ma S. Data-driven distributionally robust optimization approach for reliable travel-time-information-gain-oriented traffic sensor location model [J]. Transportation Research Part B-Methodological, 2018, 113: 91-120.

参考文献

[7] Ruan Z, Miao Y, Pan L, et al. Big network traffic data visualization[J]. Multimedia Tools and Applications, 2018, 77(9): 11459-11487.

[8] 姜桂艳, 牛世峰, 李红伟. 动态交通数据质量评价方法研究[J]. 北京工业大学学报, 2011(08): 1190-1195.

[9] 牛世峰, 姜桂艳. 交通数据质量宏观评价与控制方法[J]. 公路, 2012(12): 119-123.

[10] Chen C. The freeway performance measurement system[D]. University of California, Berkeley., 2002.

[11] 李敏, 刘晨, 谯志. 云中心海量交通数据预处理技术概述与应用实例[J]. 公路交通技术, 2015(05): 102-106.

[12] 裴玉龙, 马骥. 实时交通数据的筛选与恢复研究[J]. 土木工程学报, 2003(07): 78-83.

[13] 高宏岩. 融合移动信号流的高速公路交通拥挤预警与调控[D]. 山东科技大学, 2011.

[14] 徐程, 曲昭伟, 陶鹏飞, 等. 动态交通数据异常值的实时筛选与恢复方法[J]. 哈尔滨工程大学学报, 2016(02): 211-217.

[15] Smith B L, Scherer W T, Conklin J H. Exploring imputation techniques for missing data in transportation management systems: Transportation Research Record, Washington, 2003 [C]. Transportation Research Board Natl Research Council.

[16] Vanajakshi L, Rilett L R. Loop detector data diagnostics based on conservation of vehicles principle[J]. Transportation Research Record, 2004(1870): 162-169.

[17] 蒲世林, 李瑞敏, 史其信. 基于粗糙集-模糊识别技术的交通流状态识别算法研究[J]. 武汉理工大学学报(交通科学与工程版), 2010(06): 1154-1158.

[18] 钱坤. 基于数据智能的异常模式识别关键技术研究[D]. 北京理工大学, 2016.

[19] 章渺. 高速公路基本路段实时交通状态识别方法[D]. 长安大学, 2011.

[20]徐艺文，徐宁彬，庄重文，等.面向群智感知车联网的异常数据检测算法[J].湖南大学学报(自然科学版)，2017(08)：145-151.

[21]刘喜梅，刘义芳，高林.小样本道路旅行时间数据中的异常点剔除算法[J].青岛科技大学学报(自然科学版)，2015(03)：346-349.

[22]杨文，贾学锋，马清.基于周期相似性和LSSVM的交通流量多步预测[J].青岛理工大学学报，2013(02)：86-91.

[23]赵伟.基于SOA-LSSVM的短时交通流量预测[J].计算机与现代化，2015(06)：27-31.

[24]商强.基于机器学习的交通状态判别与预测方法研究[D].吉林大学，2017.

[25]高丽梅，高鹏，陈俊波.动态聚类的城市道路交通状态判别分析[J].道路交通与安全，2010(05)：34-37.

[26]李桂毅，胡明华，郑哲.基于FCM-粗糙集的多扇区交通拥挤识别方法研究[J].交通运输系统工程与信息，2017(06)：141-146.

[27]Duan Y, Lv Y, Liu Y, et al. An efficient realization of deep learning for traffic data imputation [J]. Transportation Research Part C: Emerging Technologies, 2016, 72: 168-181.

[28]陆明伟，尚宁，覃明贵，等.一种基于曲线拟合异常检测的交通数据预处理方法[J].计算机研究与发展，2006(z3)：631-635.

[29]邓中伟.面向交通服务的多源移动轨迹数据挖掘与多尺度居民活动的知识发现[D].华东师范大学，2012.

[30]张晓亮，陈智宏，刘冬梅，等.一种基于多源数据的出租车分布预测方法研究[J].道路交通与安全，2015(01)：47-51.

[31]Gold D L, Turner S, Gajewski B J. Imputing missing values in its data archives for intervals under 5 minutes: 80th Annual Meeting of Transportation Research Board, Washington DC, USA, 2001 [C]. National Academy of Science, 2001.

[32]李琦，姜桂艳.城市快速路车辆检测器数据质量评价与控制方法[J].交通运输工程学报，2013(02)：120-126.

[33]张婧. 城市道路交通拥堵判别、疏导与仿真[D]. 东南大学，2016.

[34]Huang G，Zhou M，Lv J. Investigation on comprehensive multi-point gps-based traffic information treatment[J]. Journal of Engineering Science and Technology Review，2013，2(6)：95-99.

[35]Antoniou C，Balakrishna R，Koutsopoulos H N. A Synthesis of emerging data collection technologies and their impact on traffic management applications[J]. European Transport Research Review，2011，3(3)：139-148.

[36]朱国康，王运锋. 基于多特征融合的道路交通标志检测[J]. 信号处理，2011(10)：1616-1620.

[37]周强，郑长江，陈淑燕，等. 基于决策融合的城市道路交通事件自动检测算法研究[J]. 交通信息与安全，2011(03)：84-88.

[38]杨兆升，王爽，马道松. 基础交通信息融合方法综述[J]. 公路交通科技，2006(03)：111-116.

[39]高学英. 城市道路路段行程时间估计及融合方法研究[D]. 吉林大学，2009.

[40]周双全，杨小文，张建忠，等. 浮动车数据和定点检测数据的融合算法研究[J]. 交通标准化，2010(16)：117-122.

[41]Neumann T，Ebendt R，Kuhns G. From finance to its：Traffic data fusion based on Markowitz´ portfolio theory[J]. Journal of Advanced Transportation，2016，50(2)：145-164.

[42]Gao G，Wang T Y. Estimate of traffic volume based on Kalman filtering theory under multi-sensors：3rd International Conference on Service Systems and Service Management，Troyes，France，2006[C]. IEEE.

[43]Gutierrez M，Zuluaga J，Kofuji S T. Kalman filter and arma filter as approach to multiple sensor data fusion problem：47th International Carnahan Conference on Security Technology（ICCST），Medellin，Colombia，2013[C]. IEEE.

[44]司迎利，杨新宇，陈勇，等. 基于全局状态估计的多传感器加权数据融合

算法[J]. 红外技术, 2014(05): 360-364.

[45] 郭璘, 方廷健, 叶加圣, 等. 基于最小二乘支持向量机和证据理论的交通数据融合[J]. 中国科学技术大学学报, 2007(12): 1500-1504.

[46] Xia J X, Zhang W H, Ma D S. An method to urban road travel time estimation through its data fusion based on D-S evidential theory: Applied Mechanics and MaterialsInternational Conference on Advanced Engineering Materials and Architecture Science（ICAEMAS）, Xian, China, 2014[C]. Trans. Tech. Publications Ltd..

[47] 田佳霖. 基于 D-S 证据理论的融合算法及其在交通事件检测中的应用[D]. 长安大学, 2016.

[48] Kong Y G, Guo S Y. Urban traffic controller using fuzzy neural network and multisensors data fusion: IEEE International Conference on Information Acquisition, Shandong Univ, Weihai, China, 2006[C]. IEEE.

[49] Zhao J, Xu F, Zhang K, et al. Highway travel time prediction based on multi-source data fusion[J]. Jiaotong Yunshu Xitong Gongcheng Yu Xinxi/Journal of Transportation Systems Engineering and Information Technology, 2016, 16(1): 52-57.

[50] Zeng D, Xu J, Xu G. Data fusion for traffic incident detection using D-S evidence theory with probabilistic SVMs[J]. Journal of Computers, 2008, 3: 36-43.

[51] 杨宏晖, 王芸, 孙进才, 等. 融合样本选择与特征选择的 AdaBoost 支持向量机集成算法[J]. 西安交通大学学报, 2014(12): 63-68.

[52] Xu T, Sun L, Hao Y. Real-time traffic state estimation and travel time prediction on urban expressway[J]. Tongji Daxue Xuebao/Journal of Tongji University, 2008, 36(10): 1355-1361.

[53] Kong Q, Li Z, Chen Y, et al. An approach to Urban traffic state estimation by fusing multisource information[J]. IEEE Transactions On Intelligent Transportation Systems, 2009, 10(3): 499-511.

[54]Montero L, Pacheco M, Barcelo J, et al. Case study on cooperative car data for estimating traffic states in an urban network[J]. Transportation Research Record, 2016, 2594: 127-137.

[55]姜桂艳, 常安德, 牛世峰. 基于车牌识别数据的交通拥堵识别方法[J]. 哈尔滨工业大学学报, 2011(04): 131-135.

[56]游黄阳. 基于车牌跟踪的交通运行状态评价及预测[D]. 华南理工大学, 2014.

[57]杨飞. 基于手机定位的交通 od 数据获取技术[J]. 系统工程, 2007(01): 42-48.

[58]Friedrich M, Immisch K, Jehlicka P, et al. Generating Origin-Destination Matrices from Mobile Phone Trajectories[J]. 2010.

[59]Kramer M A, Eden U T, Cash S S, et al. Network inference with confidence from multivariate time series[J]. Physical Review E, 2009, 79: 6191661.

[60]Small M. Complex networks from time series: Capturing dynamics: IEEE International Symposium on Circuits and Systems, Beijing, China, 2013[C]. IEEE.

[61]Gao Z, Small M, Kurths J. Complex network analysis of time series[J]. Europhysics Letters, 2016, 116: 500015.

[62]Piccardi C, Calatroni L, Bertoni F. Clustering financial time series by network community analysis[J]. International Journal of Modern Physics C, 2011, 22(1): 35-50.

[63]Wang N, Li D, Wang Q. Visibility graph analysis on quarterly macroeconomic series of china based on complex network theory[J]. Physica A-Statistical Mechanics and its Applications, 2012, 391(24): 6543-6555.

[64]Gao Z, Cai Q, Yang Y, et al. Visibility graph from adaptive optimal kernel time-frequency representation for classification of epileptiform eeg[J]. International Journal of Neural Systems, 2017, 27: 17500054.

[65] Marwan N, Donges J F, Zou Y, et al. Complex network approach for recurrence analysis of time series[J]. Physics Letters a, 2009, 373(46): 4246-4254.

[66] Donner R V, Zou Y, Donges J F, et al. Ambiguities in recurrence-based complex network representations of time series [J]. Physical Review E, 2010, 81: 1510112.

[67] Nakamura T, Tanizawa T. Networks with time structure from time series[J]. Physica A-Statistical Mechanics and its Applications, 2012, 391(20): 4704-4710.

[68] Dong Y, Huang W, Liu Z, et al. Network analysis of time series under the constraint of fixed nearest neighbors [J]. Physica A-Statistical Mechanics and its Applications, 2013, 392(4): 967-973.

[69] Karimi S, Darooneh A H. Measuring persistence in a stationary time series using the complex network theory [J]. Physica A-Statistical Mechanics and its Applications, 2013, 392(1): 287-293.

[70] Zhang J, Small M. Complex network from pseudoperiodic time series: Topology versus dynamics [J]. Physical Review Letters, 2006, 96: 23870123.

[71] Zhang J, Sun J, Luo X, et al. Characterizing pseudoperiodic time series through the complex network approach [J]. Physica D-Nonlinear Phenomena, 2008, 237(22): 2856-2865.

[72] Lacasa L, Luque B, Ballesteros F, et al. From time series to complex networks: The visibility graph[J]. Proceedings of the National Academy of Sciences of the United States of America, 2008, 105(13): 4972-4975.

[73] Bezsudnov I V, Snarskii A A. From the time series to the complex networks: The parametric natural visibility graph [J]. Physica A-Statistical Mechanics and its Applications, 2014, 414: 53-60.

[74] Lacasa L, Nicosia V, Latora V. Network structure of multivariate time series[J]. Scientific Reports, 2015, 5: 15508.

参考文献

[75] Lacasa L, Flanagan R. Time reversibility from visibility graphs of nonstationary processes[J]. Physical Review E, 2015, 92: 228172.

[76] Lacasa L. Horizontal visibility graphs from integer sequences[J]. Journal of Physics A-Mathematical and Theoretical, 2016, 49: 31-35.

[77] Lacasa L, Iacovacci J. Visibility graphs of random scalar fields and spatial data[J]. Physical Review E, 2017, 96: 123181.

[78] Wang N, Li D, Wang Q. Visibility graph analysis on quarterly macroeconomic series of china based on complex network theory[J]. Physica A-Statistical Mechanics and its Applications, 2012, 391(24): 6543-6555.

[79] Stephen M, Gu C, Yang H. Visibility graph based time series analysis [J]. Plos One, 2015, 10: 14301511.

[80] Yan S J, Wang D L. Time series analysis based on visibility graph theory: 7th International Conference on Intelligent Human-Machine Systems and Cybernetics (IHMSC), Hangzhou, China, 2015 [C]. IEEE.

[81] Xu X, Zhang J, Small M. Superfamily phenomena and motifs of networks induced from time series [J]. Proceedings of the National Academy of Sciences of the United States of America, 2008, 105(50): 19601-19605.

[82] Tang J, Wang Y, Liu F. Characterizing traffic time series based on complex network theory[J]. Physica A-Statistical Mechanics and its Applications, 2013, 392(18): 4192-4201.

[83] Kim H S, Eykholt R, Salas J D. Nonlinear dynamics, delay times, and embedding windows[J]. Physica D, 1999, 127(1-2): 48-60.

[84] Gao Z, Jin N. Complex network from time series based on phase space reconstruction[J]. Chaos, 2009, 19(0331373).

[85] Gao Z K, Ji L C. Strength distribution in complex network for analyzing experimental two-phase flow signals: IEEE 5th International Conference

on Advanced Computational Intelligence (ICACI), Nanjing, China, 2012[C]. IEEE.

[86] Capek K, Pitkanen J, Niittymaki J. Evaluating the impacts of its applications using microscopic traffic simulators[J]. Advances in Transportation Studies, 2011(25): 5-14.

[87] Venkatesan K, Gowri A, Tomer T, et al. Trajectory data and flow characteristics of mixed traffic[J]. Transportation Research Record, 2015, 2491(1).

[88] A A, T R, A I P. Traffic flow prediction for road transportation networks with limited traffic data[J]. IEEE Transactions On Intelligent Transportation Systems, 2015, 2(16): 653-662.

[89] Xingchao W, Jian-ming H, Wei L, et al. Short-term travel flow prediction method based on FCM-clustering and ELM[J]. Journal of Central South University, 2017, 24(6).

[90] Chan E Y C, Cooper C H V. Using road class as a replacement for predicted motorized traffic flow in spatial network models of cycling.[J]. Scientific Reports, 2019, 9(1).

[91] Ermagun A, Levinson D M, Anas A, et al. Development and application of the network weight matrix to predict traffic flow for congested and uncongested conditions[J]. Environment and Planning B: Urban Analytics and City Science, 2019, 46(9).

[92] Lizong Z, Nawaf R A, Guangchun L, et al. A hybrid forecasting framework based on support vector regression with a modified genetic algorithm and a random forest for traffic flow prediction[J]. Tsinghua Science and Technology, 2018, 23(04): 479-492.

[93] Chuan L, Chi H, Jinde C, et al. Short-Term traffic flow prediction based on least square support vector machine with hybrid optimization algorithm[J]. Neural Processing Letters, 2019, 50(5).

[94] Yanjie D, Yisheng L, Yu-Liang L, et al. An efficient realization of deep

learning for traffic data imputation[J]. Transportation Research Part C, 2016, 72.

[95] Da Z, Mansur R K. Combining weather condition data to predict traffic flow: A GRU-based deep learning approach [J]. IET Intelligent Transport Systems, 2018, 12(7).

[96] 彭勇, 周欣, 宋乾坤, 等. 基于 emd-gru 的高速公路行程时间组合预测模型[J]. 应用数学和力学, 2021, 42(04): 405-412.

[97] Chen L W, Chen D E. Exploring spatiotemporal mobilities of highway traffic flows for precise travel time estimation and prediction based on electronic toll collection data [J]. Vehicular Communications, 2021 (prepublish).

[98] Xiaojuan W, Jinglin L, Quan Y, et al. Predicting Fine-Grained Traffic Conditions via Spatio-Temporal LSTM[J]. Wireless Communications and Mobile Computing, 2019, 2019.

[99] 黄佩蓓, 刘妙龙. 基于 GIS 的城市交通网络分形特征研究[J]. 同济大学学报(自然科学版), 2002(11): 1370-1374.

[100] 刘妙龙, 黄佩蓓. 上海大都市交通网络分形的时空特征演变研究[J]. 地理科学, 2004(02): 144-149.

[101] Zhang Y, Wang X, Zeng P, et al. Centrality characteristics of road network patterns of traffic analysis zones[J]. Transportation Research Record Journal of the Transportaion Research Boord 2011.

[102] 段滢滢, 陆锋. 基于道路结构特征识别的城市交通状态空间自相关分析[J]. 地球信息科学学报, 2012(06): 768-774.

[103] Zou H, Yue Y, Li Q. Urban traffic state explained by road networks and spatial variance approach using floating car data[J]. Transportation Research Record, 2014(2467): 40-48.

[104] 田钊. 道路交通网络结构特征分析方法及典型点段优化[D]. 北京交通大学, 2016.

[105] 辛飞飞, 陈小鸿, 林航飞. 浮动车数据路网时空分布特征研究[J]. 中国

公路学报，2008(04)：105-110.

[106] Sharma N, Arkatkar S S, Sarkar A K. Study on heterogeneous traffic flow characteristics of a two-lane road[J]. 2011.

[107] Gao S, Wang Y, Gao Y, et al. Understanding urban traffic-flow characteristics: A rethinking of betweenness centrality[J]. 2013.

[108] Wang L, Chen H, Li Y. Transition characteristic analysis of traffic evolution process for urban traffic network[J]. 2014.

[109] 张勇，李诗高. 交通流突变点的无标度特征分析[J]. 物理学报，2014(24)：134-139.

[110] Kanagaraj V, Asaithambi G, Toledo T, et al. Trajectory data and flow characteristics of mixed traffic[J]. 2015.

[111] 何兆成，周亚强，余志. 基于数据可视化的区域交通状态特征评价方法[J]. 交通运输工程学报，2016(01)：133-140.

[112] Xia J, Huang W, Guo J. A clustering approach to online freeway traffic state identification using its data[J]. Ksce Journal of Civil Engineering, 2012, 16(3): 426-432.

[113] Bi J, Chang C, Fan Y. Particle filter for estimating freeway traffic state in beijing[J]. Mathematical Problems in Engineering, 2013(382042).

[114] Wang X, Hu J, Liang W, et al. Short-term travel flow prediction method based on FCM-clustering and ELM[J]. Journal of Central South University, 2017, 24(6): 1344-1350.

[115] Zhang L, Alharbe N R, Luo G, et al. A hybrid forecasting framework based on support vector regression with a modified genetic algorithm and a random forest for traffic flow prediction[J]. Tsinghua Science and Technology, 2018, 23(4): 479-492.

[116] Han Y, Moutarde F. Statistical traffic state analysis in large-scale transportation networks using locality-preserving non-negative matrix factorisation[J]. Iet Intelligent Transport Systems, 2013, 7(3):

283-295.

[117] Abadi A, Rajabioun T, Ioannou P A. Traffic flow prediction for road transportation networks with limited traffic data[J]. Ieee Transactions On Intelligent Transportation Systems, 2015, 16(2): 653-662.

[118] Parter M, Kashtan N, Alon U. Environmental variability and modularity of bacterial metabolic networks [J]. Bmc Evolutionary Biology, 2007, 7(169).

[119] Orth J D, Thiele I, Palsson B O. What is flux balance analysis[J]. Nature Biotechnology, 2010, 28(3): 245-248.

[120] Xinyu C, Zhaocheng H, Jiawei W. Spatial-temporal traffic speed patterns discovery and incomplete data recovery via SVD-combined tensor decomposition[J]. Transportation Research Part C, 2018, 86.

[121] J. H D M G, A. Y K, G. F. Traffic data imputation via tensor completion based on soft thresholding of Tucker core [J]. Transportation Research Part C, 2017, 85.

[122] Hiroyuki K, Wolfgang K, Martin K. Network volume anomaly detection and identification in Large-Scale networks based on online Time-Structured traffic tensor tracking. [J]. IEEE Trans. Network and Service Management, 2016, 13(3).

[123] Xinyu C, Zhaocheng H, Yixian C, et al. Missing traffic data imputation and pattern discovery with a Bayesian augmented tensor factorization model[J]. Transportation Research Part C, 2019, 104.

[124] Xinyu C, Zhaocheng H, Lijun S. A Bayesian tensor decomposition approach for spatiotemporal traffic data imputation[J]. Transportation Research Part C, 2019, 98.

[125] Senyan Y, Jianping W, Yanyan X, et al. Revealing heterogeneous spatiotemporal traffic flow patterns of urban road network via tensor decomposition-based clustering approach [J]. Physica a: Statistical Mechanics and its Applications, 2019, 526.

[126] Sheffi. Urban transportation networks[M]. Englewood Cliffs，N. J.: Prentice-Hall，1984.

[127] 徐东伟. 道路交通状态多维多粒度获取方法研究[D]. 北京交通大学，2014.

[128] Burez J，Van den Poel D. Handling class imbalance in customer churn prediction[J]. Expert Systems with Applications，2009，36(31): 4626-4636.

[129] Kim T，Chung B D，Lee J. Incorporating receiver operating characteristics into naive bayes for unbalanced data classification[J]. Computing，2017，99(3): 203-218.

[130] Jiang Y. Selective ensemble learning algorithm: International Conference on Electrical and Control Engineering，2010[C]. IEEE Computer Society，2010.

[131] Bonaccorso Giuseppe. 机器学习算法[M]. 罗娜，汪文发译. 北京：机械工业出版社，2018.

[132] 周志华. 机器学习[M]. 北京：清华大学出版社，2016.

[133] 曹正凤. 随机森林算法优化研究[D]. 首都经济贸易大学，2014.

[134] 姚登举，杨静，詹晓娟. 基于随机森林的特征选择算法[J]. 吉林大学学报(工学版)，2014，44(01): 137-141.

[135] Paul A，Mukherjee D P，Das P，et al. Improved random forest for classification[J]. Ieee Transactions On Image Processing，2018，27(8): 4012-4024.

[136] Denisko D，Hoffman M M. Classification and interaction in random forests[J]. Proceedings of the National Academy of Sciences of the United States of America，2018，115(8): 1690-1692.

[137] Mellor A，Haywood A，Stone C，et al. The performance of random forests in an operational setting for large area sclerophyll forest classification[J]. Remote Sensing，2013，5(6): 2838-2856.

[138] Agjee N H，Mutanga O，Peerbhay K，et al. The impact of simulated

spectral noise on random forest and oblique random forest classification performance[J]. Journal of Spectroscopy, 2018, 2018: 8316918.

[139] Maruf S, Javed K, Babri H A. Improving text classification performance with random forests-based feature selection[J]. Arabian Journal for Science and Engineering, 2016, 41(3): 951-964.

[140] Ensieh S, Reza B. Instance-Based Cost-Sensitive boosting[J]. International Journal of Pattern Recognition and Artificial Intelligence, 2020, 34(03).

[141] Masnadi-Shirazi H, Vasconcelos N. Cost-sensitive boosting.[J]. IEEE Transactions On Pattern Analysis and Machine Intelligence, 2011, 33(2).

[142] Bachmann C, Abdulhai B, Roorda M J, et al. Multisensor data integration and fusion in traffic operations and management[J]. Transportation Research Record, 2012(2308): 27-36.

[143] Chow A, Tsapakis I, Tanaksaranond G, et al. Urban traffic data fusion: 17th International Conference of Hong Kong Society for Transportation Studies (HKSTS), Hong Kong, 2012[C]. Hong Kong Soc Transportation Studies Ltd.

[144] Cipriani E, Gori S, Mannini L. Traffic state estimation based on data fusion techniques: 15th International IEEE Conference on Intelligent Transportation Systems, Anchorage, AK, 2012[C]. IEEE.

[145] Grewal L, Mohinder S. Kalman filtering: Theory and practice using MATLAB[M]. 刘郁林, 陈绍荣, 徐舜译, 译. 北京: 电子工业出版社, 2017.

[146] 付梦印, 邓志红, 闫莉萍. Kalman 滤波理论及其在导航系统中的应用[G]. 北京: 科学出版社, 2010.

[147] Wang S, Gu Q. Design and experiment for generalized federated filters[J]. Qinghua Daxue Xuebao/Journal of Tsinghua University, 2005, 45(8): 1028-1031.

[148] Rong J, Qiu K, Huang S. An improved federated filtering algorithm and its application[J]. Chinese Journal of Sensors and Actuators, 2006, 19(2): 497-500.

[149] Tang J, Wang Y, Wang H, et al. Dynamic analysis of traffic time series at different temporal scales: A complex networks approach[J]. Physica A-Statistical Mechanics and its Applications, 2014, 405: 303-315.

[150] Yan Y, Zhang S, Tang J, et al. Understanding characteristics in multivariate traffic flow time series from complex network structure[J]. Physica A-Statistical Mechanics and its Applications, 2017, 477: 149-160.

[151] Bao J, Chen W, Shui Y S, et al. Complexity analysis of traffic time series based on multifractality and complex network: 4th International Conference on Transportation Information and Safety, Banff, Canada, 2017[C]. IEEE, AUG 08-10, 2017.

[152] Xu X, Zhang J, Small M. Superfamily phenomena and motifs of networks induced from time series[J]. Proceedings of the National Academy of Sciences of the United States of America, 2008, 105(50): 19601-19605.

[153] Crutchfield J P, Farmer J D, Shaw R S, et al. Geometry from a time series[J]. Physical Review Letters, 1980, 45(9): 712-716.

[154] Albano A M, Mees A I, Rapp P E, et al. Mutual information, strange attractors, and the optimal estimation of dimension [J]. Physical Review a, 1992, 45(10): 7058-7064.

[155] Kim H S, Eykholt R, Salas J D. Nonlinear dynamics, delay times, and embedding windows[J]. Physica D, 1999, 127(1-2): 48-60.

[156] Cai W, Qin Y, Yang B. Determination of phase-space reconstruction parameters of chaotic time series [J]. Kybernetika, 2008, 44 (4): 557-570.

［157］Gao Z，Jin N. Complex network from time series based on phase space reconstruction[J]. 2009.

［158］Walker D M，Tufillaro N B. Phase space reconstruction using input-output time series data［J］. Physical Review E，1999，60（4A）：4008-4013.

［159］Sheng W，Liu X. A genetic k-medoids clustering algorithm[J]. Journal of Heuristics，2006，12(6)：447-466.

［160］Park H，Jun C. A simple and fast algorithm for K-medoids clustering ［J］. Expert Systems with Applications，2009，36(2)：3336-3341.

［161］Narayana G S，Vasumathi D. An attributes similarity-based k-medoids clustering technique in data mining[J]. Arabian Journal for Science and Engineering，2018，43(8SI)：3979-3992.

［162］Yu D，Liu G，Guo M，et al. An improved K-medoids algorithm based on step increasing and optimizing medoids[J]. Expert Systems with Applications，2018，92：464-473.

［163］翁剑成，刘力力，杜博. 基于 ETC 电子收费数据的信息提取技术研究 ［J］. 交通运输系统工程与信息，2010，10(02)：57-63.

［164］张喜平. 城市复杂交通网络级联动力学与路段重要性评估研究[D]. 西南交通大学，2014.

［165］肖卫东，谭文堂，葛斌，等. 网络节点重要度的快速评估方法[J]. 系统工程理论与实践，2013，33(07)：1898-1904.

［166］刘建国，任卓明，郭强，等. 复杂网络中节点重要性排序的研究进展 ［J］. 物理学报，2013，62(17)：9-18.

［167］王甲生，吴晓平，廖巍，等. 改进的加权复杂网络节点重要度评估方法 ［J］. 计算机工程，2012，38(10)：74-76.

［168］李鹏翔，任玉晴，席酉民. 网络节点(集)重要性的一种度量指标[J]. 系统工程，2004(04)：13-20.

［169］谭跃进，吴俊，邓宏钟. 复杂网络中节点重要度评估的节点收缩方法 ［J］. 系统工程理论与实践，2006(11)：79-83.

[170] 王元, 郑贵省, 王鹏. 融合交通特性节点度和 LISH 模型的公路网关键节点辨识方法[J]. 公路交通科技, 2015, 32(10): 120-123.

[171] 王正武, 况爱武, 王贺杰. 考虑级联失效的交通网络节点重要度测算[J]. 公路交通科技, 2012, 29(05): 96-101.

[172] 陈涛. 基于系统科学理论的城市道路交通拥挤预测与控制模型研究[D]. 东南大学, 2005.

[173] Diestel. Graph theory[M]. Heidelberg: Springer, 2010.

[174] Sybil D, Christopher K. The complexity and robustness of metro networks[J]. Physica a: Statistical Mechanics and its Applications, 2010, 389(17).

[175] Zhao Y, Zhou X. K-means clustering algorithm and its improvement research[J]. Journal of Physics: Conference Series, 2021, 1873(1).

[176] 洪增林, 刘冰砚, 张亚培. 复杂网络在交通网络节点重要度评估中的应用[J]. 西安工业大学学报, 2014, 34(05): 404-410.

[177] 王海燕. 基于复杂网络的城市轨道交通网络形态分析[D]. 北京交通大学, 2014.

[178] Goodfellow I, Bengio Y, Courville A. Deep learning[M]. Cambridge, Massachusetts: MIT Press, 2016.

[179] Ohlsson S. Deep learning[M]. New York: Cambridge University Press, 2011.

[180] 邴其春. 城市快速路交通状态评估与预测关键技术研究[D]. 吉林大学, 2016.

[181] 焦李成, 赵进, 杨淑媛, 等. 深度学习、优化与识别[M]. 北京: 清华大学出版社, 2017.

[182] Chung J, Gulcehre C, Cho K H, et al. Empirical Evaluation of Gated Recurrent Neural Networks on Sequence Modeling[J]. Eprint Arxiv, 2014.

[183] Cho K, Merrienboer B V, Bahdanau D, et al. On the properties of neural machine translation: Encoder-Decoder approaches[J]. Computer

Science，2014.

[184] Mopuri K R，Garg U，Babu R V. CNN fixations：An unraveling approach to visualize the discriminative image regions［J］. Ieee Transactions On Image Processing，2019，28(5)：2116-2125.

[185] 雷宁,张光德,陈玲娟. 基于改进模糊聚类算法的快速路交通状态分类评价[J]. 公路,2017,62(11):134-139.

[186] 商强,林赐云,杨兆升,等. 基于谱聚类与RS-KNN的城市快速路交通状态判别[J]. 华南理工大学学报(自然科学版),2017,45(06):52-58.

[187] 于荣,王国祥,郑继媛,等. 基于支持向量机的城市道路交通状态模式识别研究[J]. 交通运输系统工程与信息,2013,13(01):130-136.